Gloy — Die Selbstsuspendierung des Individualismus

Em. Prof. Dr. Dr. h.c. Karen Gloy promovierte und habilitierte sich in Heidelberg in Philosophie, lehrte dann als Ordinaria an der Universität Luzern (Schweiz), war jahrelang Gastdozentin in Wien und Ulm und lehrt jetzt noch an der Ludwig Maximilians-Universität München. Bei K&N ist zuletzt von ihr erschienen *Zeit in der Kunst* (2017), *Wahrheit und Lüge* (2019), *Demokratie in der Krise* (2020), *Philosophie zwischen Dichtung und Wissenschaft anhand von Rainer Maria Rilkes ‚Duineser Elegien'* (2020) und *Die Philosophie des deutschen Idealismus* (2021).

Karen Gloy

Die Selbstsuspendierung des Individualismus

Eine Auseinandersetzung mit unserer westlichen Kultur

Königshausen & Neumann

Bibliografische Information der Deutschen Nationalbibliothek

Die Deutsche Nationalbibliothek verzeichnet diese Publikation in der Deutschen Nationalbibliografie; detaillierte bibliografische Daten sind im Internet über http://dnb.d-nb.de abrufbar.

Gedruckt auf säurefreiem, alterungsbeständigem Papier
Umschlag: skh-softics / coverart

Printed in Germany

ISBN 978-3-8260-7372-4

www.koenigshausen-neumann.de

www.libri.de
www.buchhandel.de
www.buchkatalog.de

Inhalt

Einleitung:

Die Freilegung des Individualismus anlässlich der Corona-Krise

Im Augenblick erleben wir mit der COVID-19-Pandemie die größte Krise seit dem Zweiten Weltkrieg, die sich nicht nur in gesundheitlicher Hinsicht zur weltweiten Seuche ausgeweitet hat, sondern auch in wirtschaftlicher und finanzieller Hinsicht zur größten Katastrophe der Nachkriegszeit geworden ist, was eine soziale, geistige und kulturelle Katastrophe nach sich zieht, die unsere freiheitliche, liberale, weltoffene, individualistische Demokratie nachhaltig zu gefährden droht. Man wird kaum übertreiben, wenn man von einem dritten ‚Weltkrieg' spricht, nun nicht gegen Menschen, sondern gegen einen unsichtbaren Feind, das Sars CoV 2 und seine Mutationen.

Eineinhalb Millionen Tote weltweit sind durch das Corona-Virus seit Beginn im Frühjahr 2020 bis zum Herbst desselben Jahres zu verzeichnen, die des folgenden Jahres noch gar nicht mitgerechnet. Noch immer versetzen uns die ersten Fernsehbilder aus dem italienischen Bergamo in Schockstarre: die überfüllten Krankenhäuser mit eingelieferten Patienten auf dem blanken Boden liegend, Menschen an Kanülen, Schläuchen und Beatmungsgeräten, das Militär eingesetzt zum Abtransport der vielen Toten. Nicht weniger grausig wirken die Fernsehbilder und Reportagen aus Brasilien und den USA, wo Massengräber ausgehoben wurden: Grab für Grab, ins Unendliche reichend. Nicht nur Alte und Vorerkrankte fallen der Epidemie zum Opfer, sondern auch Jüngere und Personen mittleren Alters. Selbst Genesene haben mit den Folgen der Erkrankung zu kämpfen, mit Geh- und Stehübungen wegen Muskelschwunds, mit bleibenden Organschäden, mit drohender Demenz und Konzentrationsschwäche, nicht zuletzt bedingt durch die längere künstliche Beatmung.

Unzählige Menschen sind arbeitslos geworden und damit ihrer Lebensgrundlage, ihrer Hoffnungen und Träume beraubt. Zwar versucht man, sie durch Kurzarbeit über Wasser zu halten in der Hoffnung, die Pandemie werde möglichst schnell durch Erfindung von Medikamenten und Impfungen unter Kontrolle zu bringen sein. Doch weiß niemand, wie lange die Krise dauern wird. Aus der vorausgesagten Abschwächung der Krise bis Herbst 2020 wurde ein zweites Jahr mit einer zweiten und dritten Welle. Sollte ein Großteil impfwilliger Deutscher laut vollmundiger Ankündigung und Erweckung einer Erwartungshaltung zunächst bis zum Frühsommer 2021 geimpft sein, so ist daraus inzwischen mangels Impfstoff der Herbst 2021 geworden. Auch ist nur noch von einem Impfangebot bis zum 21. September 2021 die Rede, wobei niemand weiß, ob dies den Impftermin oder nur die

Ankündigung eines Termins in 2 oder 3 Monaten oder im darauf folgenden Jahr beinhaltet. Inzwischen sind Mutationen aufgetreten, die sich so rasant ausbreiten, dass niemand mehr Prognosen abzugeben wagt und bereits eine Dauer von etlichen Jahren im Gespräch ist, ähnlich wie bei der Pest-Epidemie, die dreimal Europa überzog. Virologen warnen, dass das Virus, einmal in die Menschenwelt gedrungen, unausrottbar sei und wir lernen müssten, damit zu leben.

Zwischenzeitlich brach die deutsche Wirtschaft massiv ein – laut Statistischem Bundesamt schrumpfte sie im zweiten Quartal 2020 gegenüber dem Vorquartal um 10,1%[1] –, manche Wirtschaftszweige wie die Tourismusbranche, die Schifffahrt, die Luftfahrtindustrie, das Hotel- und Gastronomiegewerbe kamen teilweise ganz zum Erliegen, letzteres durch den anfänglichen Lockdown und dann die immer wiederkehrenden drastischen Einschränkungen. Lange Zeit mussten auch Geschäfte schließen, so dass nur eine Notversorgung durch die Supermärkte aufrechterhalten werden konnte. Etliche Konkurse von Betrieben wurden angemeldet, die dem Kampf ums Überleben nicht standhielten. Massenarbeitslosigkeit war die Folge. An die Einrichtung neuer Arbeitsplätze ist vorerst nicht zu denken, ebenso wenig an die Schaffung neuer Plätze für Auszubildende. Zwar werden Milliarden Euros – in Europa 353,3 haushaltswirksame, 819,7 Garantiehilfen – in die Wirtschaft gepumpt, inzwischen immer wieder nachjustiert und erweitert, in den USA noch weit mehr: über eine Billion –, und immer noch werden Wirtschaftszweige entdeckt wie Kleinkünstler: Musiker, Schauspieler, Unterhaltungskünstler, Gestellebauer für Theater, Ausstellungen oder Messen, für welche neue Millionen bereitgestellt werden müssen, damit sie überleben können. Eine nie dagewesene Verschuldung ist die Folge, von der niemand weiß, ob, wie und wann sie getilgt werden kann, auch wenn offizielle Berechnungen davon ausgehen, dass sich die Wirtschaft wie nach der Finanzkrise 2008 schnell erholen werde und die Schulden 2050 spätestens abgetragen sein würden. Dies geschieht unter der stillschweigenden Annahme, dass möglichst schnell Impfstoffe und Medikamente zur Bekämpfung der Seuche bereitstehen werden, damit es danach gemäß dem Motto ‚immer mehr, immer schneller, immer weiter, immer höher und größer' weitergehen kann.

Hatte sich die Europäische Union einst nach dem Schengen-Abkommen darauf verständigt, die Landesgrenzen innerhalb ihres Territoriums abzubauen und den freien Personen- und Warenverkehr zu ermöglichen und so zu einer größeren Solidargemeinschaft zusammenzuwachsen, so zeigte sich angesichts der exponentiell wachsenden Zahl Corona-Infizierter, dass jedes Land sich selbst das nächste war und ganz im Sinne alter Nationalstaatlich-

1 Pressemitteilung vom 30. Juni 2020, Nr. 287.

keit seine Grenzen schloss, was nicht nur für die täglichen Grenzgänger zu ihren Arbeitsstellen im Nachbarland von Übel war, sondern auch dramatische Situationen heraufbeschwor, indem Partner, die in verschiedenen Ländern lebten, nicht zusammenkommen konnten wie an der deutsch-schweizerischen Grenze in Konstanz bei Basel, wo ein Zaun die Paare voneinander trennte, so dass sie sich nur durch Maschendraht begegnen konnten. Alte Konflikte und Ressentiments zwischen Deutschland und Frankreich tauchten wieder auf, wenn eine länderverbindende Brücke von einem Dorf zum anderen nicht mehr überquert werden durfte. Dieses Hemmnis war denn auch das erste, das bei Aufhebung des Lockdowns rückgängig gemacht wurde, um die Solidarität nicht weiter zu gefährden.

Dafür trat ein anderes Phänomen an die Stelle: nicht die Grenzziehung zwischen den Ländern, sondern innerhalb eines Landes zwischen den Regionen, die sich je nach Hotspot bestimmten und jede Woche, ja täglich wechselten entsprechend der Zahl Infizierter. Eigentümer konnten ihre Zweitwohnungen und Häuser an den Stränden in Mecklenburg und Schleswig-Holstein nicht mehr aufsuchen; heimkehrende Touristen, die aus Gefahrenzonen in ihre Länder zurückkehrten, mussten sich am Flughafen oder an der Autobahn testen lassen durch wenig zuverlässige Schnelltests oder in eine 10 tägige Quarantäne begeben oder Negativtests innerhalb bestimmter Fristen vorlegen. Die Bestimmungen wechselten von Land zu Land, von Region zu Region in einer Salamitaktik, so dass niemand mehr wusste, ob man in ein bestimmtes Land oder eine Region ein- und wieder ausreisen konnte und unter welchen Bedingungen, da diese täglich über Apps abzurufen waren. Man konnte sich und kann sich bis heute auf keine gemeinsamen längerfristigen länderübergreifenden Vorschriften einigen und ist unfähig oder auch unwillig, verbindliche Gesetze zu erlassen und Kontrollen für Schutzmaßnahmen wie Maskentragen, Distanzwahrung und Partyverbote durchzuführen. Stattdessen gibt man nur Empfehlungen an die sogenannten mündigen und verantwortungsbewussten Bürger heraus, wohl wissend, dass diese nicht eingehalten werden. Deutschland wie auch andere Länder gleichen einem Flickenteppich, schlimmer als im 18. Jahrhundert bei den Duodezfürstentümern, wo man Passierscheine brauchte, um in den nächsten, 5 km weit entfernten Ort zu gelangen. Werden Kindertagesstätten und Schulen wieder geöffnet, so können sie bei Infektion eines Kindes sofort wieder geschlossen werden, so dass eine kontinuierliche Betreuung und ein ebensolcher Unterricht entfallen. In der einen Schule wird unterrichtet, in der Nachbarschule fällt der Unterricht aus. Die Bürger sind in einer nie dagewesenen Weise der Unsicherheit und Kontingenz des täglichen, ja stündlichen Wechsels von Empfehlungen, Anweisungen und Maßnahmen ausgesetzt, die noch dazu in so unklarer Weise kommuniziert werden, dass jeder sie nach Belieben auslegt, wie er es in einer pluralistischen Demokratie gewohnt ist.

In der Corona-Krise zeigen sich wie unter einem Brennglas Konflikte, die sonst unter der Oberfläche schwelten wie der Generationenkonflikt zwischen Jung und Alt. In der ersten Zeit des Lockdowns wurden die sogenannten Alten über 60 Jahre und die Vorerkrankten wegen der besonderen Gefährdung in Alten- und Pflegeheimen geradezu ‚weggesperrt' mit Ausgeh-, Besucher- und Kontaktverbot. Angehörige durften ihre Eltern und Partner nicht besuchen, die Großeltern ihre Enkel nicht umarmen, höchstens durch das Fenster oder vom Balkon auf weit entfernter Straße erblicken. Den nächsten Angehörigen war untersagt, selbst Sterbende in den Tod zu begleiten, allenfalls über Video. Der Umstand, monatelang das Zimmer oder Heim nicht verlassen zu dürfen, führte zu Depression und vermehrtem Suizid. Die Älteren mussten Opfer bringen für die jüngeren Berufstätigen. Auch ein Jahr nach dem ersten Lockdown sind die Alten- und Pflegeheime Hotspots für Ansteckung und Todesfälle, und es ist nicht gelungen, diese einzudämmen. Ist man tatsächlich unfähig, dies durch flächendeckende Tests zu ändern, oder will man nicht, da die Vulnerablen doch bald das Zeitliche segnen werden?[2]

Aber auch die Jungen und Erwerbstätigen hatten und haben Grund zur Klage, da durch die Schließung von Kindergärten, Schulen und Tagesstätten einerseits und durch das vermehrte Homeoffice andererseits die Belastung der Familien, besonders der Frauen, extrem hoch ist, indem sie nun zuhause und oft auf engem Raum einer Mehrfachbelastung ausgesetzt sind durch ihre eigene Berufstätigkeit, die Haushaltsführung und zusätzlich durch die

2 Man kann dies als eine natürliche Haltung ansehen, da auch eine Reihe von Naturethnien den Senizid kennt, vor allem in Not- und Hungerzeiten.Die Gruppe zieht dann weiter auf Nahrungssuche und lässt die Alten und Kranken zurück, um den Fortbestand der Gruppe nicht zu gefährden. Die Zurückgelassenen vegetieren dahin oder nehmen sich selbst das Leben. Kulturnationen pflegen zwar offiziell von dieser Handhabung Abstand zu nehmen, argumentieren vordergründig mit nicht mehr verfügbaren Betten in den Spitälern und mit drohender Triage, setzen aber diese Tradition insofern fort, als sie naturgemäß und instinktiv den Arbeitsfähigen und Berufstätigen zur Aufrechterhaltung des Wirtschaftslebens den Vorzug geben, so dass sich die ältere Generation ‚abgeschoben' fühlt. Die Problematik taucht erneut auf angesichts einer überalternden Gesellschaft und deren Versorgung durch eine immer größere Zahl Jüngerer.
Grundsätzlich anders interpretiert der Soziologe Harald Welzer die Situation: Es geschehe zum ersten Mal in der Geschichte der Menschheit überhaupt, dass ganze Staaten und Wirtschaften sich zurücknähmen, um ihre schwächere Minderheit zu schützen. „Mutiert hier das Evolutionsprinzip von Machtwillen etwa zum Liebesgeschehen und erweist sich dieses dann gar als das stärkere?" Man wird den Ausgang abwarten müssen, um dies entscheiden zu können, gerade wenn es nicht um totalitäre, sondern demokratisch-freiheitliche Gesellschaften geht, die sich geistig und kulturell überlegen fühlen.

Kinderbetreuung und Schulerziehung. Häusliche Gewalt und Auseinandersetzungen nehmen zu, ebenso wie Depression und Suizid.

Noch erschreckender aber ist ein anderes Phänomen, das Auseinanderbrechen unserer sowieso nur schwer zusammengehaltenen Demokratien in lauter atomisierte Gruppen und Individuen, was sich in der Entstehung von Sub- und Nebenkulturen zeigt, besonders im politischen Bereich. Trotz des rapiden Anstiegs von Corona-Infizierten sammelten sich die Gegner der Corona-Krise und Verschwörungstheoretiker zu Auf- und Protestmärschen gegen die angebliche Corona-Lüge, die angeblichen Fake News von Corona-Infizierten, die angebliche Corona-Diktatur und andere Phantasmen und insistierten auf ihrem Grundrecht der Meinungsfreiheit gegenüber so offenkundigen Tatsachen wie der Corona-Epidemie. Demonstrativ trugen sie weder Maske noch hielten sie Abstand und versammelten sich zuhauf. Wurden sie durch die Polizei aufgelöst, so rotteten sie sich alsbald wieder zusammen. Die Gerichte gaben ihrer Beschwerde nach, so dass sich die Politik zur Abwägung der Verhältnismäßigkeit der sachlich widersprüchlichen Grund- und Menschenrechte genötigt sah, was nichts anderes bedeutete als eine Wischiwaschi-Politik, die sowohl dem einen wie dem anderen recht gibt und es letztlich keinem recht macht und zu ständigen Neuverordnungen und Neujustierungen neigt.

Das Phänomen der Subkulturen ist nicht neu, sondern tritt in Krisensituationen besonders deutlich hervor. Es ist in der Soziologie als *life politics* neben der Staatspolitik bekannt. Gewöhnlich wählen wir eine Regierung für vier Jahre oder eine sonst begrenzte Zeit und überlassen ihr die Regierungsgeschäfte. Bei Missfallen hat man die Möglichkeit, für die neue Wahlperiode eine andere Partei zu wählen. Nur in Notfällen wie existenziellen Angelegenheiten wie der Notstandsgesetzgebung in den 60 Jahren oder bei Protesten gegen Atomkraftwerke besteht ein Grundrecht auf Demonstration, wobei sich direkte und repräsentative Demokratien in der Anzahl plebiszitärer Elemente unterscheiden. Inzwischen aber wird die Politik fast nur noch über Straßendemonstrationen betrieben, über Unterschriftensammlungen, Hausbesetzungen, Baum- und Eisenbahnankettungen und Gerichtsverfahren Einzelner oder einzelner Gruppen, die Projekte des Gemeinwohls über Jahre und Jahrzehnte blockieren. Jeder meint, im Recht zu sein, jeder meint, sich durchsetzen zu müssen und es besser zu wissen als der andere und insbesondere gegenüber ‚denen da oben'; jeder will eigensinnig und eigennützig seine privaten Entscheidungen und Interessen für oder gegen etwas durchsetzen ohne Rücksicht auf die anderen und ohne Konsensbereitschaft. Wir erleben eine Besetzung des öffentlichen Raumes durch Privat- oder

Kleinstgruppen, die Zygmunt Bauman[3] ‚Kolonialisierung' der öffentlichen Sphäre genannt hat, da das wesentliche Element des öffentlichen Raumes, der öffentliche Diskurs, immer mehr an Bedeutung verliert und durch Privatinteressen, die zur Willkür und Beliebigkeit neigen, okkupiert wird. Eine Straßen- und Demonstrationsregierung neben der offiziellen Regierung hat sich etabliert, die zudem wegen der prinzipiellen Schwäche föderalistisch strukturierter Staaten durch Rechtsradikale wie die AfD unterwandert wird. Beschließt beispielsweise die Staatsregierung die Einschränkung von Chemikalien, etwa Nitratzufuhr in Böden und Gewässer, so ziehen Interessensgruppen wie die Bauern im Sternmarsch mit ihren Traktoren in die Hauptstadt und in andere größere Städte und legen den Verkehr so lange lahm, bis die Politik nachgibt, selbst unter Opferung von Gesundheitsbedenken. Wird ein allgemeiner Konsens zusammen mit den Boykottierern und Demonstranten hergestellt, etwa über die Reduktion des Braunkohleabbaus, so geht es einigen nicht schnell genug, so dass sie sich an Bäumen anketten oder auf Bäumen ihre Hütten aufschlagen, um die Abholzung für die letzte Etappe der Braunkohlegewinnung zu verhindern. Es wird nicht nur selten und in Notfällen demonstriert, sondern täglich und überall und bei jeder Gelegenheit, da sich immer unliebsame Anlässe und abweichende Meinungen finden. Die Demonstrationskultur ist geradezu zu einer Modeerscheinung avanciert, zu einer Art Nebenpolitik. Durchgesetzt hat sich ein Politikverständnis emanzipatorischer Individualpolitik, das jede Solidarität und jedes Kollektivverhalten, das den Kitt der Gesellschaft bildet, torpediert.

Man könnte einwenden, gerade die Hilfsbereitschaft von Krankenschwestern und Pflegepersonal während der Corona-Krise, die aufopferungsvolle Hingabe für die Versorgung der Kranken unter Zurückstellung der eigenen Gesundheit und des eigenen Lebens beweise das Gegenteil, ebenso die Hilfsbereitschaft junger Menschen bei Einkäufen älterer Bürger und nicht zuletzt die Dankesbekundung der Bevölkerung, die in etlichen Städten an Fenstern und Balkonen sich zu einem Konzert versammelte. Doch war dies nur eine Bekundung von kurzer Dauer und oberflächlich, denn schon die Einforderung von Gratifikationen und Gehaltsaufstockungen, um den Pflegedienst attraktiver zu gestalten, stößt, abgesehen von einer einmaligen Gratifikation, auf die üblichen Schwierigkeiten. Von Solidarität kann kaum die Rede sein.

Zwar soll die echte Solidarität einzelner Personen mitnichten bestritten werden, unsere Kultur aber ist eine individualistische und zunehmend egoistische. Das Charakteristikum unserer westlichen Kultur und gegenwärti-

3 Zygmunt Bauman: *The Individualized Society*, Cambridge Polity Press 2001, S. 107.

gen Zeit ist der Individualismus[4], und um diesen, seine Entstehung, seine Entwicklung und seine Konsequenzen soll es in dieser Studie gehen. Der Individualismus hat sich in Schüben entwickelt und seit der frühen Antike unsere Kultur geprägt. Auch wenn Entwicklungen niemals sprunghaft verlaufen, sondern unterschwellig sukzessiv und kontinuierlich vonstatten gehen, treten bei quantitativer Anschwellung qualitative Sprünge auf, die neue Stufen indizieren. Diskutiert werden soll im ersten historischen Teil der Abhandlung eine Reihe solcher Entwicklungsstufen, die signifikante Epochen einleiten:

1. die Emanzipation des Einzelnen von der Gemeinschaft anhand des Prometheus-Symbols im Übergang von der homerischen Epoche zur klassisch griechischen,
2. die Psychologisierung in der klassischen Antike (Platon, Aristoteles),
3. der religiöse Einfluss des Christentums auf die Entstehung des Individualismus: die Begegnung des Menschen mit Gott von Angesicht zu Angesicht,
4. die Entwicklung des Personenbegriffs,
5. die Aufwertung des Individuums zum Genie in der Renaissance,
6. das cartesische *cogito* als *maître et possesseur de la nature*,
7. die philosophisch-epistemische Rolle des Ich als Mittelpunkt der Welt in der Kantischen Transzendentalphilosophie und die Verabsolutierung des Ich im Idealismus,
8. die Konzeption des Ich als Übermensch bei Nietzsche,
9. der Egoismus der modernen Welt.

In der Diskussion muss geklärt werden, was Individualismus bedeutet. Ohne vorab eine verbindliche oder auch nur paraphrastische Definition zu geben, ist festzustellen, dass das heutige Verständnis darauf hinausläuft, dass das Individuum Mittelpunkt aller Bestimmungen und Beziehungen ist. Matthias Junge[5] definiert es als ‚zentralen Bezugspunkt für sich selbst und die Gesellschaft'; Meinhard Miegel und Stefanie Wahl[6] betonen, dass „mit der Entdeckung seines Ichs beim Individuum der Wunsch [entsteht], es zu erhalten", wobei „nach und nach […] individuelles menschliches Leben dem Leben

4 Das Buch *Die kulturellen Werte Europas*, hrsg. von Hans Joas und Klaus Wiegandt, Frankfurt a. M. 2005, setzt sich nur mit der internen Einheit oder Vielheit und Zersplitterung europäischer Werte auseinander, nicht mit der gegenwärtigen Ost-West-Kontroverse.

5 Matthias Junge: *Individualisierung*, Frankfurt a. M., New York 2002, S. 7.

6 Meinhard Miegel und Stefanie Wahl: *Das Ende des* sich selbst, München, L *Individualismus.* Die Kultur des Westens zerstört andsberg am Lech 1993, 2. Aufl. 1994, S. 15.

der Gemeinschaft[7] gleich- und schließlich sogar vorrangig [wird].“ Entsprechend greife der Mensch – so die Autoren – immer entschlossener in die natürliche Ordnung des Entstehens und Vergehens ein; Stück für Stück ersetze er die Naturordnung durch eine von ihm selbst erdachte Kulturordnung, in der sein individuelles Leben größeren Bestand haben soll. Ralf Dahrendorf[8] betont in traditioneller Weis die Autonomie und Unabhängigkeit des Ich von Traditionen, Routinen und Usancen sowie die Eigenständigkeit des Entscheidens und Handelns wie auch die Vermehrung von Optionen und Handlungsmöglichkeiten. Ulrich Beck[9] steigert die Definition dahingehend, dass „der oder die einzelne selbst […] zur lebensweltlichen Reproduktionseinheit des Sozialen“ wird. Man wird nicht fehlgehen, wenn man ganz allgemein unter Individualismus die Betonung von Freiheit, Unabhängigkeit, Selbständigkeit und Autonomie des Ich in allen Lebensangelegenheiten versteht, ob diese nun Träger und Gestaltungsmächte der Gesellschaft (vgl. Reproduzenten, Reproduktionseinheiten) oder Ursachen von deren Aufhebung sind.

Wie alle philosophischen und soziologischen Begriffe, so unterliegt auch der Begriff des Individuums, der Individualität und des Individualismus einem hermeneutischen Wandlungs- und Verstehensprozess, der sich in der Wahl der Ausdrücke, der Bestimmungen und Akzentuierungen äußert. Mit dem Einzelnen, der Person, dem Individuum, dem Ich, dem Selbst, dem Subjekt, dem Ego usw. ist je Verschiedenes und unterschiedlich Akzentuiertes gemeint, das in der Untersuchung zu exponieren und in seiner Entwicklung aufzuzeigen ist, wobei sich eine Steigerung ins Maßlose abzeichnet. Die Konsequenz dieses übertriebenen Individualismus ist eine Kakophonie von Auffassungen des Ich gegenüber der Gesellschaft, wobei jeder seine persönliche Meinung durchsetzen will. Ein Indiz dafür ist, dass Regierungen, ob zentralistischer Art wie in Frankreich oder föderalistischer wie in Deutschland und der Schweiz, z.B. zur Corona-Behandlung keine einheitlichen, flächendeckenden Bestimmungen mehr zustande bringen können oder sich unendlich schwer damit tun. Überhaupt sind *Law and Order* zu Schimpfworten verkommen.

Bei der Bestimmung des Individuums/Individualismus darf ein zweites Moment nicht vernachlässigt werden oder gar fehlen, das der Kollektivität und Solidarität, denn das Individuum versteht sich nur in Beziehung auf

7 Das die Autoren als Seinsgrund individueller Existenz betrachten, welche ihr historisch vorausgeht und vorrangig ist.

8 Ralf Dahrendorf: *Lebenschancen*. Anläufe zur sozialen und politischen Theorie, Frankfurt a. M. 1979.

9 Ulrich Beck: *Risikogesellschaft*. Auf dem Weg in eine andere Moderne, Frankfurt a. M. 1986, 22. Aufl. 2015, S. 209.

eine Gemeinschaft, die durch alle Einzelnen gebildet wird und von der sich der Einzelne qua Einzelner abhebt. Dabei geht es um die engere oder lockerere Beziehung des Einzelnen zum Ganzen, entweder um seine Einbettung in das Ganze oder seine Distanz und Abständigkeit vom Ganzen, was im letzteren Fall die Frage aufwirft, ob mit der totalen Independenz und alleinigen Betonung der Individualität eine Selbstaufhebung verbunden ist. Wie die totale Einbindung des Einzelnen in das Ganze und seine Absorbierung vom Ganzen kein Ich-Bewusstsein entstehen lässt, so hebt andererseits die totale Absentierung von der Gemeinschaft und die alleinige Konzentration auf das Ich dieses Ich-Bewusstsein auf.

Der zweite sachliche Teil der Abhandlung wird auf die Hauptstützen des modernen Individualismus: Freiheit, Gleichheit, Wohlstand, Verlässlichkeit und Wahrheit wissenschaftlicher Erkenntnis, Verbindlichkeit der Kunst und Suprematie der westlichen Kultur näher eingehen und deren interne Widersprüche, Paradoxien und Umschläge in das Gegenteil aufweisen, deren man sich kaum oder nie bewusst ist, gerade wenn diese Errungenschaften der Moderne zu absoluten Werten hypostasiert werden.[10]

Im Anschluss an die Corona-Krise und die Frage ihrer Beherrschbarkeit drängt sich die Überlegung auf, ob es sich bei diesem Prozess zunehmender Emanzipation des Individuums, der in der Geschichte stattgefunden hat, um einen Naturprozess oder um eine bewusste kulturelle Entscheidung handelt. Aus darwinistischer Sicht ist jede Krise und ihre Bewältigung ein Naturprozess, aus dem der Einzelne, sei es der Mensch oder die Gattung, gestärkt hervorgeht wie bei Mutationen, d.h. der genetischen Veränderung von Organismen und Durchsetzung der bestangepassten Mutanten. Nach dem Prinzip *survival of the fittest*[11] würde auch die Corona-Krise und ihre Überwindung einen Fortschritt in der Naturgeschichte im Sinne des ‚immer besser, immer höher, immer weiter' bedeuten, wie dies unsere heutige Maxime und unser heutiges Motto ist.

Die zweite Alternative geht in die Richtung, dass kein Naturprozess vorliegt, sondern ein bewusster kultureller Entscheidungsprozess, und zwar der der westlichen Gesellschaft im Unterschied zu den östlichen und fernöstlichen Gesellschaften wie auch im Unterschied zu den traditionellen Gesellschaften, die mehr auf Solidarität denn auf Individualität aufbauen, während die westliche Gesellschaft auf die Kriterien von Freiheit, Unabhängigkeit und Autonomie des Einzelnen abstellt.

10 Vgl. auch Hans-Ernst Schiller: *Das Individuum im Widerspruch.* Zur Theoriegeschichte des modernen Individualismus, Berlin 2006.

11 Vgl. auch das Buch von Richard Dawkins: *Das egoistische Gen* (Titel der Originalausgabe: *The Selfish Gene,* Oxford University Press 1989), aus dem Englischen übersetzt von Karin de Sousa Ferreira, 2., unveränderte Aufl. Berlin, Heidelberg 2007.

Damit wird indirekt auch die Frage beantwortet, welche Gesellschaft leistungs- und überlebensfähiger ist, ob das westliche individualistische Modell oder das östliche kollektive. Haben wir bislang eindeutig an die Präferenz der individualistischen Gesellschaft geglaubt und scheinen durch die technischen und technologischen Errungenschaften darin bestätigt zu werden, so beobachten wir heute einen Abstieg des Westens und einen schwindelerregenden Aufstieg des Ostens und Fernen Ostens, der alle unsere Vorstellungen kollabieren lässt. Ja, man befürchtet das Ende des Individualismus – so der Titel eines Buches von Meinhard Miegel und Stefanie Wahl[12] –, das die beiden im Auftrag des Bundesministerium für Forschung und Technologie geschrieben haben. Angesichts der demographischen Entwicklung, des Rückgangs der Geburtenzahlen und der zunehmenden Überalterung und Vergreisung der westlichen Gesellschaft prognostizieren sie das Ende des Individualismus, sofern diesem Prozess nicht durch andere Maßnahmen wie Zuwanderung Fremder gegengesteuert wird, was allerdings die Überfremdung der Kultur einschließt. Inzwischen hat sich die Robustheit und Strapazierfähigkeit der durch Kollektivität gekennzeichneten Wirtschaftskraft des Ostens und Fernen Ostens gezeigt, wie sie etwa in der Neuen Seidenstraße zum Ausdruck kommt, die durch China angeregt und in die Wege geleitet wurde. Und bezüglich der Corona-Krise wird deutlich, dass die von uns aufgrund tiefgreifender Missverständnisse als diktatorisch bezeichneten Systeme wie China, Singapur oder Vietnam ganz anders die Corona-Krise meistern: Bereits geht das Wort um: Im Osten wird getanzt, während im Westen gestorben wird.[13] Ist der Prozess ein menschengemachter, so ist er prinzipiell umkehrbar. Ob die Chance ergriffen wird oder nicht, bleibt zu sehen.

12 Meinhard Miegel und Stefanie Wahl: *Das Ende des Individualismus,* a.a.O.

13 Vgl. ZDF-Talk vom 21.1.2021 mit Markus Lanz, in dem die deutsch-vietnamesische Journalistin Vanessa Vu darlegte, wie tief unser westliches Missverständnis von den angeblich diktatorisch beherrschten asiatischen Systemen sei. Vu dokumentierte dies an einem Beispiel im Umgang mit der Corona-Krise. Die Regierung bewache zwar streng die Quarantäne positiv Getesteter über eine App, stelle aber danach den Betreffenden frei, ihre Simkarte zu tauschen aus Gründen des Datenschutzes, um Orts- und Bewegungsprofile nicht weiter verfolgen zu lassen. Das sei vom Volk angeschoben und von der Regierung (Partei) im gegenseitigen Einvernehmen akzeptiert worden.

I. Teil:

Die Entwicklung des Individualismus

1. Die Emanzipation des Einzelnen von der Gemeinschaft in der Antike

Wenn wir die Anfänge unserer abendländischen Kultur eruieren wollen, müssen wir in der Geschichte weit zurückgehen auf die ersten uns tradierten schriftlichen und künstlerischen Zeugnisse.

Die ersten schriftlichen Überlieferungen sind die homerischen Epen, die *Ilias* und die etwas jüngere *Odyssee*. Sie schildern den Kampf um das kleinasiatische Troja zwischen Griechen und Troern, der veranlasst war durch den Raub der Helena, der Gemahlin des spartanischen Königs Menelaos, und nach der Besiegung Trojas die zehnjährige Irrfahrt des Odysseus, dessen Heimkehr nach Ithaka über das Meer durch immer wieder auftretende widrige Umstände und Schicksalsschläge verhindert wurde. Der Kampf um Troja war wohl eine mythologische Einkleidung eines Handelskrieges zwischen den beiden Völkern.

Sieht man durch die Abenteuer hindurch, wie sie auch anderen Epen und Romanen, so den mittelalterlichen Ritterromanen, eigen waren und den humanistisch Gebildeten bis ins Detail bekannt sind, so begegnet in dieser archaischen Gesellschaft des 8./ 7. vorchristlichen Jahrhunderts und ihrem Weltbild eine uns heute weitgehend fremde Welt und Kultur. Das betrifft nicht nur die Verherrlichung einer elitären Kriegerkaste und ihrer auf Männlichkeit, Kraft, Mut, Größe und Ehre beruhenden Ideale, die mit unseren Vorstellungen und Erfahrungen von Krieg, Elend und Leid nicht kompatibel sind, sondern es betrifft auch die Auffassung vom Menschen und seine Einstellung zu höheren Mächten, den Göttern. Die homerische Welt lebt von einer Makro-Mikrokosmos-Analogie, derzufolge alles, was auf Erden geschieht, auf dem Olymp – der Welt der griechischen Götter – vorherbestimmt und vorentschieden wurde. Was an Taten, Ereignissen, Prozessen, Entscheidungen, Verkündigungen erfolgt, ist prädestiniert. Alle Pläne und ihre Ausführungen werden auf dem Olymp zwischen den Göttern ausgehandelt, von ihnen getroffen und vollzogen, die Menschen sind lediglich ihre Ausführungsorgane. Sie gleichen willenlosen Marionetten am Gängelband der Götter. Sie sind fremd-, nicht selbstbestimmt, nicht frei; sie sind Vollzugsorgane fremder Mächte; sie spiegeln göttliche Pläne und Entscheidungen, Handlungen und Verhaltensweisen wider. Obwohl die Struktur der Götterwelt eine Hypostasierung der menschlichen Gesellschaft mit ihren Institutionen, Rängen, Ordnungen, Sitten und Gebräuchen, ihren Verhaltensweisen, Streitigkeiten, Täuschungen, Betrügereien, selbst Ehebruch und Meineid ist, stellen sie andererseits deren Hypostasierung dar. Es handelt sich um eine geordnete Gesellschaft hierarchischer Struktur mit dem Göttervater Zeus und seiner Gemahlin Hera an der Spitze sowie einer Vielzahl gleich- wie auch verschiedenrangiger Gottheiten, die zwar konfligieren, aber immer wieder auch Ordnung schaffen, so dass diese Gesellschaft als eine kultivierte, zivilisierte Gesellschaft bezeichnet werden kann, der humane Züge nicht fremd sind, wobei die Verehrung des Großen, Ehrenvollen, Pompösen und Schönen gegenüber dem Einfachen, Kleinen und Hässlichen überwiegt. Die Menschen sind in ihren Entscheidungen und Handlungen sowie in ihren Eigenschaften durch diese Götterwelt bestimmt. Wenn Liebe den Menschen überfällt, geht dies auf den Einfluss Aphrodites, der Liebesgöttin, zurück; wenn Krieg über die Menschen hereinbricht, ist dies dem Kriegsgott Ares geschuldet. Der listenreiche Odysseus steht unter dem Schutz der hauptentsprungenen, rationalen Göttin Athene; seine Wege und Fahrten über das Meer werden immer wieder durch den eingreifenden Meergott Poseidon durchkreuzt. Für die Jagd steht Artemis, für die Fruchtbarkeit der Felder Demeter Pate. Jedes Gebiet, jeder Ort, jede Eigenschaft, jede Handlungsart hat eine Schutzgottheit. Die Welt ist durchgängig diviniert, so wie Thales sagt: „Alles ist voll von Göttern."[14] Jede Gottheit hat ihren Aufgaben- und Schutzbereich, wobei Konflikte nicht ausbleiben.

Wie sehr die Menschen von den einzelnen Gottheiten, deren Entscheidungen und Aktivitäten abhängen und bestimmt werden, hat Christian Voigt[15] anhand eingehender Analysen belegt, von denen hier nur die bedeutendsten hervorgehoben seien.

Die *Ilias* (1,1 ff.) beginnt mit einem Streit zwischen Agamemnon und Achill. Eine Pest hat den Heerführer Agamemnon gezwungen, seine Kriegsbeute, die Chryseis-Tochter, dem Priester zurückzugeben. Um sich schadlos zu halten, fordert er von Achill dessen Kriegsbeute, die schöne Briseis, worüber ein Streit entbrennt. Zornig zückt Achill sein Schwert, um Agamemnon zu töten, als hinter ihm – nur ihm sichtbar – die Göttin Athene erscheint und ihn auffordert, sein Schwert in die Scheide zurückzustecken. Achill gehorcht willenlos.

In *Ilias* (9,458 ff.) gesteht Phoenix retrospektiv, dass er in einem Streit mit seinem Vater diesen fast erschlagen hätte, wenn nicht einer der Unsterblichen ihn zurückgehalten hätte. Das Innehalten geht nicht auf seinen eigenen freien Entschluss zurück, sondern ist das Resultat des Eingreifens einer Gottheit.

In *Ilias* (3,130 ff.) beobachtet Helena von der Mauer den Kampf zwischen ihrem früheren Ehemann Menelaos, dem mächtigen, kampferprob-

14 Fragment 22.

15 Christian Voigt: *Überlegung und Entscheidung*. Studien zur Selbstauffassung des Menschen bei Homer, Berlin 1934, 2. Aufl. Meisenheim am Glan 1972.

ten, und ihrem jetzigen Liebhaber Paris, dem Schwächling. Sie fühlt sich wieder zu ihrem Ehemann hingezogen. Da erscheint eine alte Dienerin, in deren Gestalt sich die Göttin Aphrodite verbirgt, und führt sie fast gegen ihren Willen und unter Beschimpfungen, dass sie der Liebe, ihrer wesenhaften Eigenschaft, untreu geworden sei, in den Palast zu Paris zurück. Sie folgt fremdbestimmt der Göttin.

Ilias (5,627 ff.) schildert einen Zweikampf zwischen dem Lykier Sarpedon und dem Griechen Tlepolemos. Beide zücken gleichzeitig den Speer. Während der Grieche fällt, wird der Lykier nur verwundet. Odysseus, der den Griechen gewahrt, ist über den Vorfall von Zorn und Groll erfüllt und fragt sich, ob er direkt Sarpedon verfolgen oder erst die übrigen Lykier töten solle. Da erscheint einerseits Athene, die die Wut des Odysseus gegen die Lykier anheizt, andererseits Hektor, der der Wut durch eine Gegenaktion ein Ende bereitet und die Griechen vertreibt. Die Szene zeigt, wir sehr eine Gottheit – hier Athene – in das Geschehen eingreift.

In der Aeneas-Szene *Ilias (*5,430 ff.) kämpfen Aeneas und Diomedes gegeneinander. Apoll als Schutzgottheit des Aeneas greift viermal zugunsten seines Schützlings ein und wendet den Speer des Gegners ab. Das vierte Mal droht er dem Diomedes mit schrecklicher Stimme, so dass dieser erschrocken zurückweicht, da er den Zorn der Gottheit fürchtet.

Die Quintessenz aus diesen Darstellungen ist, dass die homerischen Menschen psychologisch fremdbestimmt und willenlos sind; ihnen fehlt Selbstbewusstsein und Selbstbestimmung. Sie sind keine autonomen Wesen, sondern abhängig von höheren Mächten, denen sie ausgesetzt sind und sich auch ausgesetzt fühlen.

Damit hängt ein zweites Kriterium zusammen, der Umstand, dass die Menschen typenmäßig charakterisiert werden, nicht individuell. Sie verkörpern generelle Eigenschaften, für deren Schutz jeweils eine eigene Gottheit steht. Artemis steht für das wilde, naturgebundene Mädchen, Ares für den kriegerischen Mann, Athene für den gescheiten, schlauen, listenreichen Typus, wie ihn Odysseus verkörpert.

Ein weiteres auffälliges Kriterium bei Homer ist, dass, mit Ausnahme des Namens einer Person, diese nie als Einheit und Ganzheit angesprochen wird, sondern stets als Vielheit hinsichtlich ihrer Körper- und Seelenteile.

Man mag sich dies an den bildhaften Darstellungen der Kunst vergegenwärtigen. Menschen werden in der geometrischen Epoche Griechenlands dargestellt mit kleinem Kopf, mächtigem Thorax in Dreiecksform, dicken Oberschenkeln und Waden, zusammengehalten durch schmale, punktgleiche Glieder: Hals, dünne Taille, dünne Kniegelenke. Die Betonung liegt auf den für den Kampf wichtigen muskulösen Teilen des Körpers: Thorax, Oberschenkel und Waden sowie gelenkigen Verbindungsgliedern, die die Schnelligkeit und Beweglichkeit ermöglichen. Die schematischen geometrischen Zeichnungen geben eine dynamische Figur wieder, zusammengesetzt und zusammengehalten aus Einzelteilen.[16]

Ein Analogon findet sich in der ägyptischen Kunst in der Darstellung von Menschen und Göttern, Pharaonen und hohen Beamten mit dem einen Unterschied, dass hier statische Figuren dargestellt werden. Aber auch in Ägypten findet sich keine organische Einheit, sondern eine Zusammenstückung aus markanten Körperteilen, quasi ein Patchwork, das allenfalls den Umriss eines Menschen erkennen lässt. Der Kopf wird in Profilform wiedergegeben, das Auge in Frontalansicht, der Thorax ebenfalls frontal, der Unterkörper seitlich. Je zwei gleiche rechte oder linke Arme und Beine und ebensolche Hände und Füße werden hinzuaddiert. Mit einer natürlichen Wiedergabe, wie wir sie aus der zentralperspektivischen, überblickshaften Sichtweise gewohnt sind, hat dies nichts zu tun. Die Körperteile werden so dargestellt, wie sie markant und signifikant sind und als konstant in der Erinnerung bewahrt werden, nicht wie sie in einer einmaligen, augenblicklichen Situation sich zusammenfügen: der Thorax so, wie Freunde oder Feinde aufeinander zugehen, das Auge, wie es sich beim Anblick des Anderen zeigt, Arme und Beine, Hände und Füße, wie sie signifikant begegnen und sich einprägen.[17] Von Zusammenhang kann nicht die Rede sein, allenfalls von einer Zusammenstückung, die nur annähernd die Kontur eines menschlichen Wesens erkennen lässt.[18]

Dasselbe gilt für die Seelenteile. Die Seele wird sowohl mit dem Terminus *psyché* = ‚Atem', ‚Leben' belegt wie mit dem Terminus *thymos* = ‚Mut', ‚Energie', dem Prinzip der Erregung und Reaktion, wie mit dem Ausdruck *noos/nous* = ‚Vorstellungsvermögen'. Es werden verschiedene Organe oder Organbereiche genannt – Hermann Schmitz[19] spricht von „Leibesinseln", da ihr Umfang nicht exakt festgelegt ist –, die Träger von Empfindungen, Gefühlen, Stimmungen und Gedanken sind. Erst eine spätere, nachhomerische Zeit hat sowohl die Leibes- wie die Seelenteile zusammengefügt, die ersteren mit dem Namen ‚Körper' (*soma*), eigentlich ‚Leichnam', und die letzteren mit dem Ausdruck ‚Seele' (*psyché*) versehen und damit den Menschen mit

16 Vgl. Bruno Snell: *Die Entdeckung des Geistes*. Studien zur Entstehung des europäischen Denkens bei den Griechen, Göttingen 1975, 8., unveränderte Aufl. 2000, S. 17 (bes. das erste Kapitel „Die Auffassung des Menschen bei Homer", S. 13-29).

17 Im Gegensatz dazu erwecken byzantinische Heiligenbilder, auf denen die Personen frontal abgebildet werden und auf Zehenspitzen stehen, den Eindruck des Schwebens, nicht des festen Stehens.

18 Vgl. Karen Gloy: *Aperspektivität – Perspektivität – Multiperspektivität*, in: dies. (Hrsg.): *Kunst und Philosophie*, Wien 2003, S. 91-143, bes. S. 100 ff.

19 Hermann Schmitz: *System der Philosophie*, Bd. II,1, Bonn 1965, S. 25 ff., 283 ff., 396 ff. u.ö.

Körper und Seele geschaffen, von dem wir heute mit einer Selbstverständlichkeit sprechen.

Wie schwer die Einigung fiel, zeigen noch Platons und Aristoteles' Bemühungen um die Verbindung und Einheit der Körper- und Seelenteile. Platon gelang diese Vereinigung nur durch eine Hierarchisierung von *nous, thymos* und *epithymia* derart, dass der *nous* über die anderen Teile herrscht, die sich allerdings immer wieder widersetzen und zu verselbständigen drohen. Das zeigt das wunderbare Bild vom Rossegespann im *Phädros* (246a ff.), bestehend aus einem Wagenlenker, der Vernunft, einem wilden, ungezügelten, widerspenstigen Pferd (*epithymia*) und einem zahmen, willigen (*thymos*).

Wie sehr die archaisch homerische Zeit den Blick auf konkrete, detaillierte, separate Einzelteile richtete, nicht auf das Allgemeine, Abstrakte, Vereinheitlichende, zeigen die unzähligen Ausdrücke für Konkretes, wo wir heute Abstrakta wie ‚gehen', ‚stehen', ‚liegen' präferieren. Bruno Snell[20] hat dies am Beispiel des Sehens dokumentiert, für das es eine Vielzahl konkreter Wörter gibt, wie *horan, idein, leussein, athrein, theasthai, skeptesthai, ossesthai, dendillein, derkesthai, paptainein,* die ein je spezifisches Sehen ausdrücken, das nicht nach dem Gesehenen, sondern nach der Modalität des Sehens bestimmt wird. So geht es beispielsweise um einen hellen, strahlenden Blick oder um einen starren, ein Hinstarren bzw. Glotzen, oder um einen drohenden Blick (Drohblick), einen stolzen Blick, einen einsichtigen Blick u.ä.

Dem archaischen Dichter und Menschen ist an der exakten Beschreibung des Alltäglichen, Konkreten gelegen, mit dem er zu tun hat, nicht an der Abstraktion, wie sie im heutigen Satzbau herrscht und durch Adjektive und Adverbien näher bestimmt werden muss.[21] Darin stimmt das Griechische Homers überein mit anderen frühen Sprachen wie denen der Nachbarvölker, die ebenfalls konkret waren wie die der Sumerer, Assyrer, Babylonier und Ägypter, die detailliert von Rohrarten wie Schilfrohr und Palmenarten wie Dattelpalmen sprachen, mit denen sie täglich umgingen, für die sie aber keinen Allgemeinbegriff besaßen. So kennt das Sumerische keinen Oberbegriff für Pflanzen und Tiere, wie die Tontafeln, etwa die *ḫarra-ḫubullu* zeigen. Ebenso hat Homer keinen einheitlichen Begriff für Arm oder Bein, sondern lediglich Begriffe für Ober- und Unterarm, Ober- und Unterschenkel, Schienbein, Fuß und Hand.[22]

Und noch auf ein drittes Merkmal gilt es aufmerksam zu machen, auf das magisch-mythische Element. Zugegeben, es tritt in der homerisch archaischen Weltsicht weniger markant hervor als in anderen Kulturen der

20 Bruno Snell: *Die Entdeckung des Geistes,* a.a.O., S. 13.

21 Z..B. ‚gehen' durch ‚schnell gehen' = ‚laufen'; ‚langsam gehen' = ‚spazierengehen'.

22 Vgl. Bruno Snell: *Die Entdeckung des Geistes,* a.a.O., S. 295 Anm. 17.

Umgebung: Ägypten, Babylonien, Indien oder in China und Südamerika. In der *Ilias* ist es nur noch in Relikten vorhanden, in Treueschwüren, Treuebrüchen, Eiden, Meineiden, Opferungen, Arrangierungen von Zweikämpfen, Schlacht- und Trankopfern, so in der Szene *Ilias* 3,76 ff., in der ein Zweikampf zwischen Paris und Menelaos um Helena geschildert wird.[23] Das Zurücktreten des Magisch-Mythischen bei Homer zeugt bereits von einer weiterentwickelten Kulturstufe, die sich von der dunklen magischen bereits gelöst und entfernt hat und in eine hellere, abgeklärte, gemäßigte rationale Welt eingetreten ist und die magisch-mythische nur noch in Relikten oder in Abständigkeit und Dekadenz kennt, so in der Frivolität von Heras Meineid.

Vergleicht man die frühen Gesellschaften, die griechische, die altägyptische, die babylonische miteinander, so stellen sie sich in dem Bild einer Herde mit Hirten dar. Das Volk ist die differenzlose, dichte Masse, die sich unter den Schutz einer herausragenden Persönlichkeit, den Herrscher oder Gottkönig, begibt und sich diesem anvertraut. Darauf weist noch das Flagellum der Pharaonen, das afrikanischen Ursprungs ist und auf den Hirtenstab zurückgeht, der in der Folgezeit zum Hirtenstab der Bischöfe avancierte. Der Herrscher ist der Starke, sich von der Masse Absetzende, der durch seine Kraft und sein Wissen die Voraussetzungen zum Schutz der anderen mitbringt. Seine Bedeutung zeigt sich darin, dass bei jeder Inthronisation eine neue Zeitrechnung beginnt, bei totaler Schwäche und Misswirtschaft der Herrscher aus der Liste der Herrschenden als nicht existent gestrichen wird. Seine Aufgabe bei der Übernahme des Amtes ist der Kampf gegen Chaos und Unordnung, der Kampf gegen Feinde und Auflösungserscheinungen sowie die Stabilisierung der Ordnung, die Sicherung des Überlebens des Volkes hinsichtlich Nahrung und Wasser durch Aufrechterhaltung der Infrastruktur und Landschaftspflege. Gestärkt und forciert wird alles durch magische Riten wie Speise- und Trankopfer, Anbetung und Zuspruch. Wie bei den Azteken und Mayas durch die Aufstellung eines Ritualpfahls, um den an Strängen Menschen im Kreis herumschwangen, die Wiederkehr der täglichen Sonne garantiert werden sollte, so sollten auch die Pharaonen durch ihre Kenntnisse und rituellen Vollzüge den Auf- und Niedergang der Sonne begleiten und nachhelfen, damit sie am nächsten Morgen nach Durchquerung der Unterwelt wieder aufginge und die Ordnung aufrechterhielte. Jan Assmann[24] zitiert einen Sonnengesang, in dem der Pharao ein Wissen hat und mittels Rezitation und begleitender Kulthandlungen

23 Vgl. das Übergehen der sogenannten *fides*-Kräfte bei Treueschwüren, indem man sich die Hand reichte, noch in römischer Zeit.

24 Jan Assmann: *Ägypten in der Wissenskultur des Abendlandes,* in: Johannes Fried und Johannes Süßmann (Hrsg.): *Revolutionen des Wissens.* Von der Steinzeit bis zur Moderne, München 2001, S. 56-75, bes. S. 57 f.

den Wiederaufgang der Sonne garantiert und bei drohender Gefahr unterstützt.[25] Das Wissen um diesen kosmischen Prozess, das Stirb und Werde, zusammen mit den sie identifizierenden magischen Praktiken war ein Heilsvorgang, der Mensch und Natur verband. Durch die Identifikation des Menschen mit dem Naturprozess war er eins mit diesem. Zwar sind diese Praktiken in ihrer Lebendigkeit in den homerischen Epen nicht mehr präsent – erhalten haben sie sich vielmehr außerhalb derselben in den eleusinischen Mysterien, im Dionysoskult oder in den samothrakischen Riten und anderen Heilungspraktiken, die auf den griechischen, zypriotischen und kleinasiatischen Inseln weiterhin praktiziert wurden. Sie sind bis in die klassisch griechische Zeit hinein bekannt und kehren in den Dramen wieder, wie in der Blutrache bei Muttermord, in den Erinnyen, den chtonischen Muttergottheiten, die alle noch aus einer matriarchalischen Periode stammen. Die homerisch archaische Welt ist demgegenüber bereits heller und aufgeklärter. Anstelle der irregulären und manipulierbaren Kräfte und Mächte sind feste Ordnungsstrukturen, Gesetze und Normen getreten. Gleichwohl ist die Bindung an die höheren Mächte und Kräfte noch stark vorhanden, insofern die Helden nicht autonom und aus freiem Entschluss handeln, sondern durch göttliche Kräfte zu Handlungen bewogen werden.[26]

Dieses Weltbild wird im 6./5. Jahrhundert v. Chr. brüchig und in der sogenannten ersten Aufklärung durch ein neues Denken, eine neue Welterschließungsweise ersetzt, mit der die Grundlagen der abendländischen Kultur geschaffen wurden, in deren Bahnen sich die westliche Kultur bis heute bewegt, mit denen sie sich aber auch von der orientalischen absetzte. Es dürfte sich um die bedeutendste Revolution der Weltgeschichte und im Bewusstsein der Menschheit handeln, zumal sie nicht nur vom Mythos zum Logos und zur Rationalität führte, sondern die westliche Kultur möglicherweise für immer von der östlichen und fernöstlichen trennte, die dem traditionellen Modell verhaftet blieb.

Dieser Weg, der zu einer anderen, von uns höher bewerteten Kulturstufe führte, war zum einen der Weg aus der Pluralität und Isolation der Teile, wie wir sie bezüglich des Menschen und alles anderen Seienden konstatiert haben, zur Einheit, so dass nun erstmals der Mensch in seiner Singularität und Signifikanz vor uns steht, als seiender, handelnder, denkender. Er wird nicht länger als bloße Zusammenstückung einzelner, separater Elemente verstan-

25 Ein fernes Abbild begegnet noch heute in der Echternacher Springprozession, in der das Wachsen und Gedeihen der Pflanzen forciert wird, oder in den Schlangen- und Regentänzen der Hopi, die die Fruchtbarkeit unterstützen sollen.

26 Zur homerischen Anthropologie vgl. Karen Gloy: *Die Geburt des Selbstbewußtseins aus dem Differenzbewußtsein*, in: dies. (Hrsg.): *Kollektiv- und Individualbewußtsein*, Würzburg 2008, S. 63-86, bes. das Kapitel „Die homerische Anthropologie“, S. 67 ff.

den, die nur durch den Namen zusammengehalten werden und allenfalls einen Umriss, ein bloßes Schema oder einen Typus abgeben. Vielmehr tritt er als einzelner in quantitativer wie qualitativer Hinsicht den anderen als Masse gegenüber. Bei weitem kann hier noch nicht von einem Individuum und einer Individualisierung gesprochen werden, allenfalls vom Erwachen der Persönlichkeit.[27] Um das Stadium zu kennzeichnen, hat man auch von dem Übergang vom Typus zum Charakter gesprochen, welcher letztere ein Mittelglied zwischen dem ersteren, dem Typus, und dem Individuum darstellt, insofern er bereits markante Züge aufweist, jedoch noch nicht den einmaligen, unverwechselbaren und unwiederbringlichen Einzelmenschen bezeichnet.

Zum anderen war es der Weg der Herauslösung des Menschen aus einer höheren, bergenden, göttlichen Ordnung, die nun als Fesselung und Einschränkung der Handlungsoptionen verstanden wurde, während die Herauslösung aus diesem Kontext als Befreiung von einengenden Bindungen begrüßt wurde, welche auf eine Verselbstung und Autonomie wies, wenngleich noch nicht im modernen Sinne von Freiheit und Autonomie. Den weiterhin schwelenden Konflikt zwischen Bindung und Selbständigkeit dokumentieren insbesondere die klassisch griechischen Dramen, die trotz freier Handlungsoption die Schicksalsmächtigkeit vor Augen führen, denen der Einzelne unterworfen bleibt, wie in den tragischen, zerrissenen Gestalten eines Ödipus, einer Iphigenie, eines Theokles usw.

Und zum dritten war der Weg einer, der sprachlich aus der Konkretheit, dem Verhaftetbleiben am sinnlich Gegebenen, zur Abstraktion, Generalisierung und Verselbständigung führte, womit sich Rationalität verband, ein Vermögen, das sich immer wieder gegen die sinnlichen und triebhaft-emotionalen Kräfte durchsetzen musste, indem es auf seine Logizität pochte. Mit ihm beginnt, wenn auch noch zaghaft, der ‚Logozentrismus' des Abendlandes, um einen Ausdruck Jacques Derridas[28] zu benutzen, mit dem sich die westliche Kultur von der östlichen abgrenzt. Mit ihm ist der Weg von der Phänomenalität, dem Schillernden, Fluktuierenden zur Festigkeit und Statik der Begrifflichkeit geebnet.

Was die Motive und Auslöser dieser Revolution und Emanzipationsbewegung waren, die zur ersten Aufklärung führten, lässt sich schwer sagen; darüber ist viel gerätselt und gestritten worden. Während für die späteren Revolutionen technische und technologische Innovationen und methodische Erfindungen angeführt werden können, wie die Erfindung beweglicher

27 Vgl. Bruno Snell: *Die Entdeckung des Geistes*, a.a.O., S. 56-81 (siehe die Überschrift „Das Erwachen der Persönlichkeit in der frühgriechischen Lyrik").

28 Jacques Derrida: *Grammatologie* (Titel der Originalausgabe: *De la grammatologie*, Paris 1967), aus dem Französischen übersetzt von Hans-Jörg Rheinberger und Hanns Zischler, Frankfurt a. M. 1974, S. 11.

Lettern zum Buchdruck, die Erfindung von Maschinen zur Massenproduktion oder die Erfindung von Computern und Internet zur Digitalisierung, lassen sich solche hier kaum angeben. Vielmehr scheinen es Bewusstseinsveränderungen gewesen zu sein, die sich mit zunehmendem Wohlstand durch Handel und Schifffahrt einstellten und ein Mitspracherecht in allen Angelegenheiten der Gesellschaft und des Stadtstaates verlangten und auch zur Absetzung der alten Herrschaftsform des Königtums und zur Errichtung demokratischer Stadtstaaten führten. Revolutionen sind immer auch Bewusstseinswandlungen, und diese lassen sich nach Meinung von Gräzisten im vorliegenden Fall insbesondere anhand der frühgriechischen Lyrik bei Archilochos, Anakreon und Sappho ablesen im Vergleich zur makariotischen Festdichtung, den Lob- und Preisgesängen, den Siegesliedern, den Hochzeitsgesängen und Totenklagen der archaischen Gesellschaft, eben Homers.

Die Zeiten haben sich geändert. Angeschlagen werden jetzt ganz andere Töne, als man sie zu Homers Epoche aus der Panegyrik gewohnt war, die die goldschimmernden Rüstungen und Waffen, die Arm- und Beinschienen priesen. Archilochos um 700 v. Chr. übt in seinen leider nur bruchstückhaft überlieferten Gedichten scharfe Kritik an der Kriegerkaste, dekuvriert sie als Schein und stellt deren Idealen: dem Großen, Schönen, Erhabenen, Ehrenhaften, Bewundernswerten das Kleine, Einfache, Alltägliche entgegen.

> „Mir gefällt kein langer Feldherr, der gewaltige Schritte macht,
> Sich mit seinen Locken brüstet, eitel sich das Kinn rasiert;
> Mehr gefiele mir ein kleiner, sind auch seine Beine krumm:
> Aber stämmig auf den Füßen soll er stehn und voller Herz.“ [29]

Die Dekuvrierung der Hohlheit der homerischen Welt setzt die Ausbildung eines scharfen analytischen Verstandes voraus, der zwischen Außen und Innen, Schein und Sein, Lug und Trug einerseits und Wahrheit andererseits zu unterscheiden vermag. Eine solche kritische Unterscheidung und Konfrontation von Gegensätzen forciert auch die Abhebung des Einzelnen vom Kollektiv der Anderen, indem sie die Spreu vom Weizen scheidet. Der Einzelne bzw. das Einzelne wird jetzt dem Übrigen, dem großen Haufen, der Menge oder der generellen Meinung konfrontiert. Hier bahnt sich die Entstehung des Individuellen an, wenngleich dies noch nicht an die Herausbildung der Individualität im heutigen Sinne heranreicht. So dichtet Archilochos „Ein jeder wärmt an anderen Dingen sich das Herz“[30], was die Verschiedenartig-

29 Zitiert nach Bruno Snell: *Die Entdeckung des Geistes,* a,a,O., S. 61.

30 A.a.O., S. 58.

keit der Menschen betont. Sappho setzt dies später fort in einem Fragment: „Was einer liebt, ist das Schönste“[31], was sich von der homerischen Aussage *Odyssee* 14,228: „Denn dem einen gefällt dies Werk, dem anderen jenes“[32] abhebt, das demgegenüber recht allgemein bleibt und alle Menschen meint im Unterschied zu dem Einzelnen bei Archilochos und Sappho.

Weiter geht Sappho mit ihrer Psychologisierung. Sappho schreibt monodische Lyrik, einstimmige Sprechgesänge zur Lyra, und ihre Themen sind Liebe, Leid, Schmerz, Trauer, Sehnsucht, kurzum psychische Befindlichkeiten und Stimmungen, wie sie Liebes-, Hochzeits- und Trauerlieder kennzeichnen. Durch die Beobachtung des Seelenlebens, seine Vielgestaltigkeit und vor allem seine Ambivalenz, wie sie in dem Oxymoron ‚bittersüße Liebe‘ zum Ausdruck kommt, gelingt es Sappho, die ehemals separierten psychischen Vermögen, die bei Homer noch an verschiedene separate Leibesinseln geknüpft waren, zur Einheit zusammenzufassen und damit der äusseren, körperlichen Einheit die innere, seelische zuzuordnen. Auch dies ist ein Schritt auf dem Wege zur Einheit der Person, mehr noch zum Einzelnen in seiner Unterschiedenheit von anderen. In einer beliebten volkstümlichen Form, der Praeteritio oder dem Priamel, wird die eigene Meinung oder Wertung der der anderen konfrontiert. So gelingt es Sappho, das alte homerische Preislied in seiner Konventionalität umzuformen und ihm einen persönlichen Ausdruck zu verleihen, in diesem Falle durch die Erinnerung und Hingezogenheit zur Geliebten Anaktoria.[33]

> „Einer preist die Reiter, ein Andrer Fußvolk,
> Einer viele Schiffe als allerschönstes
> Gut der dunklen Erde, doch ich: wonach ein Liebender trachtet.
> Und dies kann man Jedem auch leicht verständlich
> Machen, denn, die alle an Schönheit über-
> Ragte Helena, ließ den allerliebsten Gatten im Stiche.
> Mit den Schiffen segelte sie nach Troja,
> Nicht gedachte sie ihrer Tochter noch der
> Lieben Eltern; sondern die Willenlose folgte der Kypris.
> Wahrlich, unschwer läßt eine Frau sich lenken;
> Liebe kann so leicht ihren Sinn betören!
> Nun an Anaktoria hat mich plötzlich Kypris erinnert.
> Lieber würde ich die geliebten Schritte

31 A.a.O., S. 60.

32 Der griechische Text lautet: ἄλλος γάρ τ᾽ ἄλλοισιν ἀνὴρ ἐπιτέρπεται ἔργοις = „jeder Mensch“ dürfte hier in dem Sinne von „alle Menschen“ gemeint sein.

33 Vgl. Bruno Snell: *Die Entdeckung des Geistes,* a.a.O., S. 60.

Und das helle strahlende Antlitz sehen,
Als der Lyder Wagen und als das schwer bewaffnete Fußvolk.“[34]

Das dritte Motiv neben der Ausbildung der kritischen Vernunft, der Rationalität, und der Psychologisierung und Verinnerlichung ist das Heraustreten aus einer vorgegebenen allgemeinen Ordnung, die Vereinzelung und Verselbstung des Menschen mit dem entsprechenden Bewusstsein der Selbstherrlichkeit, was wir Hybris nennen und sich gleicherweise als Triumph wie als Tragik und Geißel des Abendlandes erweisen wird. Mit ihr sind Glanz und Elend verbunden, Glanz insofern, als die Verwirklichung der Autonomie von der Größe des Menschen zeugt, und Elend insofern, als der Mensch immer auch ein naturgebundenes, von seiner Anlage her auf Anderes angelegtes Wesen bleibt, was ihm die Endlichkeit und Beschränktheit seines Handelns vor Augen führt. Er wird sich niemals, wie Descartes meinte, zum *maître et possesseur de la nature* aufschwingen können, erliegt jedoch immer wieder dieser Illusion. Die gegenwärtige COVID-19-Pandemie hat die Ausgeliefertheit des Menschen an die Natur in aller Schärfe vor Augen geführt.

Zur Symbolgestalt des Abendlandes ist Prometheus aus der gleichnamigen Tragödie des Aischylos geworden. Prometheus hat den Menschen das wichtigste aller Güter gebracht, das Feuer, damit jedoch gegen den ausdrücklichen Willen des Göttervaters verstoßen und wurde dafür zur Strafe an den Tartaros geschmiedet, wo ihm tagsüber Raben die Leber anhacken, während sie des Nachts wieder nachwächst. Er bricht in wütende Beschimpfungen, Schmähungen und Verunglimpfungen gegen den Göttervaters Zeus aus; nicht einmal der diplomatische Poseidon vermag ihn zu besänftigen. Er reizt Zeus durch seine gegen den Himmel geschleuderten Schmähungen so sehr, dass, obgleich das Ende des Stückes nicht erhalten ist, es nahe liegt, dass Zeus ihn zur Strafe über Blitz und Donner in die Tiefe des Tartaros versenkt.

Obwohl in der griechischen Göttergenealogie Generationskonflikte nicht unbekannt sind – so wurde Uranos von seinem Sohn Kronos entmachtet und in die Unterwelt verstoßen, Kronos von seinem Sohn Zeus, Zeus von dem Titanen und Halbgott Prometheus –, was jeweils auf die Substitution einer alten Ordnung durch eine neue weist, erscheint die jetzige besonders gravierend, da hier eine allgemeine Ordnung durch eine individuelle, persönliche, die eines Einzelnen, ersetzt wird. Die Tat des Prometheus ist deswegen Frevel an der allgemeinen Ordnung, welcher von dieser Seite geahndet werden muss.

Das Prometheus-Motiv durchzieht die gesamte abendländische Geschichte. Es taucht zu verschiedenen Zeiten pointiert wieder auf, so in der

34 A.a.O., S. 59.

Renaissance im Rahmen der dortigen Diskussion um das Künstlergenie als *alter deus*, sodann in der Sturm und Drang-Zeit, in der das Regeln sprengende Genie dem Regeln setzenden Genie des französischen Dramas konfrontiert wurde.Bekannt sind nicht nur Goethes Rede *Zum Shakespeares-Tag* (1771), sein *Prometheus-Fragment* und sein *Prometheus-Gedicht* (1774), in welchem letzteren Prometheus Zeus geradezu verspottet und herabsetzt zu einem bloßen Knaben, der nichts weiter vermag, als Disteln zu köpfen. Prometheus insistiert auf seiner Erdherrschaft:

> „Mußt mir meine Erde
> Doch lassen stehn
> Und meine Hütte,
> Die du nicht gebaut,
> Und meinen Herd,
> Um dessen Glut
> Du mich beneidest."[35]

Die Verspottung und Verhöhnung des Gottes „Ich dich ehren?"[36] und die Anmaßung, mit der Prometheus sich selbst an die Stelle des Gottes setzt,

> „Hier sitz' ich, forme Menschen,
> Nach meinem Bilde,
> Ein Geschlecht, das mir gleich sei,
> Zu leiden, weinen,
> Genießen und zu freuen sich,
> Und dein nicht zu achten,
> Wie ich"[37],

findet ihren Höhepunkt und Abschluss in der letzten Zeile, die mit dem Wort „ich" endet und hierin Ausdruck der schon weiterentwickelten Individualität, des einmaligen, unwiederbringlichen Ich, ist.

Hybris zeigen auch andere Figuren der griechischen Tragödie wie Xerxes in Aischylos' Stück *Die Perser*. Zugrunde liegt hier die Schlacht bei Salamis, in der der Orient gegen den Okzident kämpfte und verlor. Der Perserkönig Xerxes, der mit einer riesigen Streitmacht gegen die Griechen anzog, erlag in der Schlacht, sein gesamtes Heer wurde vernichtet. Reumütig betritt er die Bühne, gesteht seinen Gottesfrevel und seine Selbstüberschätzung. Er

35 Johann Wolfgang Goethe: *Prometheus*, in: *Goethes Werke* (Hamburger Ausgabe), Bd. 1, Hamburg 1948, 5. Aufl. 1960, S. 44 ff.

36 Zeile 38.

37 Letzte Strophe.

verging sich an der Gottheit, indem er den Bosporus, das Herrschaftsgebiet des Poseidon, mit einer Brücke aus aneinandergereihten Schiffen überquerte und damit einer Gottheit Fesseln anlegte, deren Nacken unter ein Joch spannte. Seine Anmaßung, sein Hochmut, sein Gottesfrevel, sich Gott gleichstellen zu wollen, wird mit der Niederlage und der Vernichtung seines Heeres vergolten.

Der ehemalige Theologe und Münchener Universitätsprofessor Helmut Kuhn hat in seinem tiefsinnigen Buch *Begegnung mit dem Sein. Meditationen zur Metaphysik des Gewissens* (Tübingen 1954) die Herkunft des Selbstbewusstseins aus dem Schuldbewusstsein, wie sie sich in der frühgriechischen Lyrik erstmals zeigt, zu erklären versucht. Der Mensch bricht aus der bisherigen schützenden, bergenden und vertrauten Ordnung aus, begeht einen Tabubruch und entdeckt außerhalb seiner Gemeinschaft ein neues, unvertrautes, zunächst unheimliches, weil nicht mehr heimisches Bewusstsein, das die Grundlage seines neuen Selbstgefühls und seiner neuen Selbständigkeit ausmachen wird. Der Begriff Selbstbewusstsein – griechisch *syneidesis*, lateinisch *conscientia,* italienisch *conscienzia,* spanisch *conciencia* – hat in seiner romanischen Variante noch die Doppelbedeutung von Selbstbewusstsein und Gewissen bewahrt, welches letztere im Zusammenhang mit Schuldbewusstsein steht und dieses moralisierend begleitet, sowohl warnend wie verurteilend.[38] Allerdings wird der Prozess der Selbstwerdung des Selbstbewusstseins zunächst noch ganz objektiv betrachtet und beschrieben, noch nicht selbstreflexiv. Darauf weisen auch der griechische Ausdruck *syneidesis* und der lateinische *conscientia.* Bei *syn-* bzw. *con-* handelt es sich um ein begleitendes Nebenwissen, ein zweites Wissen also, das das erste kommentiert und beurteilt, nicht aber um ein selbstreflexives Wissen, zu dem es erst später avancierte. Der Prozess ist erst in den platonischen Dialogen *Charmides* und in dem pseudoplatonischen *Alkibiades I.* zu beobachten im Übergang von der *episteme he autou* zur *episteme he autes,* d.h. vom Bewusstsein von etwas zum reflexiven Selbstbewusstsein.

38 Die germanische Fassung ‚Selbstbewusstsein‘ hat diese zweite Komponente verloren.

2. Die Psychologisierung des Einzelnen in der klassisch-griechischen Philosophie

Das individuelle Selbst und das ihm zugehörige Selbstbewusstsein stehen nicht wie mit einem Handstreich geschaffen spontan da, sondern benötigen einen langen Entwicklungsprozess, an dessen Ende erst das Individuum und Selbstbewusstsein stehen.

Mit der Abhebung des Einzelnen[39] von der Gruppe in nachhomerischer Zeit geht die Unterscheidung von Innen und Außen einher (siehe Archilochos), und in dem Maße, in dem die ehedem separierten äußeren Körperteile zum Körper zusammenwachsen, wachsen auch bei Sappho die separaten Seelenvermögen und die psychischen Empfindungen zusammen, wobei jedoch ihre Heterogenität und Antithetik bestehen bleiben. Es bedarf noch gewaltiger Anstrengungen, bis ihre Einheit erklärt werden kann. Der Dualismus von Körper und Seele bleibt im Grunde durch die gesamte Geschichte hindurch bestehen und wird sogar noch von Descartes in der Unterscheidung von *res extensa* und *res cogitans* verstärkt und kehrt heute in der Neurophysiologie wieder.

Den Ausgang für die nachzuzeichnende Entwicklung bildet das Erfahrungswissen, wie es Augen- und Ohrenzeugen zukommt, die bei einem Geschehen dabei waren und authentisch und wahr davon berichten können, anders als jene, die nur vom Hörensagen über die Vermittlung anderer von etwas Kenntnis haben. Wie wichtig frühen Völkern, nicht nur den Griechen, der Tatsachenbericht der Dabeigewesenen war, zeigt die grammatikalische Unterscheidung des Augen- und Ohrenzeugenberichtes vom Inferentialis, dem Modus der Berichterstattung.[40] Da umfassendes, breites empirisches Wissen, wie schon bei Homer im Schiffskatalog[41], das sämtliche Völker und Heerführer der Griechen, die vor Troja kämpften, aufzählt, den Status von göttlichem Wissen hat, qualifiziert es sich, das Paradigma für die Beurteilung des menschlichen Wissens abzugeben. Dichtern wie Homer und Hesiod wird es, wie sie behaupten, von den Göttern und Musen verliehen, so dass sie sich enthusiasmiert und im Besitze der Wahrheit fühlen. Je größer dieses Wissen ist, je weiter es sich über Raum und Zeit erstreckt, desto verlässlicher und sicherer ist es. Es ist ein Wissen, von dem schon Homer in Bezug auf den Seher Kalchas sagt: Er wusste, was ist, was war und was sein wird. Die-

39 Der Einzelne ist hier noch im Sinne der Allgemeinheit ‚jeder einzelne' (*hekaston,*) gemeint, nicht als Individueller, wie es das griechische deiktische ‚der da' (*tode ti)* ausdrücken würde.

40 Vgl. Hans Jensen: *Der sprachliche Ausdruck für Zeitauffassungen, insbesondere am Verbum*, in: *Archiv für die gesamte Psychologie*, Bd. 101 (1938), S. 289-33, bes. S. 298.

41 Homer: *Ilias*, 2,484 ff.

ses Wissen umfasst Vergangenes, Gegenwärtiges und Zukünftiges vermittels Erinnerung, Gegenwartsbewusstsein und Zukunftsprognosen.

Mit Xenophanes um 500 v. Chr. wird die Zuordnung dieses Wissens zum Menschen suspekt. „Das Klare hat kein Mensch gesehen, und es wird auch niemanden geben, der etwas gesehen hat (= weiß) über die Götter und all das, was ich hier darlege. Denn wenn er es auch meistenfalls träfe, Vollendetes zu sagen, so weiß er es doch nicht (= hat er es nicht gesehen). Schein ist allem beigefügt“[42], und an anderer Stelle fügt er hinzu: „Nicht von Anfang an alles haben die Götter den Sterblichen offenbart, sondern suchend finden sie allmählich das Bessere.“[43] Hier hat auch das Goethesche Wort aus dem *Faust* „Wer immer strebend sich bemüht, den können wir erlösen“[44] seinen Ursprung.

Eine entscheidende Wende von außen nach innen vollzieht Heraklit. Zwar muss der Erkenntnissuchende (der Philosoph) vieles wissen und lernen und empirisch erfahren, das Entscheidende aber ist die Wendung von der sinnlichen, auf Äußeres gerichteten Erkenntnis ins Innere zum Intellekt oder Logos, der die Sinne zu interpretieren hat. So heißt es bei Heraklit: „Ich habe mich selbst erforscht“[45], was vom späteren delphischen Orakel „Erkenne dich selbst“ (*gnothi seauton*) fortgesetzt wird.

Die eigentliche Realisierung der Hinwendung von der sinnlich rezipierten Außenwelt zum Inneren des Geistes geschieht jedoch erst mit dem Übergang von der Naturphilosophie der Vorsokratiker zur politisch-moralischen, auf den Menschen bezogenen Philosophie des Sokrates, die Cicero zugespitzt beschrieben hat als das ‚vom Himmel herab auf die Erde Ziehen‘, ähnlich wie Karl Marx später in Bezug auf Hegel davon gesprochen hat, dass dieser vom Kopf auf die Füße gestellt werden müsse. Damit beginnt die Erforschung des Inneren, die auf das soziale, politische und ethische Verhalten des Menschen zur Gesellschaft, zum Stadtstaat der damaligen Zeit, und folglich auf die sogenannten bürgerlichen Tugenden zielt. Dazu braucht es eine prinzipielle Seelenkonzeption, die die staatliche Gliederung in soziale Klassen oder Schichten verständlich macht. Dieses Stadium ist bei Platon erreicht. In der *Politeia* konzipiert er ein Seelenmodell mit hierarchischer Gliederung, das die traditionellen, wenngleich etwas modifizierten Begriffe von *nous, thymos* und *epithymia* (Intellekt, Mut, Begierde) aufnimmt und ihnen nicht nur Tugenden zuordnet wie Weisheit, Tapferkeit und Besonnenheit, sondern auch die Klassen der Gesellschaft: Regierende (Wächter), Soldaten,

42 Fragment 34.

43 Fragment 18.

44 *Faust II*, Vers 11936 f. in: *Goethes Werke*, a.a.O., Bd. 3, S. 359.

45 Fragment 101.

Bauern, Handwerker und Gewerbetreibende, denen jeweils in besonderer Weise eine dieser Tugenden zukommen soll: Die Regierenden sollen sich durch Vernunft auszeichnen, die Soldaten durch Tapferkeit und die übrigen Bürger durch Besonnenheit.[46] Ist diese Ordnung gewahrt, so herrscht Friede, was Platon in dem berühmten Spruch ausdrückt:

> „Wenn nicht entweder die Philosophen Könige werden in den Staaten oder die jetzt so genannten Könige und Gewalthaber wahrhaft und gründlich philosophieren und also dieses beides zusammenfällt, die Staatsgewalt und die Philosophie, [...] eher gibt es keine Erholung von dem Übel für die Staaten [d.h. Frieden] [...], und ich denke auch nicht für das menschliche Geschlecht."[47]

Dabei weiß Platon sehr wohl, dass dies wegen der Inkompatibilität von Vernunft und Macht eine Utopie bleiben wird. Dennoch stellt er diesen Maßstab für die Beurteilung von Gelingen oder Misslingen gesellschaftlicher, staatlicher Verhältnisse auf.

Hier tut sich die Frage nach der Einheit dieser Vermögen auf, die nur durch ein Hierarchiemodell gelöst werden kann, das von Über- und Unterordnung lebt. Wie fragil ein solches System ist, das Handeln auf Vernunft abstützt, hat Platon wohl selbst gesehen und nicht erst die christliche Ethik, die den Geist zwar für willig, das Fleisch jedoch für schwach hält. Das Gelingen dieser intellektualistischen Ethik setzt daher die pädagogisch-praktische Forderung nach Erziehung, Übung, Drill und Dressur voraus.

Hinzu kommt das Problem der Erkenntnis dieser Struktur, denn die bisherige Beschreibung ist rein objektivistisch, während die Frage nach der Erkennbarkeit der internen psychologischen Struktur bislang unbeantwortet blieb. Da letztere nur über eine Selbstzuwendung und Selbsterkenntnis erfolgen kann, stellt sich die Alternative, ob nur ein Vernunftvermögen wie der *nous* diese Selbstreferentialität zu leisten vermag oder alle Vermögen, auch die niederen, der mutige und der begehrende Teil (*thymos* und *epithymia*). Nicht nur Aristoteles greift das Problem auf und beantwortet es damit, dass es neben der intellektuellen Selbstzuwendung des Ansatzes eines *sensus communis,* eines Allgemeinsinnes, bedürfe, sondern auch Thomas von Aquin behandelt im Anschluss an Aristoteles das Problem, ob so, wie der Intellekt sich selbst reflexiv zu erfassen vermag, die Sinnesempfindungen sich selbst

46 Vgl. Platon: *Phädros* 246a ff. das Rossegespann mit dem Wagenlenker und einem sanften und einem wilden Pferd.

47 Platon: *Politeia* 473c f.

wahrnehmen können, oder ob sie ein besonderes eigenständiges Vermögen erfordern.[48]

Im Grunde ist dieses Problem in der gesamten Tradition nicht gelöst geworden. Es bleibt nicht nur bei einer unbestimmten Hierarchie der Vermögen, sondern auch bei einer Splitterung der Vermögen in obere und untere.

3. Der religiöse Einfluss des Christentums: die Einmaligkeit der Person

Einen weiteren Schub in Richtung Individualität, Individualismus brachte die christliche Religion im ausgehenden Altertum und im Mittelalter mit sich. In ihr verbanden sich zwei völlig heterogene Traditionsstränge aus verschiedenen Kulturen, zum einen die aus dem vorderorientalischen jüdischen Kulturkreis stammende Glaubensdogmatik, zum anderen die aus der griechischen Philosophie stammende Methodologie mit ihrer Argumentationskunst, ihrer Disputationstechnik ihren Beweisen und Schlussfolgerungen, Deduktionen und Induktionen. Wohl keine zweite Religion auf der Erde ist von Beginn an so sehr Theologie, d.h. *logos* vom *theos* (rationale Lehre von Gott) gewesen wie die christliche Theologie mit ihren rationalen Beweisen der Gottheit in Form des ontologischen, kosmologischen, physikotheologischen und moralischen Beweises.

Entgegen kam dem christlichen Glauben inhaltlich eine Reihe von Ideen und Theoremen aus der griechischen Philosophie wie der Transzendenz- und Superioritätsgedanke, die Hierarchisierung der Welt, die Tendenz zum Monismus (die Reflexionen über das Eine in Platons Philosophie), das Urbild-Abbild-Verhältnis, der Schöpfungsgedanke, der mit dem platonischen Schöpfungsmythos im *Timaios* (27 d ff.) Ähnlichkeit hatte, obwohl dieser als ein technomorphes Modell zur Erklärung der Aufbaugesetze der Welt gedacht war, nicht als realer Schöpfungsbericht wie im christlichen Glauben. Auf der anderen Seite gab es Theoreme, die unvereinbar waren mit christlichen Grundüberzeugungen und auf heftige Kritik stießen, die allerdings schon in der griechischen Philosophie zu kontroversen Interpretationen geführt hatten. Das betraf vor allem den Seelenbegriff und die Frage nach einer allgemeinen oder individuellen Einheit der Seele (Monopsychismus) und einer allgemeinen oder individuellen Unsterblichkeit.

Zum genaueren Verständnis dieses Konfliktes ist daran zu erinnern, dass schon im *Alten Testament* kulturhistorisch eine ungeheure Aufwertung des

48 Vgl. Thomas von Aquin: *Summa Theologiae*, p. I, quaestio 78 a. 4, ad. 2, ibidem quaestio 87 a. 3, obj. 3 und ad 3 (vgl. Aristoteles: *De anima* III,2).

Menschen erfolgt war durch eine Reihe von Vorstellungen und Aussagen wie denen, dass Gott den Menschen nach seinem Bilde geschaffen habe, dieser also das Ebenbild Gottes sei (*Genesis* 1,27), was im *Neuen Testament* durch die Sohnschaft des Menschen über Jesus fortgesetzt wird und in der Renaissance die Auswirkung hatte, dass der Mensch sich als *alter deus* empfand. Des Weiteren war in 2. *Moses* 33 ff. von der Begegnung Gottes mit Moses von Angesicht zu Angesicht die Rede gewesen, was auf eine Gleichstellung schließen ließ. „Der Herr aber redete mit Mose von Angesicht zu Angesicht, wie ein Mann mit seinem Freunde redet." Man vergleiche auch *Jeremia* 1,5 und im *Neuen Testament* den Paulus-Brief an die Galater 1,12. Zudem heißt es, dass Gott in die Herzen der Menschen schaue, also in das Innerste eines jeden, gleichgültig, ob hoch oder tief. Dies hat kultur- wie geistesgeschichtlich wesentlich dazu beigetragen, dass in einer Gesellschaft wie der römischen, die Freie und Sklaven kannte, ebenso die Niedrigerstellung der Frau, das Christentum mit seiner Gleichrangigkeit und Ebenbürdigkeit Fuß fassen und die Abschaffung der Sklaverei vorantreiben konnte, was als einer der Gründe für den Untergang des römischen Reiches angeführt wird neben dem anderen des übermäßigen Luxus, der Verweichlichung und Degeneration der Gesellschaft.

Damit war zumindest ideell eine Gleichstellung aller Menschen proklamiert, andererseits ethisch-moralisch ein Individualismus eingeleitet, da jeder Mensch nun für sein Leben, sein Handeln und seine Entscheidungen selbst verantwortlich war und nicht mehr wie in der traditionellen römischen Gesellschaft nur der Herr, der für sich und seinen Sklaven, der zu seinem Eigentum gehörte, verantwortlich war. Jeder hatte nun gleiche Rechte und Pflichten und Verantwortung und musste vor dem weltlichen Gericht ebenso wie vor dem göttlichen am letzten Tag, dem Gerichtstag, Rechenschaft ablegen mit entsprechender Belohnung von Paradiesfreuden oder Bestrafung mit Höllenqualen. Zu den Rechten und Pflichten der Person, die vom römischen Recht in Abstufung entwickelt worden waren, traten nun die ganz individuellen privaten Rechte und Pflichten, die die Individualität konstituierten. Gilbert von Poitiers[49] führte zu diesem Zweck den Begriff *in-dividuum* = ‚das Unteilbare' ein. Er wie schon vor ihm einzelne Aristoteles-Kommentatoren[50] hatten den griechischen Begriff *atomon,* der in den Bereich des materiellen physikalischen Atomismus Leukipps und Demokrits gehörte, aber doppeldeutig war, da er einerseits das Unteilbare ausdrückte (*a-tomon*

49 Gilbert von Poitiers: *Expositio in Boecii librum contra Euticen et Nestorium,* 2,29, hrsg. von Nikolaus M. Häring, Toronto 1966, S. 270 f.; ders.: *Expositio in Boethii librum primum de trinitate,* 1,5, 55, 67, hrsg. von Nikolaus M. Häring, Toronto 1966, S. 144.

50 Vgl. Olympiodorus: *Prolegomena et in categorias commentarium,* 43,12 ff., hrsg. von Adolfus Busse, Berlin 1902, S. 46.

= das Un-teilbare), andererseits wegen der räumlichen Ausgedehntheit der Atome das Teilbare bezeichnete, als unteilbar übersetzt, wobei sie gleichzeitig auf den Unterschied zwischen quantitativer und qualitativer Unteilbarkeit hinwiesen und nur die letztere mit dem Begriff verbanden. Nach Gilbert von Poitiers kommt allem Seienden die Proprietät der Singularität zu, wonach es nicht in homogene Teile zerfällt, sondern in heterogene, deren je besondere Zusammensetzung die Individualität ergibt. Die qualitative Unteilbarkeit schließt die Möglichkeit unendlich vieler Eigenschaften, die jemand aufweist, und die Rollen, die jemand spielt, nicht aus; sie macht den ganz eigenen, unverwechselbaren und unvergleichlichen Fingerabdruck eines jeden aus, auch wenn das Individuum nach scholastischer Ansicht unnennbar, d.h. undefinierbar ist (*individuum est ineffabile*).

Hier nun ergab sich ein Konflikt mit einer dominanten Aristoteles-Auslegung der Seele, die vom Averroismus vertreten wurde, einer auf den arabischen Philosophen Averroes (Ibn Ruschd) zurückgehenden philosophischen Richtung, die im Mittelalter außer an der Pariser Universität an den oberitalienischen Universitäten Padua und Bologna vertreten wurde und die Lehrbücher bestimmte.

Schon bei Platon und ebenfalls bei Aristoteles war das Problem der Einheitlichkeit der Seele angesichts der heterogenen Vermögen, einerseits des selbstbezüglichen Intellekts (*nous*), der *noesis noeseos*, andererseits der nicht selbstbezüglichen Vermögen Mut und Begierde, aufgekommen, das mit der Unvergänglichkeit und Ewigkeit des *nous* und der Vergänglichkeit und Sterblichkeit der anderen Seelenteile verbunden war; denn das, was selbstreferentiell sich selbst begründet und erhält, ist unvergänglich und ewig im Unterschied zu den anderen sterblichen Vermögen. Das aber heißt nichts anderes, als dass es einen allgemeinen, unsterblichen Seelenteil gibt, an dem alle Menschen partizipieren, aber eben nur als Gattung Mensch, und einen sterblichen Seelenteil für jedes individuelle Wesen. Individualität galt hier als kontingentes, beschränkendes, begrenzendes Merkmal.

Das Problem zeigte sich sowohl in epistemologischer wie in voluntaristisch-moralischer Hinsicht: In ersterer bedeutete es, dass der Intellekt sowohl als *intellectus agens* wie als *intellectus possibilis* aufgrund seiner Allgemeinheit allen Menschen zukommt, mithin etwas ist, das in allen Menschen denkt, so dass man genauerhin nicht sagen dürfte: „Ein individueller Mensch wie Sokrates denkt", sondern in ihm denkt ebenso wie in allen anderen Menschen der allgemeine Intellekt. Die Quintessenz dieses Gedankens ist, dass der allgemeine Intellekt, der die Grundlage aller individuellen Wesen bildet, mit dem göttlichen Intellekt zusammenfällt.[51] In ethisch-moralischer Hin-

51 So schon bei Aristoteles.

sicht heißt dies, dass es nur eine generelle Unsterblichkeit gibt, nicht eine individuelle, persönliche, so dass der individuelle Mensch auch nicht am letzten Tag vor dem Richterstuhl Gottes erscheinen und sich rechtfertigen muss. Damit entfällt jede Verantwortung und auch jede Straf- oder Belohnungszuteilung. Ethik ist auf diese Weise schwerlich zu begründen. Auch die Vorstellung einer persönlichen Unsterblichkeit und die Vorstellung von der fleischlichen Auferstehung des Menschen können auf diese Weise nicht aufrechterhalten werden.

Der Konflikt der offiziellen augustinisch-monastischen Kirchenlehre mit dem Averroismus war damit vorprogrammiert, so dass letzterer immer mehr in die Enge der Häresie getrieben wurde, was nicht nur 1270 zur Verurteilung von 13 aristotelisch-averroistischen Thesen führte, sondern auch 1277 zur Verurteilung von 219 weiteren Thesen durch den Pariser Bischof Étienne Tempier, der den „Einfluss von arabischer Philosophie" an der Sorbonne verhindern wollte. Auf dem 5. Laterankonzil 1513 wurde die individuelle Unsterblichkeit der Seele durch Papst Leo X. zum Kirchendogma erhoben, das an den Universitäten gelehrt zu werden habe, und der Monopsychismus verdrängt.[52] Begründet wurde die Opposition zum Averroismus damit, dass Denken, Sein und Wollen (*nosse, esse* und *velle*) eine konkrete Einheit bildeten und den unerschütterlichen Ausgangspunkt aller Erörterungen abgeben würden. Das sich selber denkende Denken ist sich seiner realen Existenz bewusst, und dieses Bewusstsein ist in der Jemeinigkeit des individuellen wollenden Subjekts, des Ich, begründet.

Schon bei Augustin[53] heißt es, dass der Geist nichts so gut wisse wie das, was ihm gegenwärtig sei, und nichts kann ihm gegenwärtiger sein als er sich selber. Im *cogito ergo sum* von Descartes begegnet dies wieder, ebenso bei Fichte in den *Wissenschaftslehren*: Das denkende Ich schließt das ‚ich bin' ein, und diese Existenz ist die jemeinige, individuelle, die von niemandem anders erfahren werden kann. Thomas von Aquin, einer der großen Systematiker des christlichen Glaubens, bekämpfte in seiner Schrift *De unitate intellectus contra Averroistas* von 1270[54] den Averroismus mit dem Argument, dass wir das Denken nur in seiner Aktualität, in seinem Funktionieren erfahren, d.h. in der vielgestaltigen realen Existenz des Selbst. Dies zu leugnen,

52 Vgl. die Bulle *Apostolici regiminis,* vgl. dazu den kenntnisreichen Artikel zum Averroismus in: Wikipedia, https://de.wikipedia.org/wiki/Averroismus, bes. S. 3 und 4 von 7 (abgerufen am 1.2.2021).

53 Augustin: *De Trinitate* XIV,7; *De vera religione*, Kap. 39 u.ö.; vgl. Ernst Cassirer: *Individuum und Kosmos in der Philosophie der Renaissance*, reprografischer Nachdruck der 1. Aufl., Leipzig, Berlin 1927, 6., unveränderte Aufl. Darmstadt 1987, S. 134 ff.

54 Der Titel ist eventuell nicht authentisch.

hieße, dem Denken die reale Existenz zu entziehen, die sich im lebendigen religiösen Gefühl der Selbstgewissheit bekundet.

Kritisch lässt sich dem allerdings entgegenhalten, dass auch dem allgemeinen Denken Existenz konzediert werden könnte, nur eben nicht die persönliche, individuelle, sondern eine, die das religiöse Denken über Jahrhunderte hinweg in der Mystik gesucht und offensichtlich auch gefunden hat. Dieses mystische Denken ist ein von aller Weltsicht und Weltverwobenheit gereinigtes, geläutertes, ein Sein überhaupt, das auch die aristotelische Identifizierung mit dem allgemeinen göttlichen Sein erklären würde.

Kurt Flach hat in einem Aufsatz *Wert der Innerlichkeit*[55], ausgehend von Augustins Ausspruch und Aufforderung zur Innerlichkeit in *De vera religione,* 32,79 („Noli foras ire, in te ipsum redi: interiore homine habitat veritas“ [„Gehe nicht nach draußen, die Wahrheit wohnt im Innern des Menschen“]) diesen europäischen Weg der Verinnerlichung verfolgt und anhand verschiedener Stationen wie der von Meister Eckharts Predigt 86, Goethes *Wilhelm Meisters Lehrjahre,* insbesondere der Schilderung der schönen Seele, Goethes Auseinandersetzung mit der pietistischen Kultur der Innerlichkeit, verfolgt und mit Hegels Worten aus der *Phänomenologie des Geistes* kritisch abgeschlossen:

> „Es [dem Bewußtsein] fehlt die Kraft der Entäußerung, die Kraft, sich zum Dinge zu machen und das Sein zu ertragen. Es lebt in der Angst, die Herrlichkeit seines Innern durch Handlung und Dasein zu beflecken; und um die Reinheit seines Herzens zu bewahren, flieht es die Berührung der Wirklichkeit und beharrt in der eigensinnigen Kraftlosigkeit, seinem zur letzten Abstraktion zugespitzten Selbst zu entsagen und sich Substantialität zu geben oder sein Denken in Sein zu verwandeln und sich dem absoluten Unterschiede anzuvertrauen.“[56]

In dieser „durchsichtigen Reinheit“ sieht Hegel allerdings kritisch „eine unglückliche sogenannte *schöne Seele*“, die „verglimmt [...] in sich und schwindet als ein gestaltloser Dunst, der sich in Luft auflöst.“[57]

Dadurch dass die vorherrschende christliche Kirchenmeinung und die Dog-

55 Kurt Flach: *Wert der Innerlichkeit,* in: *Die kulturellen Werte Europas,* hrsg. von Hans Joas und Klaus Wiegandt, Frankfurt a. M. 2005, 2. Aufl., S. 219-236.

56 Georg Wilhelm Friedrich Hegel: *Phänomenologie,* in: *Werke,* auf der Grundlage der Werke von 1832-1845 neu edierte Ausgabe, Redaktion Eva Moldenhauer und Karl Markus Michel, Frankfurt a. M. 1970, Bd. 3, S. 483 f.

57 A.a.O., S. 484.

matiker nicht nur auf einem religiösen Gefühl der Einmaligkeit, Signifikanz und Unwiederbringlichkeit der Individualität insistierten, sondern dies auch thematisierten und reflektierten, von Gegenmeinungen abhoben und vertieften, prägte es sich unauslöschlich im europäischen Bewusstsein ein. Wie sehr die Identifikation des Menschen mit Gott bis heute nachwirkt, zeigt die Interpretation des Menschen bei Romano Guardini in seinem Buch *Welt und Person.*[58] Obwohl Guardini am Schluss seiner Erörterung gesteht[59], das Geheimnis der Beziehung zwischen Gott und Mensch mittels Christus und der Trinität (der göttlichen Dreieinigkeit) nicht erklären und mittels rationaler Kategorien wie Identität und Widerspruch, Kausalität und Dialektik verständlich machen zu können, stellt das Kapitel doch den Versuch dar, dem Leser diese Beziehung näherzubringen.

Guardini geht dabei von den paulinischen Briefen aus, in denen er das Entscheidende über den christlichen Begriff vom Menschen sieht. Folglich steht auch die Auslegung des Paulus-Ereignisses vor Damaskus[60] im Mittelpunkt seiner Erläuterungen. Auf dem Weg nach Damaskus wird der strenggläubige Eiferer Paulus – damals noch Saulus –, der im Sinne pharisäischer Frömmigkeit die Gesetze erfüllen will, plötzlich umstrahlt von einem himmlischen Licht, stürzt zu Boden und hört die Stimme und den Auftrag Jesu. Es handelt sich um die Schilderung eines tiefen religiösen Erlebnisses, einer Gottesbegegnung. Guardini versucht dieses Erlebnis von anderen Arten religiöser Besitzergreifung und Einwohnung einer Gottheit im Menschen abzuheben, wie sie beispielsweise für Orakel oder Trancen und Besessenheiten typisch sind, in denen eine Gottheit oder ein Dämon oder Geist in das Medium einfährt. Während solche Erlebnisse, ähnlich wie in der Schizophrenie, duale Erfahrungen der Gespaltenheit von Ich und dem anderen evozieren und pathologische Zustände der Bewusstseinsspaltung auslösen, soll die Erfahrung des Paulus etwas gänzlich anderes sein, ein wirkliches Innesein des pneumatischen Christus im Gläubigen, eine reale Identität, nicht nur ein sporadisches, sondern ein andauernden Geschehen, wie es die Worte aus der Bibel bezeugen, denen zufolge Christus im Menschen und der Mensch in Christo ist, etwa *Römer* 8,1: „Eben damit gibt es keine Verdammnis mehr für jene, die Christus Jesus sind" oder 2. *Korinther* 5,17: „Wo einer in Christus ist, da ist neue Schöpfung" oder in letzter Zuspitzung *Galater* 2,20: „Ich lebe, doch nicht mehr ich, sondern Christus lebt in mir." Gemeint ist eine Transsubstantiation, eine Wandlung des ganzen Menschen.

58 Romano Guardini: *Welt und Person*. Versuche zur christlichen Lehre vom Menschen (1939), 6. Aufl. Mainz, Paderborn 1988, unveränderter Nachdruck der 5. Aufl. Würzburg 1962, S. 145-160 (II. Kapitel).

59 A.a.O., S. 158.

60 *Apostelgeschichte* 9,1-6 und 9,17-21.

Um das Faktum einer wirklichen Identifikation des Menschen mit Gott über die Vermittlung Christi zu verdeutlichen, das Magie und Phantasie ausschließt und nicht nur im Sinne zu verstehen ist, dass ein Bild von einer Person oder ein Motiv der Seele vorschwebt, bleibt Guardini nichts anderes übrig, als die idealistische Begrifflichkeit triadischer Dialektik zu benutzen, bestehend aus Thesis, Antithesis und Synthesis, die wiederum Thesis ist usw., oder die auf Kausalität hinauslaufende Begrifflichkeit von Ursache und Wirkung heranzuziehen. Die erstere Erklärung liegt seiner Meinung nach dem Paulus-Evangelium, die zweite dem Johannes-Evangelium zugrunde. Wie Gott und Christus im Verhältnis von Vater und Sohn stehen, einerseits als Verschiedene einander konfrontiert sind, andererseits dies im einheitlichen Horizont der Göttlichkeit tun, da Gott Christus hervorgebracht hat und somit in ihn eingegangen ist, so verhält es sich analog mit der Beziehung zwischen Christus, dem Vermittler, und dem Menschen in ihrer Ich-Du-Beziehung. Argumentierte das Paulus-Evangelium auf der Basis der Vater-Sohn-Metaphorik, so das Johannes-Evangelium auf der Basis der Beziehung zwischen Gott als Sprechendem und seinem gesprochenen Wort (= Kind-Symbolik). Rationaler und verständlicher als mittels der analogischen und metaphorischen Sprache Guardinis könnte man das Verhältnis mit Hegels triadischer Dialektik ausdrücken, nämlich als Hinausgang Gottes aus seinem ewigen Sein in die Welt, in das Andere seiner selbst (Christus), und Rückgang und Wiedervereinigung der Entzweiten durch das Christusgeschehen. Die Dialektik von Spaltung der Einheit in die Zweiheit und Wiedervereinigung der Zweiheit zur Einheit drückt genau dies aus, wobei sie auf die uralte Formel des *Hen dia dyoin* oder des *hen diapheron en he auto* Bezug nimmt.

In der Konsequenz dieser Argumentation liegt, dass der Mensch trotz seines Andersseins göttlich bzw. gottgleich ist, dies nicht nur im Sinne einer Akzidentalität an der Substanz oder eines Derivats von der Gottheit, sondern im Sinne der Göttlichkeit selbst. Denn so wie in der dialektischen Trias das Ganze immer auch Teil und der Teil das Ganze ist, so gilt dies auch im Verhältnis zwischen Gott und Mensch. Es ist diese christliche Interpretation, die die gesamte abendländische Tradition bis heute bestimmt und im Persönlichkeits- und Selbstidentitätsverhältnis immer wieder durchschlägt. Sie macht verständlich, dass der Mensch sich zum Herrn über die Natur aufschwingt. Es ist nicht zufällig, dass Guardini als Vorwort seines Buches einen Ausspruch Blaise Pascals aus den *Pensées* wählt. „Der Mensch übersteigt um ein Unendliches den Menschen." Während Platon im *Theaitet* (176 b) von einer bloßen Annäherung an das Göttliche (*homoiosis theo*) spricht oder im *Symposion* vom Eros als dem Streben von hier noch dort, um die Unvollkommenheit und Endlichkeit des Menschen und sein Streben nach Höherem, Vollkommenerem zum Ausdruck zu bringen, ist das Christentum einen Schritt weitergegangen, indem es die Göttlichkeit des Menschen betont und dies die Erlösung durch den Glauben nennt. Dieser Sinn dürfte die adäquate und vollständige Auslegung der alttestamentlichen Stelle sein, dass Gott den Menschen von Angesicht zu Angesicht schaut und als Gleichrangigen behandelt, oder der Stelle, dass Gott in die Herzen der Menschen blickt, in deren Innerstes, und somit eins mit ihnen ist. Ist dies einerseits eine Auszeichnung, die dem Menschen zuteil wird, so liegt andererseits darin die Verführung zur Maßlosigkeit. Diese Maßlosigkeit wird sich als wegweisend für die gesamte weitere europäische Geistesgeschichte erweisen.

4. Die Entwicklung des Personenbegriffs

Auf dem langen Weg der Entwicklung des Einzelnen als des Herausragenden aus einer diffusen Masse zum Individuum ist eine Station nicht zu unterschlagen, die eine Mischform darstellt und je nach dem behandelten Gebiet, ob Philosophie, Soziologie, Politik, Recht, Theologie, Ethik usw., einmal mehr zum allgemeinen Typus, ein andermal mehr zum Individuum tendiert: die Person. Das hängt damit zusammen, dass dieser Begriff, der wie alle Begriffe wandlungsfähig ist je nach zeitlichem Kontext, eine Entwicklung durchgemacht hat.

Ausgehend von der Etymologie werden drei Ursprünge des Begriffes ‚Person' verfolgt: Zum einen führt man den Begriff auf das griechische Wort *prosopon* = ‚Antlitz', ‚Gesicht', ‚sichtbare Gestalt' zurück, also auf das, was man ansehen kann, wobei sich die Unterscheidung von außen und innen nahelegt. Zum anderen wird das lateinische Wort *persona* mit dem etruskischen Wort *phersu* in Verbindung gebracht, das einen Unterweltgott bezeichnet, der bei den römischen Leichenzügen eine Rolle spielte, bei denen die Maske des Verstorbenen von einem Schauspieler getragen wurde. Und zum dritten wird auf das Wort *personare* verwiesen, das der antike Grammatiker Gavius Bassus im 1. Jahrhundert v. Chr.[61] mit ‚klingen', ‚durchtönen' wiedergibt, da die römischen Masken eine große Mundöffnung aufwiesen, damit die Stimme weithin erschallen und vernommen werden konnte. Wie schon im vorangehenden Fall legt sich hier ein Bezug zum Theater und zu Umzügen, besonders zu Maskenumzügen nahe.

Zur römischen Zeit hatte *persona* auf jeden Fall die Bedeutung von Maske und Maskenkostüm, welche Requisiten des Theaters waren und vom

61 Nach Aulus Gellius: *Noctes Atticae*, 5,7.

Schauspieler an- und abgelegt oder gewechselt werden konnten[62] und damit auf den Unterschied von wechselnder Verkleidung, Verhüllung und Verstellung und sich gleichbleibendem Träger wiesen, der sich hinter der jeweiligen Maske verbarg.

Masken auf dem Theater, auf der Bühne pflegen Typisches auszudrücken: die lachende oder weinende Person, den tragischen Helden, den Bösewicht, den Harlekin, den gewieften Geschäftsmann, den prahlerischen Soldaten, den Geldgierigen, Geizigen usw. Diese Doppelung von Darstellung und Verbergung ist charakteristisch für die *persona* als Maske.

Während wir heute die Begriffe Maske, Kostüm, Larve in pejorativem Sinne verwenden als Vortäuschung von Nicht-Seiendem und folglich als Schein, darf darüber die ursprüngliche Bedeutung der Explikation von etwas Charakteristischem, Typischem und somit Eigentlichem und Wahrem nicht vernachlässigt werden. Diese Bedeutung lässt sich insbesondere an der Entwicklung des griechischen Dramas verfolgen, wurden doch nicht erst in römischer Zeit, sondern bereits auf dem griechischen Theater Masken verwendet. Das griechische Wort *dromenon,* das dem Wort Drama zugrunde liegt, geht auf das Verb *dran* = ‚handeln', ‚vollziehen' zurück. Der Ursprung des griechischen Dramas lag in magisch-mythischer Zeit in kulturellen, rituellen Handlungen, in denen der Vorgang des Stirb und Werde, des Wachsens und Gedeihens, des Verwelkens und wieder Erblühens vollzogen wurde, wie er aus einer Reihe von Kulten bekannt ist. In diesen wurden vegetative Prozesse und allgemeine Lebensvorgänge pantomimisch aufgeführt, um ihnen mit sympathetischer Magie nachzuhelfen, wie es magischer Vorstellungsweise entspricht. Bis heute sind solche Vorgänge bei naturnah lebenden Völkern üblich, bei den Hopi in den Schlangen- und Regentänzen, mittels deren sie das Wachstum des Getreides, überhaupt die Fruchtbarkeit forcieren, ebenso heute noch in der Echternacher Springprozession, die ursprünglich der Fertilität mit Springschritten nachhelfen sollte.

Aus der zunächst anonymen Menge der Kultteilnehmer trat zunehmend ein besonders qualifizierter Einzelner heraus, der als Vorsänger oder Einzelschauspieler auftrat, dem Chor gegenübertrat und von diesem begleitet und kommentiert wurde. Durch das Tragen einer Maske machte er sich dem Publikum als dieser oder jener Gott, Heros oder Herrscher, Befreier, Verbrecher oder Verführer – jeweils in dieser Allgemeinheit – kenntlich.

Die im *persona*-Begriff angelegte Dialektik von Entbergung und Verbergung, von Typik und Individualität qualifizierte sich in dreifacher Weise zu einer Unterscheidung: *erstens* in ontologischer zur Ambivalenz von typi-

62 Vgl. Manfred Fuhrmann: *Persona,* ein römischer Rollenbegriff, in: Odo Marquard, Karlheinz Stierle (Hrsg.): *Identität* (*Poetik und Hermeneutik*, Bd. 8), München 1979, S. 83-106, bes. S. 88.

sierender Maske und individuellem Maskenträger, *zweitens* in epistemologischer zur Ambivalenz von Sichtbarkeit bzw. Erkennbarkeit und Verbergung und *drittens* in ethischer zur Ambivalenz von Ansehen und Respekt oder Verachtung und Verspottung des durch die Maske ausgedrückten Typs und der nicht erkennbaren individuellen Haltung des Maskenträgers. Diese drei Merkmale qualifizierten den *persona*- bzw. Maskenbegriff zur Anwendung auf gesellschaftliche Verhältnisse, auf den Staat und die Familie mit ihren hierarchischen Verhältnissen wie Familienoberhaupt und Untergebenen oder bezüglich des Staates hinsichtlich der verschiedenen Klassen, Stände, Berufe und Rollen, die mit je bestimmten Aufgaben, Verpflichtungen und Verhaltensweisen, mit Rechten und Pflichten verbunden waren, welche offiziell oft schon in der Kleidung ihren Ausdruck fanden, beispielsweise darin, dass einfache Richter schwarze Roben, Scharfrichter rote Roben bei der Urteilsverkündigung anzulegen hatten.[63] Hinzu kam ein dem Stand angemessener Lebenswandel, eine mehr oder weniger gehobene Sprachregelung, ein angemessenes ethisches Verhalten, was dazu führte, dass man mit dem Beruf, insbesondere mit den höheren Ämtern, auch Würden verband, was das geflügelte Wort von Amt und Würden oder Hochwürden bei kirchlichen Amtsträgern belegt. Von Tacitus‘ Schwiegervater Agricola wird berichtet, dass er Amtsgeschäfte und Privatsphäre wohl zu unterscheiden wusste: „Ubi officio satis factum, nulla ultra potestatis persona.“ („Sobald der Pflicht genügt war, keine Amtsmiene mehr.“)[64]

Der Personenbegriff avancierte zum Rollenbegriff, indem man im Staat und seinen Institutionen, in der Politik, mithin in der Öffentlichkeit im Unterschied zur Privatsphäre eine Rolle spielte und sich ein Image zulegte (das lateinische Wort *imago* bedeutet die bewusste und gewollte, vom Politiker angenommene und von der Wählerschaft erwartete Auftrittsweise).

Der mit der römischen Klassengesellschaft verbundene Begriff von Rechten und Pflichten einer Person zeigt, dass der Personenbegriff eng mit der Rechtssphäre verbunden war und insofern stets eine ethische Dimension hatte. Das römische Recht unterschied prinzipiell zwischen Freien und Sklaven. Der Freie[65] war mit Rechten und Pflichten ausgestattet, z.B. Eigentumsrechten, während Sklaven rechtsunfähig und unmündig waren und dem Sachenrecht unterlagen. Sie waren Eigentum des Herrn (*dominus*), der frei über sie verfügen, sie kaufen und verkaufen konnte, wobei mit den Rechten auch Pflichten einhergingen, die unter dem Kaiser Justinian I. zum Schutz der Sklaven verstärkt wurden, wie beispielsweise das Verbot des grundlosen

63 Die Tradition hat sich bis heute bei einfachen und höchsten Richtern erhalten.

64 Tacitus: *Agricola*, 9,3, vgl. auch Manfred Fuhrmann: *Persona*, a.a.O., S. 90.

65 Später auch die freigelassenen Sklaven.

Tötens, der Misshandlung, der Prostitution bei den weiblichen Sklaven u.ä. Es waren Schutz- und Sorgfaltspflichten, wie man sie auch gegenüber dem Eigentum hatte.

Während wir heute selbstverständlich auch Sklaven als Menschen, Individuen, Personen ansprechen aufgrund der historischen Aufwertung, die dieselben erfahren haben, hat sich die Unterscheidung von Eigen- und Sachenrecht bis heute erhalten in dem Unterschied zwischen natürlichen und juristischen Personen wie Genossenschaften, Gesellschaften, Aktiengesellschaften, hinter denen zwar Personen stehen, die aber nicht persönlich haften. Ein modernes Problem stellt die Einordnung von Maschinen, Robotern, Androiden, mithin autonomen elektronischen Systemen mit und ohne Körper dar sowie die Rechts- und Schuldfähigkeit bei Versagen selbstfahrender Autos oder selbststeuernder Drohnen u.ä. Die Rechts- und Schuldfrage ist bis heute nicht geklärt.

Und nicht nur für die Rechtsprechung ergeben sich hier Probleme, auch für die Ethik, in der die Verantwortung die entscheidende Rolle spielt.

Der australo-amerikanische Philosoph und Bioethiker Peter Singer (geboren 1946) hat mit seinem Buch *Practical Ethics*[66] eine Ethikdiskussion und Kontroverse ausgelöst, wie sie heftiger kaum gedacht werden kann, basierend auf der Frage, wann und wie lange ein menschliches Wesen als Person angesprochen werden kann. Mit dem Person-Sein verbindet Singer zum einen ein Zeitbewusstsein, das einerseits über Erinnerung in die Vergangenheit des zurückliegenden Lebens reicht, andererseits über Vorausschau und Planung auf das zukünftige Leben vorgreift – nur ein sich als numerisch identisch über die Zeit hinweg verstehendes, sein Leben bewusst in ein zeitliches Kontinuum einordnendes Wesen gilt Singer als Person –, zum anderen insistiert er auf der Aktualität intelligenter Kompetenzen, was sich in einem Interesse der Person für ihre Lebensgestaltung manifestiert. Eine reine Potentialität genügt nicht.

Diese Definition wirft die Frage auf, wie es mit dem Beginn und Ende des Lebens steht und mit gewissen Zwischenphasen reduzierten oder ausgefallenen Bewusstseins wie bei Alzheimerkranken, Komapatienten, zeitweise Bewusstlosen usw. Gemessen an den Definitionskriterien spricht Singer Zygoten, Embryonen, Säuglingen bis zum Alter der Entstehung ihres Selbstbewusstseins und ihrer Selbstbestimmung ebenso wie debilen alten Menschen mit Demenz und Alzheimer, die nicht mehr ganz bei sich selbst sind und ihr Leben nicht mehr in zeitliche Kontexte einzuordnen vermögen, kein Person-Sein und damit auch keine besondere Schutzwürdigkeit zu. Für Sin-

66 Peter Singer: *Practical Ethics*, Cambridge University Press, Cambridge 1979, 3. Aufl. 2011, deutsch: *Praktische Ethik*, übersetzt von Oscar Bischoff, Jeanne-Claude Wolf und Dietrich Klose, Stuttgart 1984, 2., revidierte und erweiterte Aufl. 1994.

ger ist die letztere Stufe nicht von der der Tiere als zwar empfindungsfähiger, aber bewusstseinsunfähiger verschieden. Andererseits spricht Singer höheren tierischen Primaten wie Orang-Utans, Schimpansen und einer Reihe anderer intelligenter Wesen wie Delphinen und Haien, die intelligente Kompetenzen wie abstrakte Gedankengänge, Sprachfähigkeit und Kommunikabilität, Experimentierfähigkeit und technischen Gebrauch aufweisen, ähnlich wie Menschen in einer bislang ethisch nicht gekannten Weise Person-Sein zu.

Wie schwer die zeitliche Festlegung von Zeit- und Selbstbewusstsein ist, die Frage, wann ein Mensch zur Person wird, zeigt sich an der Variation der Antworten. Wird ein Mensch zur Person schon vor der Geburt mit der Ei-Samen-Verschmelzung zur diploiden Zelle oder erst mit der Geburt, wenn der Säugling das Licht der Welt erblickt, oder erst mit der Ausbildung des Selbstbewusstseins zwischen dem zweiten und vierten Lebensjahr, was Spiegelexperimente nahelegen, oder mit dem Übergang von der Namensnennung zum Ich-Bewusstsein, oder tritt die Mündigkeit erst mit dem 16. oder 18. Lebensjahr, dem Übergang des Kindes bzw. Adoleszenten zur Mündig- und Schuldfähigkeit des Vollbürgers, ein? Und wie verhält es sich im Falle von Vergesslichkeit, Alzheimer, Demenz, natürlichem oder künstlichem Koma? Lässt sich ein fixer Übergangspunkt überhaupt markieren, oder erfolgt der Übergang sukzessiv, allmählich, und wann ist die Grenze erreicht?

Die Wahl kontingenter Definitionskriterien, die über die Charakterisierung des allgemeinen Menschen hinausgehen und ihn als Person spezifizieren, ist geschichts- und kulturabhängig, so beispielsweise, ob ein biologistisch-utilitaristisches Weltbild vorliegt, das nur Menschen mit signifikanten Eigenschaften als Personen anspricht, oder ob ein christliches Weltbild mit der Gesamtheit körperlicher und geistiger Merkmale vorliegt, gleich welcher Art diese sind, das den Menschen grundsätzlich mit dem Person-Sein identifiziert.

Sofern wir nicht dem christlichen Weltbild folgen, sondern einem naturwissenschaftlichen oder humanistisch-geisteswissenschaftlichen oder einem berufsspezifischen, führt die Ausstattung des Einzelnen mit mehr oder weniger äußeren und inneren Merkmalen – äußerlichen wie Alter, Beruf, Rolle, Standeszugehörigkeit, einer Klasse mit besonderen Symptomen wie Krankheitssymptomen[67] oder innerlichen wie Intelligenz, rasche Auffassungsgabe, mathematische Fähigkeiten – nicht automatisch zur Individualität, sondern zu gruppenspezifischen Wesen. Dies ist schon daran erkennbar, dass in offiziellen Einrichtungen wie Verwaltungen, Krankenhäusern, Altersheimen das sogenannte Personal als der Institution zugehörig von den Besu-

67 So sprechen wir von Personen, die Symptome wie Fieber, Husten, Erkältung aufweisen.

chern, Kunden, Patienten, Klienten unterschieden wird, ihm bestimmte Türen und Zugänge offenstehen und eben nur ihm, nicht der Öffentlichkeit. So sprechen wir von Pflege- und Ärztepersonal im Unterschied zu Patienten oder von Sachbearbeitern als Personal im Unterschied zu Antragstellern, die von außen kommen. Mit Personal sind nicht Individuen qua Individuen gemeint, sondern die Einzelnen der Gruppe, die durch eine bestimmte Berufszugehörigkeit gekennzeichnet sind. Auch die Bezeichnung Personalakte bedeutet nicht eine Akte über den individuellen Lebensverlauf mit allen Ereignissen, Schicksalsschlägen, Erfahrungen eines Menschen, sondern betrifft nur den beruflichen Werdegang, also den Menschen im Hinblick auf einen bestimmten Beruf.

Im Laufe der Geschichte sind immer wieder andere Merkmale zur Bezeichnung des Person-Seins herangezogen worden, vor allem Autonomie, Selbständigkeit und Selbstbewusstsein, Freiheit und Unabhängigkeit, wobei die Wahl kontingent ist. Will man das Individuum qua Individuum bezeichnen, so muss dies nach wie vor über deiktische Pronomen geschehen wie ‚die Person da oder dort'.

Der Ausdruck Persönlichkeit, etwa in der Formulierung ‚Herr oder Frau X war eine herausragende Persönlichkeit' und zielt schon eher auf das Individuum in seiner Einmaligkeit und Unwiederbringlichkeit, auch wenn dies meist im Hinblick auf politische oder soziale Kontexte geschieht.

Im Unterschied zu den vorgängig genannten Gebrauchsarten hat das christliche Weltbild den Menschen stets in der einmaligen und unverwechselbaren Gesamtheit seiner Merkmale gesehen und diese Vorstellung an die Geschichte weitergegeben.

5. Der Geniebegriff als *alter deus* in der Renaissance

Als Renaissance bezeichnen wir kulturhistorisch die Epoche des Umbruchs vom Mittelalter zur Neuzeit. Ihren Beginn pflegen wir ins ausgehende 14. Jahrhundert zu setzen (Frührenaissance), den Höhepunkt bildet das sogenannte Quattrocento (15. Jahrhundert), und das 16. Jahrhundert (Spätrenaissance) geht über den Manierismus, die Übertreibung von Formen[68], zum Barock über und markiert das Ende der Renaissance. Was ihre Örtlichkeit betrifft, so ist vor allem Oberitalien mit den Städten Venedig, Florenz, Mailand zu nennen, die durch den Levantehandel sowohl auf dem Meer wie auf dem Land zu stattlichem Wohlstand und Reichtum gelangt waren. Zu-

68 Z.B. extreme Raumfluchten, übertrieben lange, verschlungene Körper.

dem hatte sich hier eine urbane Kultur ausgebildet, die sich architektonische Prachtbauten wie Kirchen und Paläste leisten konnte, ebenso höhere Bildung, zumal sie durch den Handel mit dem Vorderen Orient, dessen Mathematik und den syrischen und arabischen Übersetzungen griechischer Philosophen und deren Interpreten (Averroes, Avicenna) bekannt geworden war. Auf italienischem Boden hatte sich die antike Kultur am besten erhalten. Die neuere Forschung weist jedoch darauf hin, dass auch andere Städte sich an der Wiedererweckung und dem Wiederanschluss an die antike Kultur beteiligten. In Spanien hatte die *Reconquista* des von den Mauren besetzten Südens dazu geführt, dass eine Vielzahl antiker Originalwerke und arabischer Übersetzungen bekannt wurde – so etwa wurden Platons Werke, von denen bis dahin nur der *Timaios* in einer halb vollendeten lateinischen Übersetzung durch Chalkidius vorlag – im Original zugänglich. Allein die Bibliothek von Córdoba soll 400000 Werke umfasst haben. Und natürlich standen Rom und Paris dem Wiederanschluss an die Antike nicht nach.

Der Name Renaissance, der ursprünglich im rein religiösen Kontext gebraucht worden war zur Bezeichnung der Christianisierung, der Erneuerung des Menschen durch die christliche Taufe, wurde erstmals losgelöst von diesem Kontext von dem italienischen Künstler und Künstlerbiografen Giorgio Vasari 1550 für den Umbruch der Epoche benutzt. Er unterschied zum einen die glanzvolle griechisch-römische Periode der Antike, zum anderen die Epoche des Verfalls, die er mit dem Mittelalter identifizierte, und zum dritten das Wiederaufblühen der Künste und Wissenschaften im Geiste der Antike ab 1550. Der Name avancierte zur Bezeichnung einer ganzen Kulturepoche, die sich der Wiedergeburt der Antike widmete.

Wir sind heute gewohnt, im Sinne Hegels die Gesamtheit der Verfasstheit einer Epoche im Bewusstsein wie in einem Brennglas zusammenzufassen und dieses Bewusstsein in der Philosophie zu lokalisieren. Doch die Philosophen jener Zeit, Georgios Gemistos Plethon, Marsilio Ficino, Giovanni Pico della Mirandola, *Pietro Pomponazzi,* sind im Allgemeinbewusstsein wenig oder nicht bekannt, geschweige denn ihre Schriften; allenfalls besitzen Experten in Philosophie und Theologie eine Kenntnis von ihnen. Obwohl es eine platonische Akademie in Florenz gab, die von den Medici, insbesondere Lorenzo de Medici, gefördert wurde, in der Platons Geburtstag gefeiert und Platons Philosophie bzw. das, was man dafür hielt, gepflegt wurde, erkennt man darin weder inhaltlich noch methodisch Innovatives, vielmehr wird der alte philosophisch-theologische Streit um die allgemeine oder individuelle Unsterblichkeit der Seele zwischen Averroisten und Alexandrinern fortgesetzt, wobei die letzteren um den in Alexandria geborenen und wirkenden Nicolaus von Oresme eine Art individueller Prädestinationslehre und Wiedergeburtslehre vertraten. Methodisch waren sie so wenig innovativ, dass sie mit den alten logischen Strukturen des Analogiedenkens operierten und ihre Schriften mit Symbolik, Metaphorik und blumigen Ausdrücken schmückten, die sie nicht gerade modern erscheinen ließen.

Zu den Renaissancephilosophen rechneten auch die sogenannten Magier, Hermetiker und Naturphilosophen wie Heinrich Cornelius Agrippa von Nettesheim, Robert Fludd, Athanasius Kircher u.a., die vor allem an zwei Werke aus dem magisch-alchemistischen und astrologischen Bereich anschlossen: den *Picatrix,* eine aus dem 13. Jahrhundert ins Spanische übersetzte magisch-alchemistische, astrologische Schrift, und das *Corpus hermeticum*, das einer imaginären Person Hermes Trismegistos zugeschrieben wurde. Sie befassten sich mit der Aufstellung von Analogietafeln und reihen ganz im Sinne der traditionellen Analogielogik. Typisch für die Zeit ist jedoch, dass diese Magier und Hermetiker unmittelbar nach Verfassung der analogischen Tafeln im nächsten Werk dieselben kritisierten und als bloße Magie denunzierten.[69] Naturwissenschaft und Magie gingen nebeneinander her wie Astronomie und Astrologie, Chemie und Alchemie, wobei die letztere dem Broterwerb und der Finanzierung der wissenschaftlichen Erkenntnisse diente.[70]

Es ist daher nicht zufällig, dass das epochale historische Werk von Jacob Burckhardt über *Die Cultur der Renaissance in Italien*[71] sich nicht mit Philosophie befasst, sondern mit der Kunst, und dies nicht nur, weil er Kunsthistoriker war. Es ist das Gebiet der Kunst: Architektur, Bildhauerei, Plastik, Malerei, auf dem sich der Wiederanschluss an die griechische Antike vollzog, die Innovationen stattfanden und die großartigen und bedeutenden Werke hervorgebracht wurden: Bramantes Zentralbauentwürfe für die neue Peterskirche in Rom, Brunelleschis Kuppelbau, Leonardo da Vincis Bilder des Abendmahls in Mailand, der Mona Lisa, der Gioconda di Branci, Raffaels Ausmalung der Stanzen im Vatikan mit der Schule von Athen, Michelangelos Ausmalung der sixtinischen Kapelle und seine Statue David in Florenz sowie das Grabmal der Medici mit Mose oder die Skulptur der Pietà, Dürers Bildnisse, sowohl die Selbstbildnisse wie die naturgetreuen Abbildungen des Hasen, des Wiesenstückes, die Altarbilder. Die Liste berühmter Namen und Werke ließe sich fortsetzen. Jeder kennt sie, nicht zuletzt, weil sich Visuelles

69 So Agrippa von Nettesheim, der für seine magischen Werke (*De occulta philosophia,* 1510, deutsch: *Die magischen Werke*, Wien 1997, 4. Aufl. Wiesbaden 1997) bekannt wurde, diese aber in der Spätschrift *De incertitudine et vanitatum scientiarum atque artium declamatio* (deutsch: *Über die Fragwürdigkeit, ja Nichtigkeit der Wissenschaften, Künste und Gewerbe*, 1526) selbst als bloße Magie diskreditierte.

70 So erhielt Tycho de Brahe auf seiner Sternwarte in Dänemark eine Vergütung für Astrologie, weniger für seine epochalen astronomischen Berechnungen.

71 Jacob Burckhardt: *Die Cultur der Renaissance in Italien.* Ein Versuch, Basel 1860.Vgl. ders.: *Geschichte der Renaissance in Italien,* Basel 1878.

besonders einprägt und weil unnachahmliche Meisterwerke geschaffen wurden, wie neben dem Petersdom in Rom der Mailänder Dom sowie der Dom, das *Baptisterium* und der Glockenturm (schiefer Turm) in Pisa..

Was ist das Innovative, was ist der Geist der Renaissance?

Das Entscheidende an der Suspendierung des mittelalterlichen Weltbildes ist die Substitution der Theozentrik mit ihrer kosmischen Hierarchie, welche an Gott und seinem Stellvertreter auf Erden, dem Kaiser, gefolgt von Adel und Klerus sowie zuletzt von Bauern- und Handwerkerstand, orientiert war, durch ein anthropozentrisches Weltbild, das den Menschen in den Mittelpunkt der Ordnung rückte und die Welt aus seiner Sicht konzipierte. Symptomatisch hierfür sind zwei Bilder, der vitruvianische Mensch von Leonardo da Vinci (1492) und Albrecht Dürers Selbstbildnis mit Pelz von 1500. Das erste zeigt den Mensch mit ausgestreckten Armen und Beinen sowie potentiellen Armen und Beinen innerhalb eines Kreises und Quadrats als Mittelpunkt derselben, völlig zentralistisch und symmetrisch geordnet, und ist damit ein bewusstes Stilmittel, den zentralistischen Anspruch des Menschen zu akzentuieren. Das zweite zeigt Dürers Porträt, das in einen Kreis, ein Quadrat und ein gleichseitiges Dreieck eingebettet, also mathematisch erfasst ist. Beide Gemälde verbinden den Menschen mit geometrischen Strukturen: Proportionen, Symmetrie und Harmonie und sind somit ein Ausdruck, die Natur durch den mathematischen Geist des Menschen zu erfassen und sich zu unterwerfen.[72] Da gerade Dürers Selbstbildnis nach dem Konstruktionsschema byzantinischer Ikonen konstruiert ist und die Zeit der Renaissance nicht mehr auf Religiosität und Frömmigkeit als Idealen abgestellt war, vielmehr auf das Streben nach Macht, Ruhm und Anerkennung, lässt sich gerade das Dürerbild als Ersetzung des Heiligen durch den profanen Menschen als *alter deus* interpretieren.[73]

Hierher gehört auch die Erfindung der Zentralperspektive von Brunelleschi um 1500. Die altägyptische Kunst kannte nur die Aperspektive, die Zusammenstückung separater markanter Teile des Menschen, der Tiere und Sachen (Gebäude, Teiche). Hatte sich in der altgriechischen Kunst schon gelegentlich die perspektivische Einzeldarstellung entwickelt, nie jedoch eine einheitliche Gesamtdarstellung, und in römischer Zeit die Skenographie als Bühnenbild, die ebenfalls noch einen ziemlich aneinandergestückten Eindruck machte, keinen perspektivisch einheitlichen, so gelang erst in

72 Vgl. Daniel Hess: *Dürers Selbstbildnis von 1500.* „Alter Deus“ oder Neuer Apelles?“ in: *Mitteilungen des Vereins für Geschichte der Stadt Nürnberg*, 77 (1990), S. 63-90.

73 Vgl. a.a.O., S. 83 ff. (Kapitel 6 „Der Christuskopf: Imitatio Christi oder Dürer als „ Alter Deus“?“).

der Renaissance die Erfindung der Zentralperspektive, die die Welt einem einzigen zentralistischen Blickwinkel unterwarf, der vom jeweiligen Standpunkt des Menschen abhing. Die Maler übertrafen sich geradezu in zentralperspektivischen Präsentationen durch hintereinandergeschachtelte Räume, Bögen, Durchblicke in ferne Landschaften, wobei zur Raumperspektive die Farbperspektive hinzutrat, insbesondere bei Leonardo da Vinci. Präferiert wurden quadratische Deckentäfelungen, Teppiche und Decken mit Quadraten, die zu Trapezen ausgezogen wurden, rechteckige Tische und Personen, die auf einen Fluchtpunkt zusteuerten[74], Parallelen, die im Unendlichen konvergierten, da auf diese Weise die neu entdeckten Gesetze der Zentralperspektive zur Geltung gebracht werden konnten. Praktische Hilfsmittel wie Gitter und Seile wurden verwendet, um einen möglichst präzisen Eindruck zu erzeugen.

Das Innovative war das neue Weltbild, das nicht mehr aus der Sicht Gottes erfolgte, sondern aus der des Menschen. Der Mensch rückte jetzt an die Stelle Gottes und bekundete dies dadurch, dass er sich als *alter deus* verstand, als gottgleicher Künstler. *Alter deus* oder *divino artista,* der göttliche Künstler, wird zum Inbegriff des neuen künstlerischen Verständnisses und zum Schlagwort der frühen italienischen Kunstgeschichte.[75] Diese Kennzeichnung als *divinus* oder *alter deus* zeigt die ungeheure Aufwertung des Künstlers gegenüber seiner antiken und mittelalterlichen sozialen Stellung als anonymer Handwerker. Die Künstler beginnen, ihre Werke zu signieren und so ihren Ruhm und ihre gesellschaftliche Stellung zur Schau zu stellen.

In diesen Kontext gehört auch die Bezeichnung Genie, die in der Renaissance entsteht und bis in die Sturm und Drang- und Goethe-Zeit fortwirkt. Der Begriff, der sich ursprünglich auf Genien, Halbgötter, geflügelte Wesen bezog, die als Skulpturen dargestellt wurden, im Barock auch als wohlgenährte Säuglinge, und mit dem Begriff *ingenium* zusammenhängt, der auf ein natürliches, angeborenes Talent verweist, wird nun mit der gottgleichen menschlichen Schaffenskraft, der Kreativität, der Inspiration in Verbindung gebracht, ja, mit der göttlichen Schöpferkraft selbst identifiziert, die den Menschen befähigt, die Welt aus sich selbst heraus zu entwerfen. An die Stelle des Regeln befolgenden Künstlers, wie es das traditionelle franzö-

74 Siehe das Gemälde von Dirk Bouts „Abendmahl" (1464-1467) in der Peterskirche zu Löwen, in: Karen Gloy (Hrsg.): *Kunst und Philosophie*, Wien 2003, S. 123 (Abb. 24), oder das Marienbild von Jan van Eyck „Madonna von der Paele" (a.a.O., S. 122 [Abb. 22]).

75 Der Ausdruck *divino* als Attribut für Künstler taucht erstmals in der dritten Überarbeitung von Ariosts *Orlando furioso* von 1532 auf. Vgl. Werner Busch: *Die Autonomie der Kunst* (1985), in: *Kunst.* Die Geschichte ihrer Funktionen, hrsg. von Werner Busch und Peter Schmoock, Weinheim, Berlin 1987, S. 178-203 (vgl. auch Albrecht Dürers Selbstbildnis).

sische Drama forderte, tritt der Regeln setzende Künstler, der als *alter deus* seine Welt selbst erschafft wie Shakespeare in den englischen Dramen. Die Rede vom Renaissance-Menschentum, dem großen Renaissance-Weltenbaumeister, bestätigt diese Sichtweise. Darin liegt zugleich der Hinweis, dass das neue Menschenverständnis über die Vermittlung des großen genialen Künstlers in seiner Einmaligkeit erfolgt. Das Individuum in seiner Singularität und Signifikanz wird zum Ebenbild des Einen einmaligen Gottes.

Was den Renaissance-Menschen, vorzüglich in Gestalt des Künstlers, auszeichnet, ist der Ehrgeiz und der Leistungswille, unter allen anderen hervorzuragen. Es ist die Sucht nach Anerkennung und Ruhm, nach Macht und Herrschaft, die geradezu einen Rausch auslöst, immer größere, schönere, prächtigere, grandiosere Werke zu schaffen. Dies erklärt die einmalige Blüte in der Renaissancekunst. Man will unter allen Umständen imponieren, beachtet und berühmt werden und glänzen. Eigenschaften wie Minimalistik, Einfachheit, Reduktion, Alltäglichkeit sind verpönt, stattdessen wird nach Größe, Macht und Schönheit gestrebt.[76]

Dieses Streben nach Macht, Größe und Einmaligkeit zeigt sich neben der Kunst auch auf anderen Gebieten, vor allem in der Mode, sowohl der Kleidermode wie der Mode im Schiffsbau (Gondelbau) wie in der Architektur. Die Kleider der Damen und Herren waren so prächtig und kostbar, die Gondeln in Venedig so prunkvoll und reich verziert, mit Gold ausgestattet und mit Seide ausgelegt, dass der Doge ein Gesetz zur Unterbindung erließ und die egalisierende schwarze Farbe anordnete. Prachtbauten in Venedig am Canale Grande mit ihren gotischen Fenstern und Spitzbögen gleichen einer Märchen- und Filmkulisse.

Vor allem trat der neue Zug der Renaissance nach Macht, Größe, Ansehen in Gesellschaft und Politik auf. Niccolò Machiavellis *Il principe* (*Der Fürst*) ist ein Beispiel hierfür. Die Schrift zeichnet das Ideal des Renaissancefürsten, der, sei es durch Geburt, Erbe oder Besitzergreifung oder alles zusammen, zu einem Herrschaftsgebiet gelangt, was im zersplitterten Italien der damaligen Zeit leicht möglich war, der durch Erziehung, Sport und Jagd sowie Bildung glänzt und Charaktereigenschaften aufweist, die neben den klassischen Tugenden eines Herrschers: Milde, Treue, Aufrichtigkeit,

76 Vgl. Georg Simmel: *Individualismus der modernen Zeit* und andere soziologische Abhandlungen, ausgewählt und mit einem Nachwort von Otthein Rammstedt, Frankfurt a. M. 2008, darin das Statement (S. 346), „daß der Wille zur Macht, zur Auszeichnung, zum Beachtet- und Berühmtwerden sich unter den Menschen in einem noch nicht gekannten Grade verbreitete [...] Das Individuum wollte *auffallen*, es wollte sich günstiger, beachtenswerter darstellen, als es in durchgehenden Formen möglich war. Es ist der Individualismus der Auszeichnung, zusammenhängend mit dem Ehrgeiz des Renaissancemenschen, seinem rücksichtslosen Sichdurchsetzen, seiner Wertbetonung des Einzig-Seins, der hier Tat geworden ist."

Menschlichkeit, Frömmigkeit,[77] auch Entschlossenheit, Machtwillen, Kühnheit und Stärke, Durchsetzungsvermögen zeigt, die bis zu Skrupellosigkeit reichen können, wenn dies seinen Machtinteressen dient. Auch braucht der Fürst nicht vor Unwahrheit, Lüge und Täuschung zurückzuschrecken mit der Begründung, dass die Menschen von Natur aus schlecht seien und ein Fürst seinen Untertanen daher auch nicht anders begegnen müsse. Obwohl Machiavelli eine unverkennbare Neigung zu Größe, Ruhm und Ehre erkennen lässt, weiß er sehr wohl zu unterscheiden zwischen dieser und der Skrupellosigkeit, Grausamkeit und Brutalität des Tyrannen Agathokles von Syrakus. Während Cesare Borgia zwar auch heimtückisch zwei rebellische adlige Rädelsführer unter Vortäuschung einer Versöhnung nach Senigallia in die Falle lockte, gefangennehmen und hinrichten ließ, dies jedoch tat, um einen korrupten Staat zu Recht und Ordnung, Verfassung und Gesetz zu führen, handelte Agathokles ehrlos, indem er seine Soldaten auf dem Markt zusammenrufen und töten ließ, um einen funktionierenden Staat in Unordnung zu stürzen und zugrunde zu richten.[78]

Bei Machiavelli schwingt die Bewunderung für die große, ruhmreiche Tat mit, die wohl auch seine heimliche Bewunderung für die Medici erklärt, denen er seine Schrift widmete, und dies, obgleich sie ihn aus dem Staatsdienst geworfen und in die Verbannung geschickt hatten. Allerdings mag das Bemühen um erneuten Broterwerb und Anstellung unter ihrer Herrschaft mitgeschwungen haben.

Der Individualismus, der sich in der Renaissance herausbildete und die Neuzeit einleitete, ist ein anderer als der auf christlichem Boden erwachsene. Basierte dieser auf dem religiösen Gefühl, dass alle Menschen (Individuen) vor Gott gleich seien, so betont der Individualismus der Renaissance die Einmaligkeit und Unwiederbringlichkeit des über alle anderen hinausragenden gottgleichen Menschen. Das Paradigma ist der alle anderen überragende Schaffende, sei es der Künstler oder der Staatsmann, der aufgrund seiner Leistung, seiner Kreativität und seines Durchsetzungsvermögens geschichtlich einmalige Werke hervorbringt.

Wenn das Charakteristikum der Renaissance die Singularität und Signifikanz des Individuums analog zu Gott ist, der über alles herrscht, und wenn dies philosophisch irgendwo zum Ausdruck kommt, dann ist es in der Schrift *De sapiente* von Carolus Bovillus (Charles de Bouelles) aus dem Jahre

77 Vgl. Niccolò Machiavelli: *Il principe / Der Fürst*, italienisch-deutsch, übersetzt und hrsg. von Philipp Rippel, Stuttgart 2018, S.138/139 (Kapitel XVIII), ebenso S. 66/67 (Kapitel VIII).

78 Zu Machiavellis *Il principe* vgl. Karen Gloy: *Macht und Gewalt*. Politik, Wissen, Psychologie, Geld, Netzwerke, Würzburg 2002, S. 41-71.

1509, wie Ernst Cassirer richtig erkannt hat.[79] Sie ist „vielleicht die merkwürdigste und in mancher Hinsicht charakteristischste Schöpfung der Renaissance-Philosophie."[80] In dieser Schrift schildert Bovillus den Weg vom Objektivismus zum Subjektivismus und damit den Weg von der Antike zur Neuzeit, indem er Altes und Neues verbindet.

Dem Aufbau der Welt folgt er in vier Stufen, die vom Sein zum Selbstbewusstsein reichen und im höchsten Wesen, im Menschen, zum Abschluss gelangen. Der Prozess durchläuft das *esse, vivere, sentire* und *intelligere* und findet im Zu-sich-Kommen des Menschen im Selbstbewusstsein seinen Abschluss und seine Vollendung. Cassirer vergleicht dies mit der triadisch dialektischen Methode Hegels, die aus der religiösen Trinitätslehre stammt und vom Ansichsein zum Fürsichsein übergeht und im An-und-für-sich-Sein endet. Es ist der Weg, der über die Differenz und den Gegensatz zur Einheit derselben mit Inklusion des Gegensatzes führt und somit zur Selbstbeziehung und zum Selbstbewusstsein gelangt. Was zunächst als passive Hinnahme und Unterwerfung unter die Natur erscheint, das Verstehen der Naturordnung und -gesetze, entpuppt sich als Ermöglichungsprozess und Herrschaft über die Natur.

Diese Interpretation hat ihr Paradigma im Schöpfungsmythos von Platons *Timaios*, der nicht als realer Schöpfungsbericht zu verstehen ist, sondern als technomorphes Verstehensmodell der vorgefundenen Naturgesetze. Dadurch dass der Mensch den im Schöpfungsbericht vorgestellten Aufbaugesetzen der Natur folgt und sie versteht, verschafft er sich Einsicht in dieselben und versetzt sich so in die Lage des kreativen Künstlers, der im geistigen Nachvollzug der Konstruktionsgesetze diese selbst zu vollziehen vermag und damit die Herrschaft über die Natur gewinnt. Die Unterwerfung unter die Natur kehrt sich um in die Herrschaft über die Natur. Durch den Selbstbezug, der die gesamte Natur einschließt, avanciert der Mensch zum *alter deus*.

Dieser Gedanke der Selbstbezüglichkeit wird von Descartes aufgenommen und zum Deduktionsprinzip der Welt erklärt. Zwar setzt Descartes mit seinem *cogito ergo sum* bei einem Selbstbezug an, jedoch einem in reduzierter Form, einem reinen Selbstbezug, der den Naturbezug noch ausschließt und diesen erst über einen Gottesbeweis gewinnen muss. Für die Forschung ist strittig, ob Descartes mit seinem Konzept direkt an die Renaissance anschließt oder einen Schritt hinter dieselbe zurückfällt, da er einen fragwürdigen Gottesbeweis benötigt, um den Naturbezug herzustellen. Entschei-

79 Vgl. Ernst Cassirer: I*ndividuum und Kosmos in der Philosophie der Renaissance*, a.a.O., S. 93 ff.

80 A.a.O., S. 93.

dend wird die Frage sein, ob die Inklusion der Natur im Ich mitgedacht ist oder hinzukommt und zusätzlich einer Begründung bedarf.

6. Descartes und das *cogito ergo sum*

Während die Antike grundsätzlich objektivistisch und seinsorientiert verfuhr und entsprechend das Selbstbewusstsein nur als letzte Aufgipfelung eines zu sich selbst kommenden Seins interpretierte, lässt sich die Neuzeit genau umgekehrt als subjektivistisch charakterisieren mit dem Ausgang vom Bewusstsein bzw. Selbstbewusstsein und der Ableitung des Seins aus diesem.

Descartes gewinnt sein *cogito* durch einen methodischen Zweifel, der an allem und jedem zweifelt. Dieser Zweifel ist nicht als totale Skepsis zu verstehen, als ob Descartes das negative Ziel verfolgte, alles dem Zweifel zu unterwerfen und für irreal zu erklären, vielmehr handelt es sich um einen methodisch durchgeführten Zweifel mit dem Ziel, einen definitiv sicheren Ausgangspunkt für das Verständnis des Selbst und der Welt zu finden. Bei diesem Vorgehen müssen nicht alle Dinge einzeln durchgegangen und in Frage gestellt werden, was eine unendliche Arbeit wäre, es genügt, die Fundamente dessen in Zweifel zu ziehen, was wir für wahr halten, da mit ihnen das ganze auf ihnen errichtete Gebäude zusammenstürzt. Zu diesen Fundamenten zählt:

1. die Gesamtheit der sinnlichen Wahrnehmungsobjekte, deren Täuschungen jedermann kennt. Wahrnehmungstäuschungen hängen einerseits mit der Distanz, dem größeren oder kleineren Abstand des Wahrnehmenden zum Wahrgenommenen zusammen, andererseits mit der Perspektive. So erscheint eine Kugel wie der Mond als Kreis, ein runder Turm als Viereck, bei Annäherung oder Entfernung größer oder kleiner.

Zu den Wahrnehmungstäuschungen gehören auch Träume, Phantasien, Halluzinationen und Auditionen. Descartes schildert in der ersten Meditation der *Meditationes de prima philosophia* in überaus plastischer Weise einen Traum, der so realistisch erscheint, dass Wach- und Traumzustand nicht zu unterscheiden sind.

> „Indessen – mögen uns auch die Sinne mit Bezug auf zu kleine und entfernte Gegenstände bisweilen täuschen, so gibt es doch am Ende sehr vieles andere, woran man gar nicht zweifeln kann, wenngleich es aus denselben Quellen geschöpft ist; so z.B., daß ich jetzt hier bin, daß ich, mit meinem Winterrock

angetan, am Kamin sitze, dass ich dieses Papier mit den Händen betaste und ähnliches; vollends, daß diese Hände selbst, daß überhaupt mein ganzer Körper da ist, wie könnte man mir das abstreiten? Ich müßte mich denn mit ich weiß nicht welchen Wahnsinnigen vergleichen, deren ohnehin kleines Gehirn durch widerliche Dünste aus ihrer schwarzen Galle so geschwächt ist, daß sie hartnäckig behaupten, sie seien Könige, während sie bettelarm sind, oder in Purpur gekleidet, während sie nackt sind, oder sie hätten ein tönernen Kopf, oder sie seien gar Kürbisse oder aus Glas; – aber das sind eben Wahnsinnige und ich würde ebenso wie sie von Sinnen zu sein scheinen, wenn ich mir sie zum Beispiel nehmen wollte.

Vortrefflich! – Als ob ich nicht ein Mensch wäre, der des Nachts zu schlafen pflegt und dem dann genau dieselben, ja bisweilen noch weniger wahrscheinliche Dinge im Traume begegnen, als jenen im Wachen! Wie oft doch kommt es vor, daß ich mir all diese gewöhnlichen Umstände während der Nachtruhe einbilde, etwa daß ich hier bin, daß ich, mit meinem Rocke bekleidet, am Kamin sitze, während ich doch entkleidet im Bette liege! Jetzt aber schaue ich doch sicher mit wachen Augen auf dieses Papier, dies Haupt, das sich hin und her bewege, schläft doch nicht, mit Vorbedacht und Bewußtsein strecke ich meine Hand aus und fühle sie. So deutlich geschieht mir dies doch nicht im Schlaf. – Als wenn ich mich nicht entsänne, dass ich sonst auch schon im Traume durch ähnliche Gedankengänge genarrt worden bin! Denke ich einmal aufmerksamer hierüber nach, so sehe ich ganz klar, das Wachsein und Träumen niemals durch sichere Kennzeichen unterschieden werden können, – so daß ich ganz betroffen bin und gerade diese Betroffenheit mich beinahe in der Meinung bestärkt, ich träumte.“[81]

2. Der Täuschung unterliegt auch das Gebiet der Mathematik, sowohl der Arithmetik wie der Geometrie, die wir für gewöhnlich für objektiv und wahr halten wegen ihrer Exaktheit und Präzision gegenüber der Verschwommenheit der Wahrnehmung von Farben, Tönen, Gerüchen, Geschmäcken und dergleichen. Dass 2 + 3 = 5 sind oder ein Quadrat nicht mehr als vier gleiche Seiten hat oder die Winkelsumme eines Dreiecks 180° beträgt, erscheint un-

81 René Descartes: *Meditationes de prima philosophia / Meditationen über die Grundlagen der Philosophie,* aufgrund der Ausgaben von Artur Buchenau neu hrsg. von Lüder Gäbe, Hamburg 1959, I, 4 und 5.

widerruflich, und doch – so argumentiert Descartes – könnte ein böser Geist (*genius malignus*) oder ein täuschender Gott uns permanent hintergehen.[82]

3. Aus systematischen Gründen macht Descartes auch vor metaphysischen Wahrheiten nicht halt, indem er zumindest hypothetisch an der Existenz Gottes zweifelt.[83]

Die Aufzählung konkreter Objekte wie „Himmel, Luft, Erde, Farben, Gestalten, Töne und alle[r] Außendinge"[84] lässt erkennen, dass es Descartes tatsächlich um die Bezweiflung der Außenwelt geht, des Bezugs unserer Vorstellungen von äußeren Dingen auf diese äußeren Dinge selbst. Mitbetroffen sind die Erkenntnisse der reinen Mathematik wie der angewandten in den Naturwissenschaften (Physik); die Infragestellung Gottes geschieht zwecks Vervollständigung der Gebiete.[85]

Was sich für Descartes nach vollendeter Durchführung des Zweifels als unbezweifelbar herausstellt, ist das bekannte *cogito ergo sum* („ich denke, also bin ich"). Die Formel tritt in Varianten an diversen Stellen seines Werkes auf: zum einen in der Form „je pense, donc je suis" im *Discours de la Méthode* (1637)[86], zum anderen in der Form „ego sum, ego existo" in den *Meditationes de prima philosophia* (1641)[87] und zum dritten in der Form „ego cogito, ergo sum" in den *Principia philosophiae* (1644)[88]. Dass auch die zweite Formel in den Kontext des Räsonnements über den Zweifel gehört, geht aus der Argumentation der Meditation II,3 hervor, die in zwei Formen von Täuschung spricht, einmal durch sich und einmal durch einen höchst verschlagenen Betrüger, den Genius malignus oder täuschenden Gott. In bei-

82 Vgl. Meditation I, 9.

83 Vgl. Meditation I, 9 , 10, 12.

84 Meditation I, 12.

85 Allerdings enthält sich dieser radikale hyperbolische Zweifel des Selbstbezugs und stellt sich nicht selbst in Frage. Es wäre denkbar, dass der Zweifel außer den Dingen auch die Bewusstseinsmodalitäten, wie Traum, Halluzination, Audition usw. beträfe, mithin auch den Zweifel selbst. Dies liefe auf einen Zweifel am Zweifel bzw. eine Täuschung der Täuschung hinaus und höbe sich durch Negation der Negation – Position – auf. Descartes anerkennt damit, dass der Zweifel nur sinnvoll ist, wenn man bereits um den Unterschied von wahr und falsch weiß. Der Zweifel Descartes ist nicht in dem Sinne universal, dass er auch noch sich selbst einschlösse, er operiert immer schon mit einer Existenzgewissheit, die den Zweifel trägt. Vgl. dazu Wolfgang Röd: *Geschichte der Philosophie*, Bd. VII: *Die Philosophie der Neuzeit 1.* Von Francis Bacon bis Spinoza, 2., verbesserte und ergänzte Aufl. München 1999, S. 264 Anm. 45.

86 René Descartes: *Discours de la Méthode / Von der Methode des richtigen Vernunftgebrauchs und der wissenschaftlichen Forschung*, übersetzt und hrsg. von Lüder Gäbe, Hamburg 1960, IV,1.

87 Meditation II, 3 und 6.

88 Deutsch: René Descartes: *Die Prinzipen der Philosophie,* übersetzt und erläutert von Artur Buchenau, Hamburg 1955, I,7.

den Fällen muss die getäuschte Person existieren.[89] Eine weitere Stelle findet sich in der Schrift *Die Erforschung der Wahrheit durch das natürliche Licht*[90]. Sie geht davon aus, dass nicht zu zweifeln vermag, wer nicht existiert, so dass im Zweifeln die Tatsache des Zweifelns nicht geleugnet werden kann. Der Träger des Zweifelns in seiner Existenz ist unbezweifelbar wahr.

Bezüglich der Formel sind mehrere Aspekte zu unterscheiden.

1. Wesentlich für Descartes ist die Beziehung zwischen Denken und Existenz (*cogitare* und *existere*), die er für unmittelbar hält und nicht für mittelbar erschlossen. Denn wie könnte ich zweifeln, wenn ich nicht existierte. Im Denkakt ist die Seinsgewissheit impliziert; die Verbindung ist eine direkte und notwendige durch Intuition.[91] Man könnte hier unter bestimmten Bedingungen einer Logik, die zwischen analytischen und synthetischen Urteilen unterscheidet, von einer analytischen Implikation sprechen.

2. Descartes ist bei der Formulierung *cogito* nicht stehengeblieben, sondern hat ihr ein Subjekt bzw. eine Substanz (*res*) unterstellt und damit eine denkende Substanz (*res cogitans*) angenommen, die sich einerseits von der *res extensa,* dem Ding der Außenwelt, unterscheidet, andererseits von der allumfassenden göttlichen Substanz, der eigentlichen, perfekten, während die anderen endlich und beschränkt, imperfekt sind. Diese *res*-Theorie ist weitgehend auf das Unverständnis und Missfallen der Interpreten gestoßen, bedeutet sie doch eine Metaphysizierung eines erkenntnistheoretischen Ansatzes. War Descartes ausgegangen, einen festen, sicheren Standpunkt für die Erkenntnis der Welt, sowohl der Außen- wie der Innensphäre, zu gewinnen, so bietet er hier einen traditionellen metaphysisch-ontologischen Gedanken auf und gibt damit zu erkennen, dass er erst an der Schwelle zur Neuzeit steht und noch Altes mit Neuem verbindet.

Der Empiriokritizismus ist weitergegangen, indem er das Ich eliminiert, das phänomenologisch nicht auffindbar ist. Seine Konsequenz ist die Ersetzung einer egologischen Theorie durch eine nicht-egologische: die Ersetzung

89 Vgl. Meditation II,3: „Indessen, ich habe mir eingeredet, daß es schlechterdings nichts in der Welt gibt, keinen Himmel, keine Erde, keine denkenden Wesen, keine Körper, also doch auch wohl mich selbst nicht? Keineswegs; sicherlich war ich, wenn ich mir etwas eingeredet habe." Und ebenfalls Meditation II,3: „Aber es gibt einen, ich weiß nicht welchen, allmächtigen und höchst verschlagenen Betrüger, der mich geflissentlich stets täuscht. – Nun, wenn er mich täuscht, so ist es unzweifelhaft, daß ich bin. Er täusche mich, soviel er kann, niemals wird er doch fertigbringen, daß ich nichts bin, solange ich denke, daß ich etwas sei."

90 René Descartes: *Oeuvres,* publiés par Charles Adam et Paul Tannery, Bd. I-XI, Paris 1897-1913, ND 1957 ff., Neuausgabe Paris 1964 ff., ed. Pierre Costabel et al., X,515.

91 Vgl. Descartes: *Qeuvres,* V,147.

des ‚ich denke' durch ‚Denken' bzw. ‚Erleben', ‚da ist ein Denken bzw. ein Erlebnis', ‚dies Erlebnis', wie teilweise Johann Gottlieb Fichte dies getan hat wie auch Ernst Mach, Friedrich Nietzsche, Paul Natorp, Hans Driesch, Moritz Schlick und andere Denker, die mit einem anonymen Bewusstsein auszukommen meinen.[92] Ohne die Vorstellung eines verbindenden Ich müsste die Gesamtheit der Gedanken durch einen Sammelbegriff angegeben werden, der die Gesamtheit der Akzidenzien umfasste.[93]

Die Begründung für die Substanzannahme ist einer Argumentation zu entnehmen, die Descartes an einem Objekt der Außenwelt, einem Stück Wachs, in der Meditation II,11 vornimmt. Ein Stück Wachs verändert durch Schmelzen nicht nur seine Größe, Form und Gestalt, sondern auch seinen honigsüßen Duft, seinen Geschmack, seine Farbe, kurzum alles, was wir an sinnlichen Qualitäten an ihm wahrnehmen, und bleibt doch dasselbe Stück Wachs für uns. Entfernt man alle sinnlichen Qualitäten, so bleibt gleichwohl etwas Ausgedehntes, Biegsames, Veränderliches übrig, etwas, was sich in allem Wandel nur gedanklich erfassen lässt, aber identisch bleibt[94], etwas Substantielles. Wie es eine äußerliche Substanz gibt, so gibt es auch eine denkende Substanz, mag sie *res cogitans, mens, animus, intellectus* oder *ratio* genannt werden.[95] Sie garantiert die Einheit und Identität der Denkakte.

Hier stellt sich die Frage, ob das von Descartes letztinstanzlich angesetzte Ich, das als *fundamentum inconcussum* aller Erkenntnis fungiert, ein individuelles oder generelles ist. Gilt die Vergewisserung dieses Ich nur für Descartes persönlich oder für alle denkenden Wesen?

Aufgrund der Unmittelbarkeit der Existenzgewissheit, die im Denkakt liegt und die stets nur individuell und persönlich erfahren werden kann, hat man die Schlusslogik mit *maior, minor* und *conclusio* tunlichst zu vermeiden. Sie würde lauten:

> Alle denkenden Wesen existieren.
> Nun bin ich ein denkendes Wesen.
> Also existiere ich.

Andererseits ist nicht zu übersehen, dass Descartes das *ergo* = ‚also' bewusst und ausdrücklich gebraucht und damit auf eine generelle Struktur weist, so

92 Vgl. Rudolf Carnap: *Der logische Aufbau der Welt,* Hamburg 1928, 2. Aufl. 1961, S. 89 (§ 65) und S. 226 (§ 163).

93 Vgl. Jean-Paul Sartre: *Die Transzendenz des Ego*. Versuch einer phänomenologischen Beschreibung (Titel der Originalausgabe: *La Transcendence de l'ego*, 1936/37), von Herbert Schmitt aus dem Französischen übertragen, Reinbek bei Hamburg 1964, S. 27.

94 Vgl. Meditation II,12.

95 Vgl. Meditation II,6.

dass das, was für mich gilt, auch für alle anderen denkenden Wesen gilt und damit der Generalisation unterliegt. Er deutet damit auf ein Seinsimplikat im Rahmen eines analytischen Urteils über das Denken, aber auf ein allgemeines. Zudem wird die geistige Substanz ausschließlich durch das sehr allgemeine *cogitare* beschrieben, nicht durch irgendwelche psychosomatischen Bestimmungen wie ‚empfinden', ‚gestimmt sein' oder physiologische Bestimmungen wie ‚ernähren' und ‚gehen'[96], da diese einen äußeren Körper voraussetzen, der grundsätzlich bezweifelbar ist. Dasselbe gilt für Empfindungen und Einbildungen, die körperliche Sinnesorgane zur Voraussetzung haben und damit ebenso bezweifelbar sind. Übrig bleibt nur das Denken, das im Urteilen besteht und Aussagen über die Welt macht, die zwar ebenfalls bezweifelbar sind und dem Irrtum unterliegen können. Wenn dennoch mit dem *cogitare* ein bleibendes Charakteristikum indiziert ist, dann kann dies nur die Bedeutung von Bewusstsein als Begleitinstanz aller objektiven Bewusstseinsurteile haben, ohne dass Descartes dies verbindlich herausgearbeitet hätte.[97]

Man hat sich darüber gewundert, dass Descartes gleich nach dem Beweis einer letztbegründenden Instanz wie der *res cogitans* zu einem Gottesbeweis übergeht und einen solchen nicht nur einmal, sondern etliche Male in seinem Werk versucht. Das deutet darauf, dass er trotz ausdrücklich anderslautender Aussagen und Insistenz auf dem Überzeugtsein von der göttlichen Existenz die Beweisbarkeit doch nicht für so sicher hält. Der Grund für diesen Schritt ergibt sich aus der Frage, wie aus dem Denkkäfig des Selbstbewusstseins – dies ein Ausdruck von Georg Picht – herausgegangen und zum Weltbewusstsein übergegangen werden könne, denn dass Descartes' eigentliches Anliegen gerade am Beginn der Moderne die Fundierung der neuzeitlichen Naturwissenschaften ist, steht außer Frage. Der Ansatz eines Gottes als einer umfassenden, unendlichen und unbeschränkten Substanz, eines *ens realissimum, infinitum et perfectum,* ist unerlässlich, um die Objektivität subjektiver Erkenntnisse zu legitimieren, d.h. eine verbindliche Korrespondenz zwischen den subjektiven Erkenntnissen bzw. Annahmen des Ich und den objektiven Tatsachen der Außenwelt herzustellen. Nimmt man wie Descartes zwei Arten von *res*, die *res cogitans* und die *res extensa,* an und somit einen radikalen Dualismus, oder hält man die Existenz der Außenwelt für nicht in gleicher Weise gewiss und sicher wie die Existenz der Innenwelt[98],

96 Vgl. Meditation II,6.

97 Auch bei Kant bleibt dies noch ein Defizit, obgleich die Unterscheidung von Urteilen und Begleitwissen bei diesem schon deutlicher wird.

98 Immerhin findet sich in der Synopsis, die den *Meditationes de prima philosophia* vorangestellt ist, auf S. 28/29 die Aussage: „Es werden alle Irrtümer der sinnlichen Wahrnehmung aufgezählt und zugleich die Mittel dargelegt, durch die man sie vermeiden kann und schließlich alle

dann braucht man ein *tertium comparationis*, einen archimedischen Punkt, der die Korrespondenz (Korrelation) garantiert. Hierzu wurden von Descartes diverse Ansätze unternommen, sowohl Gottesbeweise ontologischer Art wie physikotheologischer, letztere basierend auf dem Ursache-Wirkungs-Verhältnis, wie auch ganz primitive der Wechselwirkung zwischen der Innen- und Außenwelt über die Hypophyse, das einzig unpaarige Organ des Körpers, das Descartes zu finden meinte. Auch Descartes' Nachfolger haben sich mit diesem Problem abgemüht: die Okkasionalisten Arnold Geulincx und Nicolas Malebranche dergestalt, dass sie jedes Mal anlässlich einer Begebenheit (*occasio*) in der subjektiven oder in der objektiven Welt Gott bemühten, um die Kompatibilität zwischen Innen und Außen herzustellen, Gottfried Wilhelm Leibniz mit seiner prästabilierten Harmonie derart, dass er Gott ein einziges Mal bei der Erschaffung der Welt mit Innen- und Außensphäre bemüht, einem Uhrmacher gleich, der zwei synchrone Uhren herstellt und ausrichtet. Und auch die modernen linguistischen Theorien, die zwei diverse Sprachen, eine psychologistische und eine physikalistische, unterstellen, vermögen das Problem nicht zu lösen. Bis in die moderne Neurophysiologie hinein verfolgt uns der Dualismus. Zwar können gewisse Gehirnareale ausgemacht werden, die als Sprach- oder Rechenzentrum, künstlerisches oder sensitives Zentrum fungieren, wie aber physisch-materielle Impulse bestimmte geistige Phänomene hervorrufen können oder umgekehrt der Wille bestimmte physische Tätigkeiten auslösen kann und überhaupt bestimmte psychisch-geistige Phänomene bestimmten physisch-materiellen zugeordnet werden können, bleibt bis heute ungeklärt.

Geht man davon aus, dass es Descartes einzig und allein um die Begründung naturwissenschaftlicher Erkenntnisse ging, für die er ein sicheres Fundament suchte und im *cogito* fand, um von diesem aus den Überstieg in die Sphäre der Außenwelt zu vollziehen, dann musste sein Bemühen dahin gehen, Kriterien zu benennen, die diesen Transzensus ermöglichten, indem sie sowohl in der Innen- wie in der Außenwelt Gültigkeit hatten. Diese sah Descartes im Zusammenfall von Ausdehnung und Materie in der Raumerfüllung.[99] Hinzu kamen die Kriterien der klaren und deutlichen Erkenntnis. *Clare et distincte* sind *termini technici*, die er in den *Prinzipien der Phi-*

Gründe vorgebracht, aus denen man auf das Dasein der materiellen Dinge schließen kann, nicht als ob ich sie für sehr nützlich hielte, um ebendas zu beweisen, was sie beweisen, nämlich, daß es in der Tat eine Welt gibt, dass die Menschen Körper haben und dergleichen, woran niemals jemand mit gesundem Menschenverstand gezweifelt hat, sondern weil man bei der Erwägung dieser Gründe erkennt, daß sie nicht so fest und so klar sind, wie die, durch die man zur Erkenntnis unseres Geistes und Gottes gelangt, so daß diese die allergewissesten und einleuchtendsten sind, die der menschliche Geist wissen kann."

99 René Descartes: *Die Prinzipien der Philosophie,* II,22.

losophie[100] definiert. Klare Erkenntnisse sind solche, die sich auf unmittelbar präsente und offenkundige Inhalte beziehen, distinkte solche, die die Wohlunterschiedenheit (*seguncta et praecisa*) von Objekten und ihren Teilen bezeichnen.[101]

Diese Charakteristika kommen nur gewissen Eigenschaften zu, nämlich exakten, präzisen mathematisch-geometrischen wie Ausdehnung, Gestalt, Umriss, Größe, Länge, Breite, Tiefe, Bewegung, Zahl, Dauer usw., die der Formalisierbarkeit und Quantifizierbarkeit unterliegen, während undeutliche und verworrene Erkenntnisse allen Sinnesqualitäten wie Farben, Tönen, Gerüchen, Geschmäcken, Tastqualitäten eignen, die sich einer distinkten Unterscheidung und Präzisierung, also einer Mathematisierung entziehen. In der Geschichte wurden sie auch als primäre und sekundäre Sinnesqualitäten unterschieden.

Aufgrund einer analytischen Auffassung der Geometrie ging Descartes davon aus, dass die exakten, präzisen geometrischen Eigenschaften wie Formen und Strukturen nicht nur im rein geistigen Anschauungsraum gelten, sondern auch im materiell erfüllten, also in der Außenwelt. Die Applikabilität der Geometrie und Mathematik auf die Außenwelt ist bis heute umstritten. Es gibt sowohl Vertreter der exakten Applikation wie auch Vertreter einer bloßen Approximation der Realität an exakte mathematische und geometrische Strukturen. Führt die erste These auf eine Mathematisierbarkeit der Außenwelt, so bescheidet sich die zweite mit einer bloßen Annäherung. Unbestreitbar gab es zu Beginn der Neuzeit Vertreter der radikalen Position wie Galileo Galilei und andere, von denen Edmund Husserl[102] in der Abhandlung *Die Krisis der europäischen Wissenschaften und die transzendentale Phänomenologie* sagt, dass sie die „mathematisch substruierte Welt der Idealitäten für die einzig wirkliche, die wirklich wahrnehmungsmäßig gegebene, die je erfahrene und erfahrbare Welt – unsere alltägliche Lebenswelt" hielten. Auch Descartes scheint zu diesen zu gehören, zumindest deutet seine berühmte Formel von den Menschen als *maîtres et possesseurs de la nature* in diese Richtung. Im *Discours de la Méthode* lesen wir:

> „Denn sie [die allgemeinen Grundbegriffe in der Physik und ihre Anwendung] haben mir gezeigt, daß es möglich ist, zu

100 A.a.O., I,45.

101 Weiterhin unterscheidet Descartes in den *Prinzipien der Philosophie*, I,60/61, *distinctio realis* und *distinctio modalis*, von denen sich die erste auf den Unterschied zwischen verschiedenen Substanzen bezieht, die zweite auf den Unterschied zwischen Substanz und Akzidenzien oder der Akzidenzien untereinander.

102 Edmund Husserl: *Die Krisis der europäischen Wissenschaften und die transzendentale Phänomenologie* hrsg. von Walter Biemel, Haag 1976, *Husserliana*, Bd.VI, S. 49.

Kenntnissen zu kommen, die von großem Nutzung für das Leben sind, und statt jener spekulativen Philosophie, die in den Schulen gelehrt wird, eine praktische zu finden, die uns die Kraft und Wirkungsweise des Feuers, des Wassers, der Luft, der Sterne, der Himmelsmaterie und aller anderen Körper, die uns umgeben, ebenso genau kennen lehrt, wie wir die verschiedenen Techniken unserer Handwerker kennen, so daß wir sie auf ebendieselbe Weise zu allen Zwecken, für die sie geeignet sind, verwenden und uns so zu Herren und Eigentümern der Natur (*maîtres et possesseurs de la nature*) aufmachen könnten."[103]

Ob sich das Verhältnis zwischen reiner und angewandter Mathematik wirklich ändert, wenn man den rigorosen Dualismus Descartes' verabschiedet und wie Immanuel Kant zu einer Differenz von unerkennbarem Ding an sich und erkennbarer Erscheinung und einer innerhalb der letzteren geltenden reinen und empirischen Anschauung gelangt, bleibt zu sehen.

7. Das Ich als Schöpfer der Naturgesetze bei Kant und seine Verabsolutierung bei den Idealisten

Wenn Descartes erkenntnistheoretisch bei der Wende vom Objektivismus der Antike und des Mittelalters zum Subjektivismus der Neuzeit mit der Referenz auf das Subjekt als Zentrum der Welterkenntnis auf halbem Wege steckenblieb einerseits durch Ontologisierung des Ich, andererseits durch die Fragwürdigkeit der Ableitung der Welterkenntnis aus dem Ich, so hat Immanuel Kant diese Wende vollendet. Die Wende erwies sich zugleich als Übergang von der Metaphysik zur Epistemologie. Bekannt ist sie unter dem Namen kopernikanische Wende, obgleich der Vergleich mit der von Nikolaus Kopernikus astronomisch vollzogenen Wende etwas hinkt; denn während Kopernikus die alte ptolemäische Theorie der Umkreisung der Sonne um die Erde durch die neue Theorie der Umkreisung der Erde um die Sonne ersetzte und die Erde ihrer Funktion, Mittelpunkt des Alls zu sein, beraubte, substituiert Kant die alte Epistemologie, die die Erkenntnis nach den Gegenständen ausrichtet, durch die neue, derzufolge sich die Gegenstände, wenn sie erkannt werden sollen, an den Erkenntnisbedingungen des Subjekts orientieren müssen, womit das Subjekt ins Zentrum rückt. Der Termi-

103 René Descartes: *Discours de la Méthode,* VI,62.

nus kopernikanische Wende bei Kant bezieht sich lediglich auf das Faktum der Wende als solches.

Kant gewinnt sein Argument zur Begründung der neuen Theorie aus einer Betrachtung der wissenschaftlichen Erkenntnis und ihrer Bedingungen in der Vorrede zur 2. Auflage der *Kritik der reinen Vernunft*. Wissenschaftlichkeit fordert Allgemeingültigkeit (= Allgemeinheit), Notwendigkeit, Objektivität und Intersubjektivität. Wissenschaftliche Erkenntnisse müssen für alle Subjekte gleichermaßen gelten, mithin notwendig sein und darüber hinaus intersubjektiv kommunikabel.

Was die Logik betrifft, so war und ist sie in der Erfüllung dieser Kriterien unbestritten, da sie lediglich formale, empiriefreie Strukturen der Erkenntnis betrifft. Ebenfalls gilt dies für die Mathematik, deren Operationen mit Zahlen und Konstruktionen im reinen Anschauungsraum rein formal und empiriefrei sind.

Was die Naturwissenschaft betrifft, um die es Kant wie schon Descartes und anderen Theoretikern der neuzeitlichen Naturwissenschaft im eigentlichen Sinne geht, sagt Kant von ihr, dass sie „den Heeresweg der Wissenschaft“[104] erst traf, nachdem den Naturwissenschaftlern ein Licht aufging und sie begriffen,

> „daß die Vernunft nur das einsieht, was sie selbst nach ihrem Entwurfe hervorbringt, daß sie mit Prinzipien ihrer Urteile nach beständigen Gesetzen vorangehen und die Natur nötigen müsse auf ihre Fragen zu antworten, nicht aber sich von ihr allein gleichsam am Leitbande gängeln lassen müsse; denn sonst hängen zufällige, nach keinem vorher entworfenen Plane gemachte Beobachtungen gar nicht in einem notwendigen Gesetze zusammen, welches doch die Vernunft sucht und bedarf. Die Vernunft muß mit ihren Prinzipien, nach denen allein übereinkommende Erscheinungen für Gesetze gelten können, in einer Hand, und mit dem Experiment, das sie nach jenen ausdachte, in der anderen, an die Natur gehen, zwar um von ihr belehrt zu werden, aber nicht in der Qualität eines Schülers, der sich alles vorsagen läßt, was der Lehrer will, sondern eines bestallten Richters, der die Zeugen nötigt, auf die Fragen zu antworten, die er ihnen vorlegt. Und so hat sogar Physik die so vorteilhafte Revolution ihrer Denkart lediglich dem Einfalle zu verdanken, demjenigen, was die Vernunft selbst in die Natur hineinlegt, ge-

104 Immanuel Kant: *Kritik der reinen Vernunft*, unveränderter Neudruck der von Raymund Schmidt besorgten Ausgabe (nach der zweiten durchgesehenen Auflage von 1930), Hamburg 1956, B XII.

> mäß, dasjenige in ihr zu suchen (nicht ihr anzudichten), was sie von dieser lernen muß, und wovon sie für sich selbst nichts wissen würde.“ [105]

Kant kontrastiert hier die Lehr- und Lernsituation, die traditionell am Lehrer-Schüler-Verhältnis orientiert ist und als bloßes verstandloses Nachplappern dekuvriert wird, mit der Gerichtssituation, bei der der Richter Fragen stellt, die der Angeklagte klar mit Ja oder Nein zu beantworten hat, nicht aber beliebig und willkürlich oder ausweichend. Sie entspricht der experimentellen Situation des Naturwissenschaftlers, der bestimmte Fragen an die Natur richtet, auf die er affirmative oder negative Antworten seitens der Natur erwartet.

Das Experiment gibt grundsätzlich für Kant als Paradigma der Erkenntnistheorie ab, wonach zu unterscheiden ist zwischen einem Frage-Antwort-Spiel, das stets bejahend ausfällt, und einem solchen, das die Entscheidung offen lässt. Beim ersten handelt es sich um die Grundsätze der Naturerkenntnis, die deswegen Grundsätze und nicht bloße Lehrsätze heißen, obwohl auch sie bewiesen werden müssen, weil sie die besondere Eigenschaft haben, dass sie ihren Beweisgrund, nämlich die Natur selbst, erst ermöglichen und bei deren Erkenntnis immer schon vorausgesetzt werden.[106] Mit anderen Worten, bei ihnen handelt es sich um konstitutive Prinzipien der Naturerkenntnis, die immer und überall gelten, da sie die Erkenntnis der Natur überhaupt erst begründen.

Verständlich wird dies, wenn man bedenkt, dass Kant einen Teil der Eigenschaften der Gegenstände für strikt allgemein, notwendig und intersubjektiv gültig hält, während er einen anderen Teil nach wie vor für bloß subjektiv erachtet, wie die sekundären Sinnesqualitäten, die von der besonderen Beschaffenheit der Sinnesorgane des jeweiligen perzipierenden Menschen abhängen, ebenso die näheren Umstände der Beobachtung, was Ort und Zeit betrifft. Während Descartes die räumlich-zeitlichen Bestimmungen noch für objektkonstitutiv erachtete, vollzieht Kant eine subjektivitätstheoretische Wende dergestalt, dass er sie als apriorische Erkenntnisbedingungen des Subjekts unterstellt, d.h. als seitens des Subjekts mitgebrachte Bedingungen, unter denen die Gegenstände überhaupt erst erkannt werden können, wohingegen die Sinnesqualitäten auch bei ihm weiterhin zu den aposteriorischen, d.h. empirischen Erkenntnissen zählen.

Dasselbe gilt für die begrifflichen Bestimmungen, von denen die allgemeinsten, die Kategorien, apriorischer Art sind und seitens des Subjekts

105 A.a.O., B XIII f.

106 Vgl. a.a.O., A 737 B 765.

mitgebracht werden. Unter ihnen betrachtet und interpretiert das Subjekt zwingend die Natur, während die spezielleren Begriffe weiterhin empirisch fundiert sind und zufällig bleiben.

Die Grundthese der kantischen Epistemologie lässt sich dahingehend zusammenfassen, dass die apriorischen Bedingungen der Möglichkeit der Erkenntnis zugleich die Bedingungen der Möglichkeit der Gegenstände der Erkenntnis sind[107], was auch so ausgedrückt werden kann, dass die subjektiven Bedingungen a priori des Erkennens, sowohl des Anschauens wie des Denkens, zugleich objektive Gültigkeit haben, d.h. die Objekte der Erkenntnis konstituieren.

Kant wird nicht müde diesen Sachverhalt immer wieder vor Augen zu stellen. So heißt es:

> „So übertrieben, so widersinnig es also auch lautet zu sagen: der Verstand ist selbst der Quell der Gesetze der Natur und mithin der formalen Einheit der Natur, so richtig, und dem Gegenstande, nämlich der Erfahrung angemessen ist gleichwohl eine solche Behauptung."[108]

Und ähnlich:

> „Die Ordnung und Regelmäßigkeit also an den Erscheinungen, die wir Natur nennen, bringen wir selbst hinein, und würden sie auch nicht darin finden können, hätten wir sie nicht, oder die Natur unseres Gemüts ursprünglich hineingelegt. Denn diese Natureinheit soll eine notwendige, d.i. a priori gewisse Einheit der Verknüpfung der Erscheinungen sein. Wie sollten wir aber wohl a priori eine synthetische Einheit auf die Bahn bringen können, wären nicht in den ursprünglichen Erkenntnisquellen unseres Gemüts subjektive Gründe solcher Einheit a priori enthalten, und wären diese subjektiven Bedingungen nicht zugleich objektiv gültig, indem sie die Gründe der Möglichkeit sind, überhaupt ein Objekt in der Erfahrung zu erkennen." 109

Damit wendet sich Kant zugleich gegen die Möglichkeit, Gesetze im stren-

107 Vgl. a.a.O., A 89 f.; B 122; A 111 u.ö.

108 A.a.O., A 127 f.

109 A.a.O., A 125 f.

gen Sinne empirisch aus der Erfahrung zu gewinnen, wie dies die These des englischen Empirismus, etwa David Humes, war.

Die Konsequenzen dieses erkenntnistheoretischen Ansatzes sind *erstens* in Bezug auf die Objekte, dass sie nicht länger mehr wie in der traditionellen Philosophie und so auch noch bei Descartes vom Subjekt unabhängige Dinge an sich sind, sondern ihr Sein nur in Beziehung auf das Subjekt haben, also Dinge für uns sind, und *zweitens* in Bezug auf das Subjekt, dass dieses Konstitutionsgrund der Welt- bzw. Naturerkenntnis ist, zumindest was die Anschauungsformen Raum und Zeit und die die mannigfaltigen Daten in Raum und Zeit synthetisierenden Kategorien betrifft. Auf beiden Ebenen aber gilt es, zwischen apriorisch Allgemeinem und aposteriorisch Individuellem zu unterscheiden. Alle generellen Bestimmungen an den Objekten der Natur gehen auf das Subjekt zurück, die spezielleren sind nach wie vor der Empirie geschuldet. Das Subjekt liefert lediglich die Grundstrukturen, die allgemeinsten Bestimmungen an den Objekten und deren Zusammenhang in der Natur, nicht die individuellen Charakteristika, die weiterhin auf das Konto der empirischen Erfahrung zurückgehen.

Auf dieser Grundlage entwirft Kant sein System der Naturerkenntnis. Während er in der *Kritik der reinen Vernunft* die allgemeinsten Gesetze der Natur überhaupt aufstellt, unangesehen der äußeren oder inneren Natur – wiewohl die Anwendung der Gesetze nur auf die äußere Natur Allgemeingültigkeit verschafft –, geht er in den *Metaphysischen Anfangsgründen der Naturwissenschaft* einen Schritt weiter in Richtung auf die apriorische Konstitution der äußeren Natur und in der „Allgemeinen Anmerkung zur Dynamik" im zweiten Hauptteil noch einen Schritt weiter in Richtung auf die Konstitution der besonderen äußeren Natur, und dies nicht auf der Grundlage eines Atomismus, sondern eines Dynamismus, bei dem die gegenstrebigen Kräfte Repulsion und Attraktion in ihrem Zusammenwirken die besonderen äußeren Objekte hervorbringen sollen. Im *Opus postumum* widmet er sich in den meisten Konvoluten mit Ausnahme des ersten und siebten dem Übergang von der Metaphysik zur Empirie, d.h. vom Apriorischen zum Bereich des Aposteriorischen, da er eine totale apriorische Deduktion der Objekte, auch der individuellen, nicht für möglich hält.

Damit tritt die Unüberwundenheit der Ding-an-sich-Theorie und ihr Einfluss auf die Erkenntnis in der Kantischen Epistemologie zutage. Diese Inkonsequenz wurde zum Stein des Anstoßes für die Kant-Nachfolger, die Idealisten. Sie machten sich zur Aufgabe, die Differenz zwischen transzendentalem Idealismus und jenem Rest von empirischem Realismus zu überwinden, und lösten das Problem durch Hypostasierung des gesetzgebenden Ich zum absoluten Ich = Absolutem (Gott). Allenfalls ließen sie noch einen unbestimmten und undefinierbaren Anstoß von außen zur Gesetzeskonstitution zu. Zwar ging es nicht darum, in concreto eine Schreibfeder a priori zu deduzieren, wie Eberhardt sich ausdrückte, wohl aber musste eine solche prinzipiell möglich sein.

Die großen Systemkonzeptionen der Idealisten, Fichtes, Schellings, Hegels, ebenso die Vielzahl sich überbietender, unvollendeter Systementwürfe dokumentieren den Versuch der Einlösung dieses Projekts. Georg Wilhelm Friedrich Hegel hat sein epochales dreibändiges Werk, die *Wissenschaft der Logik,* mit den Worten eingeleitet, dass es „die Darstellung Gottes" sei, „wie er in seinem ewigen Wesen, vor der Erschaffung der Natur und eines endlichen Geistes ist."[110] Die Darstellung zeigt den Prozess der Selbstentfaltung des absoluten Geistes von seinem Ansichsein über das Fürsichsein zum An-und-Fürsichsein in Gestalt eines synthetischen Fortschritts, der von einfachen Bestimmungen zu immer komplizierteren, komplexeren geht, sich aber zugleich als ein analytischer Rückschritt in den Grund erweist und somit als ein Zu-sich-Kommen seiner selbst. Für den individuellen Geist bedeutet dies, dass er sich in den Zustand des absoluten Geistes zu versetzen und diesem in seiner Prozessualität zuschauend zu folgen und diese mitzuvollziehen vermag, so dass die allgemeine Selbstexplikation zugleich die individuelle ist.

Die Methode, in der die Selbstexplikation erfolgt, fällt bei den Idealisten Hegel, Fichte und Schelling unterschiedlich aus, jedoch bei allen unter Zugrundelegung der Dialektik mit ihrer triadischen Schrittfolge. Hegels Dialektik erweist sich als Prozessdialektik, ausgehend von der Thesis, übergehend zur Antithesis und beide verbindend in der Synthesis, die zugleich wieder als Ausgang eines neuen Dreischritts fungiert. Fichtes Dialektik kann auf der Basis eines explizierten Selbstbewusstseins als absteigende spezifizierende Dialektik zu immer spezielleren Stadien und Formen beschrieben werden, und Schellings Dialektik zur Zeit seiner Identitätsphilosophie[111] als Selbstexplikation der absoluten Identität (des Absoluten) in Natur- und Geistphilosophie, die gleicherweise ab- wie aufsteigend ist, insofern sie auf jeder Differenzierungsstufe im einen Teil das Übergewicht des naturhaften, im anderen das des geisthaften Faktors (Potenz) enthält, so dass sich Natur- und Geistphilosophie auf diese Weise indifferenzieren und egalisieren.

110 Georg Wilhelm Friedrich Hegel: *Wissenschaft der Logik*, auf der Grundlage der Werke von 1832-1845 neu edierte Ausgabe. Redaktion Eva Moldenhauer und Karl Markus Michel, Frankfurt a.M. 1969, Bd. 5, S. 44.

111 Friedrich Wilhelm Joseph Schelling hat nach Meinung von Nicolai Hartmann: *Die Philosophie des Deutschen Idealismus*, Berlin, New York, 3. Aufl. 1974, S. 112, verschiedene Stadien durchgemacht, *erstens* die Phase der Naturphilosophie bis 1789, *zweitens* die Phase des transzendentalen Idealismus um 1800, *drittens* die Phase der Identitätsphilosophie von 1801-1804, *viertens* die Freiheitsphilosophie um 1809 und *fünftens* die Religionsphilosophie – Schellings Spätphilosophie – ab 1815.

Was das Verhältnis des individuellen Ich zum absoluten Ich betrifft, so besteht das Ganze aus Teilen, die selbst wieder Ganze aus Teilen sind und so in infinitum oder, besser noch, aus Momenten, deren jedes wiederum ein Ganzes aus Momenten ist, so dass auf allen Stufen strukturelle Homogenität, wiewohl qualitative Differenz herrscht und so zwischen dem individuellen Einzelnen und dem Ganzen als *singulare tantum* Übereinstimmung besteht. Jedes repräsentiert auf seine Weise alles.

Die Dialektik von Allgemeinheit und Einzelheit hat Hegel in der *Phänomenologie des Geistes* im Kapitel „Die sinnliche Gewißheit" anhand der deiktischen Begriffe ‚ich', ‚dieses', ‚hier' und ‚jetzt' beschrieben. Der Ausdruck ‚ich' bezeichnet genau wie die anderen deiktischen Wörter ein nur aufzeigbares Individuelles, das von jedem anderen ebenfalls nur aufweisbaren Individuellen verschieden ist, und stellt doch zugleich einen Generalbegriff dar, der für alle einzelnen trotz ihrer Einzelheit gilt. Der Ausdruck ist gleicherweise der individuellste wie der generellste Begriff.

Im Unterschied zu Hegels Pantheismus hat der späte Fichte ab 1800 aufgrund des Atheismusstreites zwischen absolutem Ich und Absolutem (Gott) unterschieden. Der Religionsphilosoph Friedrich Heinrich Jacobi hatte ihn in einem ausführlichen Brief vom 6. März 1799 vor die Alternative gestellt: „Gott ist, und ist *außer mir* ein lebendiges, *für sich bestehendes Wesen,* oder *Ich* bin Gott. Es giebt kein drittes"[112], die Fichte zu einer Abkehr von seiner Frühphilosophie und Wandlung zur Spätphilosophie motivierte. Fichte musste erkennen, dass ein Unterschied zwischen dem absoluten Ich als Selbstbewusstsein und dem Absoluten (Gott) als unvordenklichem Grund besteht, was er in diversen Formeln auszudrücken versuchte. Diese gehen nicht mehr wie in seiner Frühzeit von einer aktiven Selbstsetzung des Ich aus, sondern von einem passiven Eingesetztsein in ein Absolutes, so etwa in den Formeln: „Es werden *Augen* eingesetzt dem Einen"[113], „ Aber dadurch ist ihm noch immer kein Auge eingesetzt [...] Dieses Auge liegt nicht ausser ihm, sondern in ihm, und ist eben das lebendige sich Durchdringen der Absolutheit selbst"[114], *„Kraft,* der ein Auge eingesetzt ist, welches von ihr unzertrennlich; Kraft eines *Auges*, dies ist der Charakter des Ich und der Geistigkeit"[115], „Sie [die absolute Form des Denkens] ist ein in sich selbst hel-

112 *J. G. Fichtes Briefwechsel,* Kritische Gesamtausgabe, gesammelt und hrsg. von Hans Schulz, 2 Bde., Leipzig 1925, Bd. II, S. 47.

113 *Fichtes Werke*, hrsg. von Immanuel Hermann Fichte, 11 Bde. (Nachdruck von *Johann Gottlieb Fichtes sämmtliche Werke*, hrsg. von Immanuel Hermann Fichte, 8 Bde., Berlin 1845/46, und Johann Gottlieb Fich*tes nachgelassene Werke*, hrsg. von Immanuel Hermann Fichte, 3. Bde., Bonn 1834/35), Berlin 1971, Bd. 4, S. 33 Marg. des Verf..

114 A.a.O., Bd. 2, S. 19.

115 A.a.O.,Bd. 2, S. 18.

les, stehendes und geschlossenes Auge"[116], wobei das Absolute bzw. das Eine oder die Kraft als unvordenklicher, unbegreiflicher Grund, als Träger der individuellen Existenz fungiert und im *esse in mero actu* erfahren wird. In dieser Existenzerfahrung bzw. in diesem religiösen oder, wie Fichte auch sagt, intellektuellen Gefühl haben Existenzphilosophie und Religionsphilosophie Ansatzpunkte gefunden.

Da die Totalität von Prädikaten weder des Absoluten als *singulare tantum* noch des einzelnen Ich als Individuum durchgängig rational angebbar ist – Hegel selbst hat seine Methode als Kreis aus Kreisen beschrieben, deren Struktur darin besteht, dass sie sowohl ins unendlich Große wie ins unendlich Kleine beliebig erweiterbar und damit unabschließbar ist –, bleibt zur näheren Bestimmung der Individualität nichts anderes übrig als der Ansatz nicht rationaler Vermögen wie der ganzheitlichen Intuition, deren sich die Mystik bedient, oder des religiösen bzw. intellektuellen Gefühls – des Glaubens –, dem Religionen nachgehen, oder der Existenz, mit der die Existenzphilosophie operiert. Die Richtung ist eindeutig. Sie läuft auf eine nicht mehr rational einholbare Erfahrung hinaus, die menschliches Wissen übersteigt, sei es durch anschauende (ästhetische) Vertiefung, durch Kontemplation oder durch eine Konzeption wie die des Übermenschen bei Friedrich Nietzsche.

8. Schopenhauers Wille als Lebenstrieb und Nietzsches Wille zur Macht

Schon immer suchte der Mensch danach, gottgleich zu werden. Am Anfang der europäischen Tradition steht das Prometheus-Symbol, Platon sprach im *Theaitet* (176 b) von einer geistigen Annäherung des Menschen an Gott (*homoiosis theo*), und im *Timaios* erzählte er den Mythos von der Welterschaffung durch den Demiurgen, den Handwerkergott, dessen Nachvollzug dem Menschen die Möglichkeit verschaffen sollte, die Welt in ihren Aufbaugesetzen zu verstehen und zu rekonstruieren. Die Renaissance definierte den ausgezeichneten Menschen, das Genie, als *alter deus*, Descartes maßte sich an, den Menschen sogar als *maître et possesseur de la nature* zu bezeichnen, Kant erklärte das menschliche Subjekt zum Mittelpunkt der Welterkenntnis, dessen a priori von Natur aus mitgebrachte Erkenntnisbedingungen Raum, Zeit und Kategorien sowie das System der Naturgesetze die Welt formal konstituierten, Hegel hypostasierte den subjektiven Idealismus zum absoluten

116 A.a.O., Bd. 2, S. 37.

Idealismus, indem er in der *Wissenschaft der Logik* die Darstellung Gottes in seinem ewigen Wesen zu leisten behauptete, an dem der endliche menschliche Geist zuschauend partizipieren könne. Aber alle diese Konzeptionen waren theoretischer, intellektueller, nicht praktischer Art. Man begnügte sich gemäß dem Spruch von Laktanz: „Wer, wenn nicht der Künstler kennt sein Werk“[117] mit der geistigen Erfassung der Konstruktionsgesetze des Kosmos, meinend, man könne diese dann prinzipiell auch verwirklichen. Es fehlte jedoch zur Realisierung ein entscheidendes Moment, außer dem intellektuellen Konstruktionsplan die realisierende Kraft, das Aktionsprinzip, das die erkenntnistheoretische Potentialität in Aktualität überführen konnte.

Es war Arthur Schopenhauer, der erstmals diese Kraft im Willen lokalisierte und damit einen Voluntarismus in die Philosophie neben dem Rationalismus einführte, der ihr neue Dimensionen eröffnen sollte, die bisher vernachlässigt worden waren.

Der Wille war zwar immer schon Gegenstand der Philosophie gewesen, wurde aber ausschließlich dem intellektuellen Bereich zugeordnet, gegebenenfalls ihm sogar übergeordnet. So warf beispielsweise Martin Luther die Frage auf, ob Gott bei der Erschaffung der Welt absolut frei und ungebunden gehandelt habe oder an seine eigenen intelligiblen Gesetze gebunden gewesen sei. Führte die erste Alternative zum Willkürgott, so entsprach die zweite dem späteren Einsteinschen Bonmot, dass Gott nicht würfle. Wurden intellektuelle und voluntatives Vermögen einander gleichgestellt, so war allenfalls die Frage, ob eines im anderen fundiert sei. So betrachtete Platon den Willen als Implikat der Erkenntnis aufgrund des Arguments, dass man das, was man wirklich einsieht und als Gutes erkennt, auch tatsächlich will und realisiert, während das Christentum dieser Ansicht in *Matthäus* 26,41 die These entgegenstellte, dass der Geist zwar willig, das Fleisch jedoch schwach sei.[118] Die andere Alternative war die, eine gemeinsame Wurzel von Intellektualität und Voluntativität zu unterstellen, die sich in theoretische und praktische Philosophie spaltete, aber garantierte, dass Vernunft und Wille (die Kausalität zu handeln) übereinstimmen, sonst hätte Kant seine These nicht aufrechterhalten können, dass der Wille stets vernunftgeleitet ist. Wille bedeutete hiernach nicht Willkür und Beliebigkeit, sondern vernünftig geregelte Freiheit.

Daneben gab es stets in der anthropologischen Psychologie seit der An-

117 Lucius Caecilius Firmianus Lactantius: *De opificio dei*, lib.14,9 in: ders.: *Opera omnia*, recensuerunt S. Brand et G. Laubmann, Pars II, Fasciculus I, Prag, Wien, Leipzig 1893, S. 50: „Quis scire nisi artifex potest cui soli opus suum notum est?“

118 Der Drogensüchtige mag zwar erkennen, dass sein Verhalten gesundheitsschädlich ist, vermag aber gegebenenfalls wegen Willensschwäche nicht die Kraft zur Realisation seiner Einsicht aufzubringen.

tike neben dem intellektuellen Bereich mit Verstand und Vernunft den begehrenden Teil mit den Trieben und Begierden, Emotionen, Stimmungen, Befindlichkeiten, Gemütsbewegungen u.ä. Sie wurden als inferiorisch gegenüber dem superiorischen Intellekt angesehen und ihm hierarchisch untergeordnet, allenfalls vermittelt durch eine Kraft, bei Platon den Mut, ein gutwilliges Vermögen (*thymos*), während das Begehrungsvermögen seinen eigenen Interessen folgte und nur schwer unter die Herrschaft des Verstandes zu bringen war. Schon von ihrer Konzeption her waren beide Seelenteile grundverschieden und getrennt, der intellektuelle Teil als allgemeiner zugleich ewig, unentstanden, unvergänglich, unwandelbar, der begehrende als individueller entstanden, vergänglich und wandelbar, so dass die Subordination des alogischen begehrenden Teils unter den logisch-rationalen nur durch rigorose Disziplinierungsmaßnahmen wie Pädagogik, Übung, Beschneidung, Macht und Gewalt erfolgen konnte.

Das menschliche Begehrungsvermögen war durch Hunger und Durst, den Sexualtrieb wie auch den allgemeinen Lebenserhaltungstrieb hinreichend bekannt, und diese Triebe wurden nicht nur am Menschen konstatiert, sondern auch an anderen biologischen Wesen: Tieren und Pflanzen, ja, im gesamten organischen Bereich, denn selbst Pflanzen streben nach Licht und Luft und Wasser, was sie am Leben erhält und auch ihresgleichen zu erzeugen gestattet. Selbst im anorganischen Bereich begegnen bei dynamistischer Interpretation Kräfte (*vis*), die als expansive, erweiternde wie auch als kontraktive, zusammenhaltende in ihrem Zusammenwirken raumerfüllend sind. Die ganze Natur ist erfüllt von Kräften, die wegen ihrer Tendenzen als polare miteinander konfligieren und ringen und so die Gegenstände und ihre Verhaltensweisen und Handlungen bestimmen.

Das Innovative an Schopenhauers Konzeption des Willens war die Identifikation desselben mit der Triebsphäre, jener Sphäre, die bislang erkenntnistheoretisch wenig Beachtung gefunden hatte, die moralisch-ethisch wegen ihrer unvernünftigen Triebgesteuertheit, ihrer reinen Vitalität für inferiorisch und niedrig gehalten worden war und nun durch Aufwertung hoffähig gemacht wurde. Dadurch dass Schopenhauer alten Wein in neue Schläuche goss, erwies er sich als Übergangsfigur[119] zwischen Tradition und Moderne. Mit der Aufwertung der Triebe hat er die Grundlage geschaffen für die Lebensphilosophie à la Wilhelm Dilthey und Henri Bergson, die Existenzphilosophie à la Soren Kierkegaard, Martin Heidegger, Jean-Paul Sartre und Karl Jaspers wie auch ganz neue Gebiete eröffnet für Psychologie und Tiefen-

119 Zu den schillernden Übergangsweisen und Standpunktwechseln vgl. Matthias Koßler: *„Standpunktwechsel“ – Zur Systematik und philosophiehistorischen Stellung der Philosophie Schopenhauers*, in: Fabio Ciraci, Domenico M. Fazio, Matthias Koßler (Hrsg.): *Schopenhauer und die Schophenhauer-Schule,* Würzburg 2009, S. 45-60.

psychologie wie Sigmund Freuds Theorie des Unbewussten oder C. G. Jungs Theorie der Symbole. Mit ihr hat er für das Wiederaufleben des Vitalismus im Neovitalismus der Biologie gesorgt, überhaupt hat er eine ganz neue Orientierung in Richtung auf die sonst verpönte Sphäre des Instinkthaften eröffnet, so auch bei Georges Bataille. Kurzum, ohne Schopenhauer wäre die moderne Philosophie und ihre Ausrichtung nicht verständlich. Sie versteht sich als Gegenentwurf zum Rationalismus und Intellektualismus der gesamten europäischen Tradition, die Jacques Derrida in seiner *Grammatologie* als Logozentrismus des Abendlandes bezeichnet hat. Mit Schopenhauer erfolgt eine Akzentverschiebung in Richtung auf anonyme, unbewusste, triebhafte Kräfte.

Schopenhauer hat seine neue Theorie in seinem Hauptwerk *Die Welt als Wille und Vorstellung* von 1819 präsentiert.[120] Auf der Basis des Kantischen Modells von Ding an sich und Erscheinung konzipiert er die Welt erkenntnistheoretisch als Erscheinung bzw. Vorstellung (was für ihn dasselbe ist) gemäß den menschlichen Anschauungsformen Raum und Zeit und den begrifflichen Kategorien, und zwar so, wie sie von uns erfahren wird, und zum anderen unterstellt er ein Etwas – Ding an sich –, das sich als Wille offenbart. Hatte Kant sich gezwungen gesehen, zur Einführung seiner dem Normalbewusstsein widerstrebenden Theorie, wonach sich die zu erkennenden Gegenstände nach dem Subjekt und dessen Erkenntnisbedingungen richten müssen, nicht umgekehrt, eine Relation zwischen dem Etwas (Ding an sich), das erscheint, und dem Subjekt, dem etwas erscheint, zu etablieren und das transzendente Ding (das Etwas hinter den Erscheinungen) für unerkennbar zu halten, da die Relation zwischen Ding an sich und Subjekt nicht als Kausalbeziehung gedeutet werden darf, weil diese allein innerhalb der Erscheinungswelt gilt, nicht außerhalb zwischen Ding an sich und Erscheinungswelt, so ändert sich das bei Schopenhauer. Da der Begriff Erscheinung oder Vorstellung unverständlich bleibt ohne ein affizierendes oder sollizitierendes Etwas, ist ein reiner Phänomenalismus, der die Frage nach der Herkunft der Erscheinungen unbeantwortet lässt, schwer, wenn nicht gar unmöglich durchzuhalten. Den trotz aller Probleme und negativen Bestimmungen unterstellten Grund der Welt identifiziert Schopenhauer als Wille und bestimmt ihn als irrationalen, vernunftlosen, stumpfen und ziellosen Trieb oder Drang. Dieser ist mehr als ein bloßes Wünschen, Hoffen, Sehnen; er ist ein instinktiver, triebhafter Drang, der allerdings in der Erscheinung der Welt seine Objektivation findet und dort auch als reflektierter intentionaler

120 Arthur Schopenhauer: *Die Welt als Wille und Vorstellung*, in: *Sämtliche Werke* [abgekürzt: *Werke*], 7 Bde., nach der ersten, von Julius Frauenstädt besorgten Gesamtausgabe neu bearbeitet und hrsg. von Arthur Hübscher, 4. Aufl., durchgesehen von Angelika Hübscher, Mannheim 1988, Bd. 2-3.

Wille auftritt. Dieser irrationale, triebhafte Wille ist nach Schopenhauer der Grund der Welt, der sich innerhalb derselben in diverse Einzelwillen auffächert und den jeweiligen Individuen, sei es menschlichen, tierischen, pflanzlichen und selbst anorganischen zugrunde liegt. Es ist der Lebenswille, der allen lebendigen Wesen inhäriert und sie zum Erhalt ihrer selbst einschließlich ihrer Nachkommenschaft motiviert. Analoges gilt im Sachbereich, so dass man diesen Trieb als einen auf Bestand und Erhalt gerichteten definieren kann.

Sucht man nach einer Rechtfertigung für Schopenhauers Konzeption des Hineinwirkens des Willens in die Erscheinungswelt, so weist sie auf die Kantische Philosophie und deren Versuch einer Verbindung von intellektueller Sphäre mit freiem Willen und Erscheinungswelt, bleibt jedoch genauso unbegründet und konstruiert und geheimnisvoll wie jene. Zwar lassen sich die Motive für einen bestimmten Willen, etwa das Armheben angeben, doch nicht nur das Wie des Wirkens, sondern auch das spontane Faktum des Willens bleiben ungeklärt, zumal Schopenhauer die Erscheinungen in Raum und Zeit formal zu Produkten des Gehirns erklärt. Da das Gehirn selbst eine Erscheinung ist, verwickelt sich seine Theorie in einen circulus vitiosus, bei dem das, was erklärt werden soll, das Zustandekommen der Erscheinungswelt, deren Existenz voraussetzt. Es handelt sich um eine typische petitio principii.[121] Anders verhält es sich bei der Einführung des Willens als eines energischen, aktiven Prinzips, nicht nur eines intellektuellen Prinzips wie in Kants Rationalismus, sondern einer Lebenskraft, die sich an der eigenen Person und in der gesamten Natur beobachten lässt. Alles Wirkliche, d.h. alles, was wirkt, sei es die Gravitationskraft, der Magnetismus, die Elektrizität, das Wachstum der Pflanzen, die Begierden und Triebe der Tiere und schließlich das menschliche Wollen, ist Äußerung eines metaphysischen Grundprinzips, des Willens, freilich nicht eines rein intellektuellen, sondern einer Art Urkraft, die auf Selbst- und Arterhalt zielt.

Im Rahmen unserer Untersuchung über das Individualismusproblem kann an Schopenhauers Ethik nicht vorbeigegangen werden. Im Unterschied zu Kants rationalistischer Vernunftethik geht Schopenhauer von der Empirie aus, von der Natur des realen Menschen.

> „Daher bleibt zur Auffindung des Fundaments der Ethik kein anderer Weg, als der empirische, nämlich zu untersuchen, ob es überhaupt Handlungen giebt, denen wir *ächten moralischen Werth* zuerkennen müssen […] Diese sind sodann als ein gegebenes Phänomen zu betrachten, welches wir richtig zu er-

121 Vgl. a.a.O., Bd. 2, S. 126 f. (I. Band, 2. Buch, § 20) und S. 149 (I. Band, 2. Buch, § 24).

klären, d.h. auf seine wahren Gründe zurückzuführen, mithin die jedenfalls eigenthümliche Triebfeder nachzuweisen haben, welche den Menschen zu Handlungen dieser, von jeder andern specifisch verschiedenen Art bewegt. Diese Triebfeder, nebst der Empfänglichkeit für sie, wird der letzte Grund der Moralität und die Kenntniß derselben das Fundament der Moral seyn."[122]

Schopenhauer konstatiert drei verschiedene Triebkräfte, *erstens* den Egoismus, der das eigene Ego in den Mittelpunkt stellt und dem es um Vorteil und Nutzen für sich selbst geht, *zweitens* in Bezug auf den Anderen den malevolenten Trieb (Bosheit), der dem Anderen schaden will, und *zum dritten* den benevolenten, gutwilligen Trieb (Mitleid), der dem Anderen nutzen will. Hier taucht die Frage auf, wie sich die drei Triebe zueinander verhalten. Ist der Egoismus eine Grundkraft, ein Lebenstrieb, der die beiden anderen Verhaltensweisen des Ich zum Anderen erst ermöglicht, oder stellt er eine gleichrangige Instanz neben den beiden anderen dar, was in Bezug auf ein schädigendes Verhalten gegenüber der anderen Person noch verständlich wäre, um sich selbst schadlos zu halten oder Vorteile zu verschaffen, nicht aber in Bezug auf ein mitleidendes Verhältnis zum Anderen, da Egoismus als Selbstliebe und Selbstsucht dem Mitleid als Liebe zum Anderen konträr ist.

Die Schopenhauersche Ethik ist nur verständlich, wenn man sie als Gegenkonzept zur Vernunft- und Intellektualethik der Tradition nimmt, die von der Rationalität und Wohlgeordnetheit und Harmonie der Welt im Sinne einer göttlichen Weltordnung ausging. Anders Schopenhauer, der von der Unvollkommenheit der Welt überzeugt ist, wie sie sich im Streben und Lebenswillen dokumentiert und nur aus der Distanz zur Vollkommenheit erklärt werden kann. Seine Grundeinstellung ist Pessimismus. Im Unterschied zum Leibnizischen Optimismus, der von unserer Welt als der besten aller möglichen Welten ausgeht, vertritt Schopenhauer die Ansicht, dass unsere Welt die schlechteste aller Welten sei. Wäre sie nur ein wenig schlechter, so könnte sie überhaupt nicht existieren. Wolfgang Röd fasst diese Argumentation in dem Satz zusammen: „Die Preisgabe des Glaubens an eine vernünftige Weltordnung ist die eigentliche Wurzel des Pessimismus."[123] Aus dieser negativen Bewertung ergeben sich Anklänge an den Buddhismus und seine Leid-Ethik. Für den Buddhismus stellt das Leid die Grundstruktur der Welt dar einschließlich der emotionalen Verfassung des Menschen. Leid ist bedingt durch Lebensdurst und sinnliche Begierden, durch vitale Triebe, und

122 Arthur Schopenhauer: *Preisschrift über die Grundlage der Moral*, in: *Werke*, Bd. 4, S. 195 (§ 13).

123 Wolfgang Röd: *Der Weg der Philosophie*, Bd. 2, *17.-20. Jahrhundert*, München 1996, S. 287.

durchzieht die gesamte Natur, wobei das Leiden umso größer ist, je höher der Grad der Lebenserscheinungen ausfällt.

> „In der Pflanze ist noch keine Sensibilität, also kein Schmerz: ein gewiß sehr geringer Grad von Beiden wohnt den untersten Thieren, den Infusorien und Radiarien ein: sogar in den Insekten ist die Fähigkeit zu empfinden und zu leiden noch beschränkt: erst mit dem vollkommenen Nervensystem der Wirbelthiere tritt sie in hohem Grade ein, und in immer höherem, je mehr die Intelligenz sich entwickelt."[124]

Das Bestreben Schopenhauers geht dahin, wie in allen großen Weltreligionen das Leiden zu eliminieren, zumindest zu minimieren, was nur durch ein Entgegenwirken und Aufheben des Lebenswillens geschehen kann. Den naheliegenden Gedanken, durch Suizid sein Leben zu beenden und den Lebenswillen auszulöschen, weist Schopenhauer mit dem Argument zurück, dass damit nur der einzelne, individuelle Lebenswille erlöschen würde, nicht die Urkraft des Willens zum Leben, die allen Lebewesen gemeinsam ist. Sterben sei zwar der Augenblick der Befreiung der Einzelnheit und Individualität, betreffe aber nicht den innersten Kern der Wesen.[125] Zudem geschieht der Suizid für Schopenhauer aus enttäuschter Selbstsucht und ist deswegen gerade Indiz des Lebenswillens. Die dann folgende Argumentation Schopenhauers zur Aufhebung des unbändigen Willens zum Leben, die im Buddhismus zum Nirwana führen soll, erscheint nicht konsequent und kohärent: Den allgemeinen Lebenswillen aufzuheben, setzte eine gleich starke Gegenkraft voraus: Dem *velle* hätte ein *nolle* zu entsprechen, und dies verlangte den Ansatz eines Substanz-Akzidenz- oder Subjekt-Prädikat-Verhältnisses, derart dass es derselbe Wille wäre, der einmal etwas wollte und einmal nicht. Die Substanz bliebe auf jeden Fall als neutrale bestehen. Aufhebung kann also nicht durch bewusste Negation des Lebenswillens geschehen, sondern allenfalls durch existenziellen Rückzug, wie er in der Askese praktiziert wird, dem Verzicht auf alle äußeren Güter, Genüsse und Begierden, selbst den natürlichsten, was zur Ruhigstellung des Lebensdranges und zum Quietismus führt.[126] Wie aber soll der allgemeine Wille durch den Verzicht eines einzelnen Individuums aufgehoben werden, und alle Individuen wären sicherlich nicht zur Askese und zum Selbstverzicht bereit.

124 Arthur Schopenhauer: *Die Welt als Wille und Vorstellung*, in: *Werke*, Bd. 2, S. 365 (I. Band, 4. Buch, § 56).

125 Vgl. a.a.O., Bd. 3, S. 582 f. (II. Band, 4. Buch, Kap. 41).

126 Wenn angesichts dieses Reduktionismus automatisch der Tod eintritt, so stellt dies für Schopenhauer keinen Suizid, sondern die notwendige Folge des existenziellen Rückzugs dar.

Und was genau soll aufgehoben werden? Der Urwille, der vernunftlose, richtungslos, stumpf herumirrende ohne Ziel, kann es nicht sein, da nur ein intentionaler, zielgerichteter Wille auch leidet und sein Leiden erkennt, nicht der ursprüngliche, der der Welt zugrunde liegt. Ebenso wenig kann es der intentionale Allgemeinwille sein, der die Substanz aller Lebewesen ausmacht, da wir diesen nur als den Willen zum Leben kennen. Wird er eliminiert, so wissen wir im Übergang zum Nirwana nicht, wie der erreichte Zustand ausfallen wird, ob er sich wie im Buddhismus als Fülle oder als Nichts herausstellen wird.[127]

Was Schopenhauer in seiner Ethik intendiert und was im Blick auf Nietzsche und im Vergleich mit diesem herauszustreichen ist, ist die Tatsache, dass Schopenhauer eine Reduktion und Beruhigung des Lebenswillens anstrebt, während Nietzsche das genaue Gegenteil, nämlich eine Forcierung und Radikalisierung des Lebenswillens zum Willen zur Macht, intendiert.

Friedrich Nietzsche hat Schopenhauers Theorie des Willens zum Leben aufgegriffen und radikalisiert. Der Wille zur Macht gehört bei Nietzsche ebenfalls der irrationalen, vitalen, instinktiven Triebsphäre an, doch wird er von ihm genauer als Erhaltungs- *und* Steigerungswille bestimmt. Das erklärt sich aus Nietzsches Grundkonzeption. Im Willen zur Macht ist die Macht nicht ein externes Objekt des Willens, das angestrebt und einverleibt wird, sondern ein intrinsisches Objekt. Der Wille ist per se Machtwille, d.h. Wille zur Ausdehnung und Steigerung, zur Übertrumpfung. Charakteristisch dafür ist die Formel „*Erhaltungs-Steigerungs-Bedingungen*“[128]. Ein bloßer Erhalt hieße schon Stillstand und Beginn des Niedergangs, während Nietzsche auf Expansion aus ist, sowohl auf lokale Ausbreitung wie auf qualitative Steigerung. Das „Stärker-werden-wollen, wachsen wollen, und *dazu* auch die *Mittel* wollen“[129], das ist die Realität jedes Kraftzentrums. Nicht Selbstbewahrung, sondern Aneignung, Herr-werden-, Mehr-werden-Wollen ist angesagt. Und diese Konzeption gilt für alles Lebendige, menschliches, tierisches, pflanzliches, analog auch für das Anorganische, rein Physikalische, für Kräftesysteme, kurzum, für die gesamte Natur. Berühmt ist Nietzsches Äußerung: „Wo ich Lebendiges fand, da fand ich Willen zur Macht; und noch im Willen des Dienenden fand ich den Willen, Herr zu sein.“[130]

127 Vgl. Arthur Schopenhauer: *Parerga und Paralipomena II,* Kap. 14, § 161, in: *Werke,* Bd. 6, S. 331.

128 Friedrich Nietzsche: *Nachgelassene Fragmente,* November 1887 - März 1888, 11 [73], in: *Kritische Gesamtausgabe* [abgekürzt KGA], hrsg. von Giorgio Colli und Mazzino Montinari, Berlin, New York 1967 ff., Bd. VIII, 2, S. 278, die auch Heidegger in seinen Analysen *Nietzsches Wort „Gott ist tot“* in: ders.: *Holzwege,* Frankfurt a. M. 1963, S. 193-247, bes. S. 210 ff. betont.

129 Friedrich Nietzsche: *Nachgelassene Fragmente,* November 1887 - März 1888, 11[96] in: KGA, Bd. VIII,2, S. 286.

130 Friedrich Nietzsche: *Also sprach Zarathustra,* in: KGA, Bd.VI,1, S. 143 f.

Wegen der Pluralisierung der Machtwillen sind Konfrontation und Konflikt derselben vorprogrammiert. Jeder Machtwille zielt auf Übermächtigung des anderen und Herrschaft über ihn, während der andere, momentan unterlegene zu einer Selbststeigerung ansetzt und dann den Gegner zu überwältigen trachtet. Das Ganze ist ein labiles Gefüge, bei dem einmal die eine Seite, dann die andere die Übermacht hat.

Es fällt auf, dass Nietzsche des öfteren den bestimmten Artikel im Singular oder Plural ‚der' oder ‚die' beim Willen zur Macht auslässt, der denselben individuiert und auf Einzelnes bzw. Vereinzeltes festlegt. Die sprachliche Individuation durch den bestimmten Artikel scheint ein Notbehelf und Hilfsmittel zu sein, über etwas und sein Verhältnis zu anderem, im Prinzip zu allem anderen Aussagen machen zu können, während das, worüber gesprochen wird, sich der Individuation entzieht. Dieses Phänomen stellt sich auf verschiedenen Ebenen der Nietzscheschen Philosophie ein: *erstens* auf der Ebene der Metaphysikkritik, *zweitens* auf der Ebene der Moralkritik und *drittens* auf der Ebene der Religionskritik.

1. Nietzsche gilt als vehementer Kritiker der traditionellen klassischen Metaphysik, insbesondere in der Form des Platonismus. Dem letzteren unterstellt er, ob zu Recht oder Unrecht sei offengelassen, eine Zwei-Welten-Theorie, die nicht nur eine begrifflich qualitative Differenzierung vorsieht, sondern auch eine räumliche Separation. Fortgesetzt findet sich eine solche Theorie in der christlichen Lehre vom Jenseits und Diesseits. Man vergleiche Augustins Unterscheidung einer *civitas dei* und *civitas mundi.* Während die Welt des Seins den Ideen-Kosmos ausmacht, bestehend aus unentstandenen, unvergänglichen und unwandelbaren, sich immer gleichbleibenden Ideen, drückt die Werde-Welt mit ihrem Entstehen und Vergehen, ihrem unentrinnbaren Wandel, die ständige Fluktuation des Seienden aus. Kennzeichen der Seinswelt sind Beständigkeit, Festigkeit, Unwandelbarkeit, Ruhe, ja, Starre. Bestimmt ist diese Welt durch Begriffe wie Einheit und Identität wie auch durch deren Gegenbegriffe (individualisierte) Pluralität und Differenz, also durch eine Vielzahl verschiedener individualisierender Bestimmungen. Diese Kennzeichen qualifizieren die Welt sowohl zum Zusammenfall mit dem weisen göttlichen Weltplan des Christentums wie mit dem Vernunftsystem des Rationalismus wie mit Derridas Logozentrismus des Abendlandes.

Auf der anderen Seite steht die Werde-Welt, das Diesseits, die Erde, das, was durch die Negation aller Seinsprädikate charakterisiert ist, also nicht mehr Eines, Vieles, Identisches, Differentes, Grund oder Folge ist. Durch keinen präzisierenden Begriff charakterisiert, stellt es die reine Vielheit =

Menge, das Indifferente, Asystematische dar.[131] Versucht man, diese Sphäre positiv zu beschreiben, so bleibt nach Abzug der rationalen Begriffe nur das Irrationale übrig, die leiblichen Triebe und Bestrebungen, wie sie Nietzsche im Willen zur Macht sieht. Sie stellen ein diffuses, chaotisches, indifferentes Gemenge von Willen zur Macht dar. Wegen des Entfalls der exakten, präzisen, individuierenden und identifizierenden Begrifflichkeit, ebenso der Mathematik, lässt sich diese Dimension nur noch approximativ mit Begriffen oder Zahlen beschreiben. Daher ist auch der von Wolfgang Müller-Lauter in seiner ansonsten exzellenten Abhandlung über *Nietzsches Lehre vom Willen zur Macht*[132] gebrauchte Ausdruck ‚Quanten' inadäquat, da er mit diesen größere oder kleinere Quantitäten meint, die einander zu besiegen und zu überwältigen trachten. Genau genommen können Begriffe der Systematik und Organisation nicht mehr angewendet werden, vielmehr ist das Ganze ein Gefüge von gegeneinander kämpfenden oder miteinander kooperierenden Willen zur Macht, die nur den Schein der Einheit und Organisation bewahren.[133] Im Nachlass betont Nietzsche, dass die Welt „durchaus kein Organism ist, sondern das Chaos"[134].

Bekanntlich hat Heidegger die Frage aufgeworfen, ob Nietzsches Metaphysikkritik selbst noch Metaphysik sei, nämlich Vollendung der traditionellen Metaphysik, oder Überwindung derselben. M.E. hängt die Beantwortung der Frage von der Entscheidung ab, ob die Funktion der Metaphysik, nämlich die Fundierungs- und Systematisierungsfunktion, erhalten bleibt oder nicht. Wird das Gemenge strebender und widerstrebender Machtwillen in der Folge traditioneller Metaphysik nur als eine andere Art der Begründung und Organisation (Strukturierung) interpretiert, dann mag es gerechtfertigt erscheinen, hierin die Vollendung und das Ende der traditionellen Metaphysik zu sehen, was der Heideggerschen Meinung entspricht. Wird das irrationale, relative Gefüge von Machtwillen als neue Grundlage einer Weltinterpretation verstanden, dann dürfte hierin ein Neuanfang liegen und eine Überwindung der alten Metaphysik angesagt sein. Da dies Nietzsches philosophischer Überzeugung entspricht und er am Ende seines

131 M.E. hat es nur ein einziges Mal in der Geschichte der Philosophie eine Erörterung dieser a-begrifflichen Vielheit gegeben, und zwar in Platons *Parmenides*, wo unter der Hypothese, dass Eines nicht ist, das Andere zu fassen versucht wird ohne Einheit, ohne Identität, ohne Differenz usw., was Platon mit dem Begriff *onkos*, Menge, Masse zusammenfasst.

132 Wolfgang Müller-Lauter: *Nietzsches Lehre vom Willen zur Macht*, in: *Nietzsche*, hrsg. von Jörg Salaquarda, Darmstadt 1980, S. 234-387, bes. S. 246, 247.

133 Am deutlichsten zeigt sich dies bei Völkern, Gesellschaften und Staaten, die auch keine definitiv abgeschlossenen Gebilde sind, sondern an den Rändern offene, durchlässige Machtkonzentrationen.

134 Friedrich Nietzsche: *Nachgelassene Fragmente*, November 1887 - März 1888, 11 [74] in: KGW, Bd. VIII,2, S. 279.

Lebens den Übermenschen als neues Ideal und Gegenentwurf zur traditionellen Metaphysik konzipiert und diesen Übermenschen als den Sinn der Erde definiert[135], dürfte die letztere Interpretation die legitime sein.

2. Nicht weniger gravierend ist Nietzsches Moralkritik, die zu dem bekannten Ausspruch einer „Umwerthung aller Werthe“[136] führte. Angesichts der Tatsache, dass die Werte gut und böse traditionell auf unterschiedliche ontologische Dimensionen verteilt waren, das Gute auf die übersinnlichen Ideale und das Göttliche, das Böse auf die niedere Sphäre des Irdischen und Leiblichen, könnte man vermuten, dass Umwertung aller Werte bedeute, dass die alten Werte wie sie sich in einer 2000-jährigen, auf antiken und christlichen Wurzeln basierenden Geschichte herausgebildet haben, obsolet geworden und durch neue zu ersetzen seien, etwa durch die von Nietzsche verehrte Wagnersche Musik oder durch den Sozialismus oder durch Technik und Technologie. Das aber wäre nur eine Ersetzung der alten Werte durch moderne, positivistische. Die Stelle der Werte würde nur neu besetzt werden. Die These der Umwertung aller Werte bedeutet jedoch mehr und Rigoroseres. Es meint die radikale Aufhebung der Ordnung von Unten und Oben, des Ideellen und Realen, was mit einer Verkehrung von Gut und Böse verbunden ist, derart dass jetzt die alleinige Ausrichtung auf den „Sinn der Erde“ erfolgt[137], auf die ehemals abschätzig als inferiorisch bewerteten Triebe und Instinkte, auf das Leibliche und Sinnliche, das Vitale überhaupt, womit auch das *Ego* und das *Alter* umgewertet werden und Egoismus an die Stelle von Altruismus und Solidarität tritt. Seit frühester Zeit, zumindest seit der *Geburt der Tragödie*, gilt Nietzsches Präferenz dem vollen, prallen Leben, das sich bis zum Exzess steigern kann; sie gilt nicht dem Schwächlichen und Kranken. Die dionysische Sphäre repräsentiert das abgründig Chaotische, Rauschhafte gegenüber dem hellen, klaren apollinischen Prinzip der Rationalität. Für den Altphilologen und Kenner der Antike Nietzsche eröffnete die griechische Tragödie den Blick in die Tiefe der Dinge und offenbarte die dunkle, chaotisch dämonische, dionysische Seite, das „Unheil im Wesen der Dinge“[138], und in der Schrift *Also sprach Zarathustra* preist Nietzsche im Kapitel „Von den drei Bösen“[139] die klassischen Übel: Wollust, Herrschsucht und Selbstsucht, die für ihn die Umkehrungen der traditionellen christli-

135 Friedrich Nietzsche: *Also sprach Zarathustra*, Vorrede Nr. 3, in: KGA, Bd. VI,1, S. 8 f.

136 Friedrich Nietz*sche* in einem Brief an Avenarius, Turin, 10. Dezember 1888 (1183), vgl. auch *Nachgelassene Fragmente*, Sommer/Herbst 1884 [26,259], in: KGW, Bd. VII,2, S. 216.

137 Vgl. Friedrich Nietzsche: *Also sprach Zarathustra*, Vorrede Nr. 3, in: KGW, Bd. VI,1, S. 8.

138 Friedrich Nietzsche: *Die Geburt der Tragödie*, Nr. 9, in: KGW, Bd. III,1 S. 65.

139 Friedrich Nietzsche: *Also sprach Zarathustra*, 3. Teil „Von den drei Bösen“, in: KGA, Bd. VI,1, S. 232.

chen Werte darstellen. Damit erhält seine Ethik etwas für die eingeschliffenen Vorstellungen Provokatives und Gewagtes, was in die Richtung der Verherrlichung von Macht und Gewalt tendiert, die im Prinzip des Willens zur Macht mitschwingen.

Von seiner Diesseits- und Lebensbejahung aus muss Nietzsche die christlichen Werte einschließlich des Schopenhauerschen Mitleids, welches auf selbstlose Hingabe an den Nächsten, auf Selbstverleugnung und Selbstaufopferung zielt, als Dekadenz einstufen, ja, Nietzsche geht sogar so weit, im Mitleid einen Modus von Egoismus zu sehen, da die Hinwendung zum Anderen oft aus Selbstgefälligkeit, Anerkennungssucht und Selbstbefriedigung geschieht. Christliche Nächstenliebe und das von Schopenhauer geforderte Mitleid sind für Nietzsche nur Ausdruck von Schwäche, Dekadenz und Lebensfeindlichkeit, während der Wille zur Macht mit den antiklassischen instinktiven Triebfedern des Egoismus und Individualismus – der Boshaftigkeit – Ausdruck einer Diesseitsbejahung und -zuwendung sind.

Nietzsches Moralkritik erliegt derselben Antinomie und Paradoxie wie seine Metaphysikkritik, nämlich dass sie trotz ihrer radikalen und fundamentalen Kritik an der auf humanistischen Werten basierenden christlichen Ethik selbst eine ethische Position einzunehmen beansprucht, wenn auch eine gegenteilige, die den Wert des triebhaften Lebens und des selbstsüchtigen Willens zur Macht vertritt. Mit dieser hebt er alle Werte auf, die bislang für anzustrebende galten; er selbst vertritt eine entgegengesetzte ethische Position, von der man sich fragen muss, ob sie als Ethik bezeichnet werden kann. Zumal die vielen verschiedenartigen Willen zur Macht in ihren Kämpfen gegeneinander relativ sind und nicht auf Einheit und Identität zielen, tritt der Wert der Relativität jetzt in den Vordergrund gegenüber dem traditionellen Einheits- und Identitätsgedanken.

3. In der *Fröhlichen Wissenschaft* schildert Nietzsche den tollen Menschen, der am hellen Tag mit einer Laterne auf dem Markt unaufhörlich nach Gott sucht. Die Umstehenden fragen ihn unter großem Gelächter, ob er denn verloren gegangen sei oder sich versteckt halte oder ausgewandert sei, woraufhin der tolle Mensch unter sie springt, sie mit seinen Blicken scharf durchbohrt und ihnen entgegenruft:

> „*Wir haben ihn getödtet,* – ihr und ich! Wir alle sind seine Mörder! Aber wie haben wir diess gemacht? Wie vermochten wir das Meer auszutrinken? Wer gab uns den Schwamm, um den ganzen Horizont wegzuwischen? Was thaten wir, als wird diese Erde von ihrer Sonne losketteten? Wohin bewegt sie sich nun? Wohin bewegen wir uns? Fort von allen Sonnen? Stürzen wir

> nicht fortwährend? Und rückwärts, seitwärts, vorwärts nach allen Seiten? Giebt es noch ein Oben und Unten? Irren wir nicht wie durch ein unendliches Nichts? Haucht uns nicht der leere Raum an? Ist es nicht kälter geworden? Kommt nicht immerfort die Nacht und mehr Nacht? Müssen nicht Laternen am Vormittage angezündet werden? Hören wir noch Nichts von dem Lärm der Todtengräber, welche Gott begraben? Riechen wir noch Nichts von der göttlichen Verwesung? – auch Götter verwesen! Gott ist todt! Gott bleibt todt! Und wir haben ihn getödtet! Wie trösten wir uns, die Mörder aller Mörder? Das Heiligste und Mächtigste, was die Welt bisher besass, es ist unter unseren Messern verblutet, – wer wischt diess Blut von uns ab?"[140]

Diese unerhörte Geschichte berichtet von der Absetzung des christlichen Gottes, der zwei Jahrtausende die lebendige, prägende Kraft der westlichen Kultur und die Grundlage ihrer Moral war. In den Schriften aus Nietzsches Spätzeit wie der *Antichrist* (1888) oder *Fluch auf das Christentum*, die schon in die Zeit seiner psychischen Erkrankung fallen, dafür aber umso prägnanter sein Antichristentum offenbaren, verdichten sich die Abneigung und der Hass auf die christliche Religion noch mehr.

Im Blickpunkt der Kritik steht die sogenannte Sklavenmoral, die Hinwendung zu den Schwachen, Kranken, Alten, Unterdrückten, Ausgenutzten, kurzum, den Benachteiligten und am Rande der Gesellschaft Lebenden, was ehemals die Sklaven waren, an deren Stelle heute eine andere soziale Gruppe, etwa die Beschäftigten des Billiglohnsektors, getreten ist. Von seiner Position der Gesundheit, Kraft und Stärke aus erscheint Nietzsche diese Hinwendung als Dekadenz und Zeichen von Schwäche, die er ablehnt. Seine Ablehnung findet ihren Höhepunkt in der Konzeption des Übermenschen, der sich als der neue hybrische Mensch an die Stelle des traditionellen Gottes setzt. Wenn es im *Zarathustra* heißt: „*Ich lehre euch den Übermenschen* […] Der Übermensch ist der Sinn der Erde"[141], so akzentuiert Nietzsche damit sein neues Ideal des Irdischen, Leiblichen, Biologisch-Vitalen, der Naturkräfte. Dieses Ideal setzt er zum Ziel der Höherentwicklung des Menschen. Nietzsche begnügt sich allerdings nicht mit der ideellen Sinngebung, sondern empfiehlt praktisch die biologische Entwicklung des Übermenschen, wenn er in seiner Spätschrift *Ecce homo* den Abschnitt „Warum ich ein Schicksal bin" mit den Worten beschließt: „Dionysos gegen den Gekreuzigten". Dies mag zwar Ausdruck seines Größenwahns und seiner geis-

140 Friedrich Nietzsche: *Die fröhliche Wissenschaft*, 3. Buch, Nr. 125, in: KGW, Bd. V,2, S. 158 f.

141 Friedrich Nietzsche: *Also sprach Zarathustra*, Vorrede, Nr. 3, in: KGA, Bd. VI,1, S. 8.

tigen Umnachtung sein, doch ist es ebenso Offenbarung seiner ureigensten Philosophie, die an die Stelle des traditionellen christlichen Gottes die Symbolfigur des Dionysos als Inkarnation des Irdischen, Chaotischen, Abgründigen setzt. Die höchste Steigerung seiner Egomanie zur neuen Gottheit dokumentiert zugleich seinen existenziellen Untergang.

4. Die Paradoxie zeigt sich nicht nur in existenzieller Hinsicht, sondern auch in interpretatorischer, die die vorangehenden Kritiken mit einschließt. Auf existenzieller Ebene kämpfen die Willen zur Macht um die Vorherrschaft und Übermächtigung des jeweils anderen Willens. Bei diesen Willen handelt es sich, genau zu reden, nicht im traditionellen Sinne um Einheiten, d.h. um Individuen, sondern um mehr oder weniger diffuse Komplexe, die sich nicht im strikten Sinne identifizieren lassen, weder singularisieren noch pluralisieren, kurzum, nicht als Individuen beschreiben lassen. Es sind schwer beschreibbare, anonyme Gebilde, Kräftezentren oder Pakete, die einmal siegen und ihre Macht vergrößern, dann wieder verlieren und ihre Macht minimieren, ständig im Kampf ums eigene Überleben und um die Übermächtigung der anderen Willen,wobei kein stabiles Gleichgewicht herrscht, sondern ein labiles Hin- und Herschwanken. So kann Nietzsche die Welt auch als Chaos bezeichnen.[142] Die miteinander ringenden Machtkomplexe sind in dauernder Bewegung, in Aggregation und Disaggregation.

Die Schwierigkeit der Deskription dieser Ebene weist darauf, dass Begriffe als exakte, präzise Determinanten allenfalls als Hilfsmittel und Notbehelf dienen können. Sie sind Zusammenfassungen des Mannigfaltigen der Kräfte zur Einheit, quasi Zurechtmachungen und Fest-stellungen und als solche Bezeichnungen, aber sie sind nicht das Bezeichnete selbst. Nietzsches Sprachtheorie insistiert darauf, dass es nicht eine Eins-zu-eins-Relation zwischen Dingen – hier Machtzentren – und eindeutigen Begriffen gibt, sondern nur Auslegungen, Zurechtstutzungen des Vorgegebenen durch Begriffe. Die These lässt sich auf den Nenner bringen: Alles ist der Interpretation, und es sind die obsiegenden Machtwillen, die im Kampf um die existenzielle Vorherrschaft auch die geistige Interpretation bestimmen. Die Wahrheit dieser Aussage lässt sich bestätigen bei politischen Machtwechseln. Der obsiegenden Partei ist stets daran gelegen, die Geschichte in ihrem Sinne neu zu schreiben und umzudeuten, da sie die Deutungshoheit für sich in Anspruch nimmt. „Es giebt kein Ereignis an sich. Was geschieht, ist eine *Gruppe* von Erscheinungen, *ausgelesen* und zusammengefasst von einem interpretiren-

142 Vgl. Friedrich Nietzsche: *Nachgelassene Fragmente*, November 1887 - März 1888, 11 [74], in: KGW VIII,2, S. 279.

den Wesen."[143] Alle Wahrnehmungen, alle Erkenntnisse, alles Wissen ist insofern perspektivische Interpretation und nicht Wahrheit. Ebenso finden wir in Bezug auf die moralischen Werte der Ethik die Aussage: „*Es giebt gar keine moralischen Handlungen:* sie sind vollkommen eingebildet."[144] Die Quintessenz dieser Konzeption ist, dass es weder Tatsachen noch moralische Werte noch Gottesvorstellungen an sich gibt, vielmehr alles Interpretation ist. Und so sagt Nietzsche: „Thatsachen giebt es nicht, nur *Interpretationen.*"[145]

Ist alles Interpretation, d.h. aus einer bestimmten, dominanten Perspektive gesehen, deren es unendlich viele gibt je nach dem herrschenden Willen, so verfängt sich Nietzsche in einem Zirkelschluss, da auch seine eigene Philosophie vom Willen zur Macht sowohl in metaphysischer wie moralischer wie religiöser Hinsicht Interpretation ist, abhängig von seinem eigenen Standpunkt. Man kann ihr zustimmen oder auch nicht. Sie ist kein Faktum, sondern bloße Interpretation, was einer Selbstaufhebung gleichkommt. Dies betrifft auch den Individualismus; denn zum einen ist er nur ein Name, eine Bezeichnung für ein gerade nicht existenziell Individuelles, sondern Schwammiges, Schwebendes, Unfestes, und zum anderen ist er nur Interpretation, nur Nietzsches spezifische Auslegung einer bestimmten Machtposition.

In Nietzsches Philosophie wird im Konzept des Übermenschen als „Sinn der Erde" die ganze interne Antinomie dieser Konzeption sichtbar: die Zuspitzung auf den höchsten Grad der Individualität bei gleichzeitiger Geltung der ausgebreitetsten extensionalen Sphäre des biologisch Vitalen, der trieblichen Bestrebungen, des Willens zur Macht. Da Nietzsche als Wegbereiter der Moderne gilt, an dem keine moderne Philosophie vorbeikommt, wird diese Paradoxie im Fokus der folgenden sachlichen Analysen stehen müssen. Zum tieferen Verständnis der Moderne gilt es, die Anwendung dieses Konzepts auf diverse Realbereiche in Betracht zu ziehen: Das sind die Ebene der Politik und der mit ihr verschwisterten Ökonomie, wo das Paradox als Freiheits- und Liberalismusparadox in diversen Steigerungsformen auftritt, die Ebene der Naturwissenschaft, auf der es als totale geistige und praktische Beherrschung der Natur und Anspruch auf Wahrheit begegnet, die Ebene der Kunst, auf der es als Auflösung aller Formgebung in der experimentellen

143 Friedrich Nietzsche: *Nachgelassene Werke*, in: *Gesamtausgabe*, 2. Abtheilung, Bd. XIII, Leipzig 1903, S. 64, Nr. 158.

144 Friedrich Nietzsche: *Nachgelassene Fragmente*, Herbst 1887, Nr. 10, [57], in: KGW, Bd. VIII,2, S. 151.

145 Friedrich Nietzsche: *Der Wille zur Macht*. Umwerthung aller Werthe, 3. und 4. Buch, in: *Gesamtausgabe*, Bd. XVI, Leipzig 1911, S. 11. Ähnlich heißt es im 5. Buch der *Fröhlichen Wissenschaft*, Nr. 374, dass wir die Möglichkeit nicht abweisen können, dass die Welt „*unendliche Interpretationen in sich schliesst*" (KGA, Bd. V,2, S. 309).

Kunst auftritt, und die Ebene der Kultur, auf der es als Paradox von nationaler Geschlossenheit und multikultureller Offenheit begegnet.

Zuvor gilt es jedoch, die äußerste Form des Individualismus, den Egoismus und Narzissmus, in der Moderne zu betrachten.

9. Die Emanzipation des Individualismus zum Egoismus in der Moderne und der Unterschied zum Solipsismus

Versucht man die Kriterien der modernen westlichen individualistischen Gesellschaften anzugeben, so wird man darunter Egoismus finden, und zwar nicht an letzter, sondern an erster Stelle. War Egoismus historisch verpönt und ist es heute noch moralisch, so ist er doch in der Gegenwart hoffähig geworden und als Wert in einer materialistisch-kapitalistischen, nicht idealistisch ausgerichteten Gesellschaft weitgehend akzeptiert. Egoismus ist ‚in', Verzicht und Zurückhaltung sind ‚out'. Jeder will sein Ich bzw. die Vorstellungen, die er von sich hat, auf bestmögliche Weise verwirklichen, wobei er sich das Ziel nicht von außen durch fremde Vorgaben und Normen, sei es der Religion, der Moral oder des *common sense*, vorgeben lassen will, sondern selbst bestimmen will ohne Rücksicht auf Andere und ohne Absprache mit ihnen; ja, die Anderen spielen in seinem Denken und Handeln so wenig eine Rolle, dass er den Anteil der Anderen am Ganzen auch noch für sich beansprucht. So erweist sich der Egoismus als Oppositum zur Solidarität und Kollektivität, welche die Hinwendung und Zuwendung zu den Anderen bedeuten und neben dem Selbstbezug ein Konstituens von Gesellschaften sind oder sein sollten. Egoismus ist reine Selbstliebe (Eigenliebe) und Selbstsucht, die bis zum Narzissmus geht. Nach der griechischen Mythologie war Narziss ein schöner Jüngling, der so sehr in sein Selbstbildnis im Wasser verliebt war, dass er, angezogen davon, ertrank. Man kann diesen Mythos zwar rein phänomenologisch deuten als Hinweis auf ein epistemisch-ästhetisches Selbstversunkensein und Aufgehen in sich, aber auch als eine moralische Warnung, dass Egoismus sich selbst aufhebt.

Bei der näheren Betrachtung des Egoismus stechen zwei Merkmale hervor, zum einen der reine Selbstbezug, zum anderen die Negation der Beziehung zu Anderen, sachlich wie personell Anderen. Was den ersten Aspekt betrifft, so setzt der Egoist die Möglichkeiten seiner Selbstrealisation umso höher, je größer die Voraussetzungen und Chancen zur Realisation sind. In der Tendenz gehen sie auf die Totalität, so dass sich das egoistische Streben als Streben nach Gottgleichheit erweist. Der Egoist will in jeder Hinsicht autonom sein, nicht nur ohne Rücksicht auf die Anderen leben und agieren, sondern auch unabhängig von ihnen wie unabhängig von jedem Anderen, selbst von Schicksalsschlägen nach dem Motto: „Jeder ist seines Glückes Schmied", d.h. jeder ist verantwortlich für sein Leben und dessen Meisterung[146], oder nach dem sophistischen Spruch: „Der Mensch ist das Maß aller Dinge", demzufolge er volle Souveränität für sich beansprucht. Die Kehrseite der Medaille ist der Entfall jeder Angewiesenheit auf Andere und Anderes durch die Vereinnahmung dieser. So erweist sich der Egoismus im letzten als Streben nach Vergöttlichung.

Der persönliche Egoismus moderner Gesellschaften lässt sich nicht verstehen, ohne auf einige Momente hinzuweisen:

1. Das Entstehen des Egoismus als Gesellschaftsphänomen ist der Wende vom Rationalismus der Vernunftlehre zum Irrationalismus der Trieblehre geschuldet, die den Übergang von der Neuzeit zur Moderne markiert. Statt sich an den Vermögen Vernunft und Verstand zu orientieren, erfolgt die Orientierung jetzt an der triebhaften Veranlagung des Menschen, insbesondere an den Begierden und der Emotionalität und deren genetischer Basis[147], die jetzt zum präferierten Forschungsfeld der Wissenschaften wie der Tiefenpsychologie und Parapsychologie werden.

Der Egoismus wird als ein Trieb gesehen, der in der menschlichen Natur verankert ist, nicht anders als bei Tieren und Pflanzen, die ebenfalls ein natürliches Streben nach Sonne, Licht und Wasser erkennen lassen. Der Grundtrieb ist der Lebenstrieb, der allem Lebendigen zukommt und, sofern man die Differenz von Anorganischem und Organischem aufhebt, allem Seienden innewohnt. Damit ist philosophisch eine Wende vom Sein zum Werden eingeleitet und ein metaphysischer Voluntarismus proklamiert. Definiert man Trieb als irrationales, dumpfes Streben, so lassen sich verschiedene Grade unterscheiden: Es gibt Triebe wie Hunger und Durst, die eine Sättigung, d.h. Befriedigung haben, jedoch nach einiger Zeit aufgrund einer veränderten organischen Konstellation wiedererstehen, nach erneuter Befriedigung verlangen usf., und es gibt Triebe, die jede Begrenzung und Beschränkung verloren haben, die nimmersatt zur unendlichen Gier ausgeartet sind, wie im Phänomen der Geldgier oder beim Sport, wo bei Wettrennen – Wettschwimmen, Skirennen, Autorennen – nicht nur Sekunden, sondern Tausendstel von Sekunden entscheiden, oder im Marketing, wo Bluejeans nur dann neu aussehen, wenn sie bereits in der Fabrik verschlissen und mit

146 Diese Meinung herrscht vor allem in Amerika vor und erklärt, dass ein Großteil der dort lebenden Bevölkerung eine staatliche Krankenversicherung ablehnt.

147 Vgl. das Buch von Richard Dawkins: *Das egoistische Gen*, a.a.O., das den Menschen zum Sklaven seiner genetischen Veranlagung macht.

Löchern und Fransen versehen sind. Das Motto unserer Tage ist das „immer mehr, immer weiter, immer schneller, immer höher“.

Da Begierden eine Steigerung erfahren können, werden die Grade zunehmend höher gesetzt, so dass das Streben entweder ein unendliches ist oder wegen der physiologischen Begrenztheit in einen „rasenden Stillstand“[148] bzw. eine in sich „stehende Bewegung“[149] mündet.

2. Der Lebenstrieb, dem das Streben nach Selbsterhalt einschließlich des Erhalts seiner eigenen Nachkommen eigentümlich ist, zielt auf Bewahrung *und* Steigerung. Nicht zufällig hat Heidegger in seiner Nietzsche-Rezension auf die seither vielbeachtete Formel von *„Erhaltungs-Steigerungs-Bedingungen“* hingewiesen.[150] Der Lebenstrieb strebt nach momentaner Selbsterfüllung *und* Mehr. Ebenso wie er in die Höhe strebt, strebt er in die Tiefe und in die Breite, im Pflanzenbereich ersichtlich am Streben der Pflanzen in die Höhe nach Licht und Luft, in die Tiefe nach Wasser und in die Breite nach Ausdehnung. Da dies von allem Lebendigen gilt, ist der Konkurrenzkampf um Ressourcen und Vorherrschaft vorprogrammiert und schließt naturgemäß Konflikte ein.

3. Der egoistische Trieb beim Menschen hat sein Oppositum in der Solidarität als einem Gemeinschaftsgefühl. Dieses tritt auf in der Nächstenliebe, Zuwendung zum Anderen, der Hilfsbereitschaft, dem Mitfühlen und Mitleiden mit anderem Geschöpflichen,, das ebenso wie der Trieb Grade aufweist und bis zur Selbstaufopferung für den Anderen gehen kann. Altruismus ist ein natürlicher Trieb des Menschen wie Egoismus und kommt in der gesamten organischen wie anorganischen Natur vor, was sich in Symbiosen und Synthesen in den verschiedensten Graden zeigt, in engen Lebensgemeinschaften wie in lockeren Verbänden. So verbinden sich Moleküle zu Großmolekülen, diese zu Zellen, diese zu Organellen, diese zu Organen und weiter zu selbständigen Organismen oder lockeren Verbänden: Gemeinschaften und Gesellschaften. Wie der Egoismus diverse Grade hat, so auch der Altruismus bzw. die Solidarität, was sich in verschiedenen Kulturen und Epochen zeigt. Während im Westen derjenige hochgeschätzt wird, der viel Vermögen und Besitz sein eigen nennt, kurzum, der rafft, gilt in östlichen Kulturen der als *big man,* der viel für seine Gemeinschaft tut, der für sie sorgt und mit ihr teilt.

148 Paul Virilio: *L'inertie polaire*. Essai, Paris 1990, deutsch *Rasender Stillstand*. Essay, aus dem Französischen übersetzt von Bernd Wilczek, München 1992.

149 Karen Gloy: *Demokratie in der Krise?* Überlegungen angesichts der Corona-Krise, Würzburg 2020, S. 53.

150 Vgl. Martin Heidegger: *Nietzsches Wort „Gott ist tot“*, in: *Holzwege,* a.a.O., S. 210.

4. Die Schätzung des Egoismus im Westen, die diesen zu seiner Lebensmaxime gemacht hat, könnte nicht verstanden werden ohne seine Erfolge. Der Konkurrenzkampf, der darauf abzielt, in jeder Hinsicht – physischer, psychischer, geistiger – besser zu sein als der Andere oder ein selbstgesetztes Optimum zu erreichen und bei Erreichung desselben sich ein noch höheres zu stecken, hat ungeheure Triebkräfte freigesetzt, sowohl kreative wie den Forscher- und Entdeckerdrang, die Expansionsbestrebungen, neue Welten zu entdecken, seien sie makroskopischer oder mikroskopischer Art; er hat Energien freigesetzt, die zur Selbstermutigung und -ertüchtigung und so zu großen Leistungen führen und in Anerkennungs- und Ehrsucht münden. Die Geschichte hat gezeigt, dass der Konkurrenzkampf ein ungeheures Movens der Erweiterung und Steigerung ist, was sich nicht nur ökonomisch in der Allokation von Mitteln und Gütern dokumentiert, sondern auch im Erfindungsreichtum neuer Geräte, Techniken und Technologien, in der Modernisierung, im kulturellen Fortschritt: So wurde die frühere manuelle medizinische Operationstechnik durch die heutige weitaus präzisere Computersteuerung ersetzt oder die Nachrichten- und Kommunikationsverbreitung auf der Basis von Printmedien durch die schnellere digitale Technik. Der durch den Egoismus freigesetzte Ehrgeiz betrifft nicht nur materielle Güter und deren Konsum, sondern auch geistige.

Dies hat zwar einerseits den Vorteil, prinzipiell alles zur Verfügung Stehende konsumieren zu können, andererseits aber den Nachteil, aufgrund der biologischen Begrenzung des Menschen vieles nur oberflächlich verarbeiten und genießen zu können ohne tieferes Eindringen. Das Resultat ist eine oberflächliche Konsum- und Genussgesellschaft, die tieferes inneres Glück mit oberflächlichem Konsum, Small Talk, Kurzzeitbekanntschaften im Sinne *everybody is my friend*[151], lautstarker, dröhnender Musik und Drogen verwechselt oder übertüncht. An die Stelle der Qualität ist Masse getreten, an die Stelle der Tiefe Oberflächlichkeit. Die Frage, ob die äußere Wohlstandssteigerung auch zu einer größeren inneren Befriedigung und Glückserfahrung geführt habe, bleibt offen oder evoziert eine negative Antwort. Die Erfahrung der Wohlstandsgesellschaft nach dem Zweiten Weltkrieg im Westen lehrt, dass eine Überfluss- und Wegwerfgesellschaft wie die unsere zumeist mit Unzufriedenheit einhergeht, indem jeder klagt und jammert, und das auf hohem Niveau. Das überrascht nur auf den ersten Blick, nicht, wenn man bedenkt, dass die Diskrepanz zwischen Wunsch und Erfüllung Leiden erzeugt, nicht im Besitze des Gewünschten zu sein, und zwar ein Leiden, das anhält, solange das Begehren nicht befriedigt ist und bei Befriedigung

151 Wie im amerikanischen *friendship* / Freundschaft auf jede flüchtige Begegnung angewendet wird.

durch Setzung neuer Ziele auch niemals befriedigt werden kann. Daher lassen sich nur zwei Auswege aus diesem Dilemma denken, entweder Verzicht oder totale Wunscherfüllung. Führt Selbstverzicht zu den klassischen Werten der Selbstbescheidung, Demut, Rücksichtnahme auf Andere, Achtung und Respekt vor Anderen zurück, so das Sehnen nach totaler Wunscherfüllung zum Scheitern wie in dem Märchen vom Fischer und seiner Frau oder in ein posthumanes Zeitalter, das die Erfüllung der Wünsche nur noch durch den Einsatz vermehrter Technik und Technologie in Kombination mit dem Menschen, etwa durch Zusammenwachsen von Mensch und Maschine zum Maschine-Menschen, zum Androiden, Cyberspacewesen, menschlichen Roboter usw., leisten kann.

5. Am offensichtlichsten zeigt sich der Egoismus im materiellen Bereich in der Wirtschaft und Finanzwelt. Das Modell des liberalen Wirtschaftsverständnisses, das auf den schottischen Philosophen und Ökonomen Adam Smith zurückgeht, heute jedoch zum Turbo- oder Raubtierkapitalismus entartet ist, basierte auf dem Gedanken des Konkurrenzkampfes zwischen zwei oder mehreren Parteien. Zielte er ursprünglich nicht auf deren Vernichtung ab, sondern lediglich auf Eindämmung von deren möglichen Vorteilen, um die eigenen Anteile zu sichern, so ist er heute zu einem Vernichtungskampf geworden, sofern er nicht durch staatliche Maßnahmen eingedämmt wird. Der einmal auf den Vorteil aller bedachte Prozess ist zu einem Heuschreckenkapitalismus verkommen, der nur Verderben hinterlässt.

Gegen das ursprüngliche Smithsche Modell der Selbstregulierung des Marktes ist eingewandt worden, dass es sich um eine reine Ideologie handle, da Störfaktoren, wie sie im realen Leben permanent auftreten, Imponderabilien wie die gegenwärtige Corona-Krise, massive Erschütterungen hervorrufen, die den Mechanismus des freien Marktes ins Wanken geraten lassen und daher nach gewissen staatlichen Stabilisatoren und begleitenden Maßnahmen verlangen. So oft diese gelingen, so oft werden sie durch den immer härteren Konkurrenzkampf außer Kraft gesetzt. Das Modell, das besonders in Amerika, dem *self-made-man*-Land, Anklang fand, hat dem Land zwar viel Reichtum und Wohlstand beschert, aber auch ungeheure Armut und Elend eines Großteils der Bevölkerung durch mangelnde soziale Versorgung wie allgemeine Krankenversicherungspflicht, Altersvorsorge usw. Tatsächlich hat es die Schere zwischen Arm und Reich erweitert.

Wenn in der Vergangenheit und heute in Ethik und Theologie der egoistische Trieb verdammt und zu unterdrücken versucht wird, so hängt das mit einem anderen Weltbild als dem modernen zusammen. Ging man in der Vergangenheit davon aus, dass Friede und Stabilität, der Erhalt einer Gesellschaft oder Kultur am ehesten durch das Niederhalten der triebhaften

Begierden, durch Beherrschung und Selbstdisziplin, durch Bedürfnislosigkeit erreicht werden könne, so herrscht heute die gegenteilige Ansicht, dasselbe Ziel über radikalen Fortschritt, Progression, ständige Innovation und Modernisierung, durch Rapidität und gegenseitige Übertrumpfung zu erreichen. Reichen die natürlichen Fortschrittsfaktoren nicht aus, so müssen künstliche nachhelfen, wobei zunehmend Täuschung, Unwahrheit, Betrug (siehe *Big Brother*, *Wirecard*) eine immer größere Rolle spielen, was durch die moderne Technologie wie das Internet und die virtuelle Kommunikation noch gesteigert wird. Die Zunahme an Fake News hat dazu geführt, unser Zeitalter als postfaktisches zu deklarieren.

Über diesen Tatbestand können auch die Corona-Krise und die in ihrem Rahmen gezeigten öffentlichen Solidaritätsbekundungen nicht hinwegtäuschen. Zum einen hat eine ganze Branche wie der online-Handel hohe Profite gemacht durch die Versendung von Ware anstelle des früheren persönlichen Einkaufs, zum anderen stehen gegenwärtig benachteiligte Branchen wie die Touristik ungeduldig in den Startlöchern, indem sie auf den Nachholbedarf der Bevölkerung nach der Krise setzen. Berechnet hat man schon, wann die Geschäfte wieder florieren oder boomen und die Schulden beglichen sein werden. Die Mentalität hat sich nicht verändert.

Vom Egoismus ist der Solipsismus zu unterscheiden, der ebenfalls in verschiedenen Formen auftritt, als *methodischer* Solipsismus, so bei Descartes, der das Ich als letzten sicheren, nicht mehr bezweifelbaren Referenzpunkt nach Bezweiflung aller Sinnendinge, aller mathematischen und metaphysischen Wahrheiten auffasst, als *existentieller* Solipsismus, der die Existenz oder Realität des Ich als das Gewisseste, Vertrauteste, nicht mehr Bezweifelbare betrachtet (so auch bei Descartes), als *erkenntnistheoretischer* bzw. *idealistischer* Solipsismus, der alle Erkenntnis, auch die der Außenwelt, in die Immanenz des Ich verlegt und sie nur noch als Vorstellung von der Welt gelten lässt, als *kontemplativer* Solipsismus, der nach Art des ästhetischen Versunken- und Vertieftsein in die Kunstgegenstände die mythische Einheit von Erkenntnis und Gegenstand unterstellt,[152] als *ethischer* Solipsismus, der das eigene Handeln dem Handeln aller anderen voranstellt und so zu einem Egoismus gelangt usw. Obwohl auch er eine Form des Selbstbezugs des Ich ist, unterscheidet er sich vom Egoismus dadurch, dass er ein Erfülltsein bedeutet, welches, das Andere einschließend, in sich ruht, während dieser

152 Der Terminus kontemplativer Solipsismus wird von Gottfried Gabriel: *Zwischen Logik und Literatur.* Erkenntnisformen von Dichtung, Philosophie und Wissenschaft, Stuttgart 1991, S.98, verwendet; ders.: *Grundprobleme der Erkenntnistheorie.* Von Descartes zu Wittgenstein, 3., durchgesehene Aufl. Paderborn 1993, S. 164 ff.

ein ewiges unbefriedigtes Streben nach Anderem ist.[153] Da die Welt im Solipsismus inkludiert gedacht wird, nicht außerhalb seiner, besteht kein Bezug mehr zum Außen. Es mag diesen Bezug für Außenstehende geben, aber beide Welten tangieren sich nicht. Der Solipsist lebt in seiner Welt; weder erreicht er die Anderen draußen noch die Andren ihn, da er in seiner Welt eingeschlossen ist.

Im Kontext der hier zu erörternden Individualitätsproblematik geht es um zwei Varianten des Solipsismus, im einen Falle um das Einzel-Ich, das Ich in seiner jeweiligen Individuation, der Jemeinigkeit, im anderen Falle um das allumfassende, absolute Ich, das alle Einzel-Iche integriert und, da es nichts außer sich hat, zu dem es noch einen Bezug herstellen könnte, zu sich selber Ich sagt: das göttliche Ich. Während die letztere Konzeption von der Inklusion aller Einzel-Iche lebt, geht die erstere von der Exklusion aller anderen Einzel-Iche aus, die außer mir angenommen werden könnten, und nimmt sie als bloße Vorstellungen, möglicherweise auch als Einbildungen in sich auf. Die Solipsismusproblematik, die unter dem Aspekt des Individualismus erfolgt und mit den Kategorien der Einheit, Vielheit und Allheit, der Identität und Differenz, der Selbst- und Fremdbeziehung operiert, ist von Beginn an so konzipiert, dass sie auf der Basis eines Verhältnisses von göttlichem und individuellem Ich erfolgt; zumindest diese Basis im Hintergrund mit bedenken muss, gleich, ob sie beim Einzel-Ich oder beim allumfassenden Ich ansetzt.

Der metaphysische Solipsismus, wie er historisch bei George Berkeley (1685-1753), dem irischen Philosophen und Theologen und späteren Bischof von Cloyne und wohl exponiertesten Vertreter des Solipsismus, begegnet, vertritt die These: Ich allein (*solus ipse*) existiere, und diese Existenz, deren ich mir absolut gewiss bin, ist eine mentale, d.h. durch Vorstellungen bestimmte. Verbunden ist damit die Negation der Existenz der Außenwelt mitsamt allen Objekten und Personen (anderen Ichen), die wir gewöhnlich in der Erfahrung zu erkennen meinen. Berkeley hat diese These in seinen Werken von früh an vertreten.[154] Während der *common sense*, das allgemeine, normale Bewusstsein eine solche These für absurd, sogar für verrückt hält angesichts des täglichen Umgangs mit anderen Personen und Dingen der Außenwelt, sieht Berkeley keine Schwierigkeit in der Vermittlung dieser Anschauung mit seiner Interpretation. Berkeley konzediert, dass beispielsweise ein Baum, ein wirklicher, realer Baum, außerhalb und unabhängig von

153 Solipsismus ist die höchste Ausgestaltung von Selbstbeziehung, die in der Selbstheit ihre Vollendung findet.

154 George Berkeley: *Philosophical Commentaries* (1707/08); *A Treatise concerning the Principles of Human Knowledge* (1710) (Berkeleys Hauptwerk); *Three Dialogues between Hylas and Philonous* (1713).

meinem Geist oder Bewusstsein existieren könnte, und vertritt gleichwohl die These, dass er wahrhaft erkannt und aufgefasst nur im Bewusstsein ist. Eine Lösung dieses anscheinenden Widerspruchs ergibt sich aufgrund einer Beobachtung von S. A. Grave in *The Mind and its Ideas*[155], nach der Berkeley unterschiedliche Sprechweisen benutzt und auf unterschiedlichen Levels argumentiert, indem er bald auf der Alltagsebene des natürlichen Bewusstseins, bald auf der theoretischen Ebene des philosophischen Bewusstseins, d.h. seines Weltbildes, argumentiert, bald die Sachen dem Geist konfrontiert, bald sie mit diesem identifiziert. In bestimmten Argumentationsstrategien kann es vorkommen, ähnlich wie schon bei Kant, der von der natürlichen Affektion des Ich durch das Ding an sich ausging, also von Kausalverhältnissen zwischen dem Ding und dem Ich, obgleich er diese These im Verlaufe seiner Argumentation und von seiner kritizistischen Position aus verwarf, dass so auch Bacon von der Alltagsvorstellung ausging, diese jedoch im Rahmen seiner Interpretation des Antirealismus bzw. Antimaterialismus verwerfen musste zugunsten einer immateriell ideellen Konzeption.

Descartes' Dualismus von *res cogitans* und *res extensa* und sein methodologischer Solipsismus bilden den Ausgang von Berkeleys metaphysischem Solipsismus. Während Descartes' Zweifel an der Realität der Außenwelt noch ein gemäßigter war, insofern er diese nicht definitiv in Abrede stellte[156], sondern nur in Zweifel zog, tatsächlich jedoch versuchte, über einen Gottesbeweis und im Rahmen der analytischen Geometrie die Beziehung zur Realität herzustellen, sich aber bewusst blieb, dass die Außenwelt eine Täuschung sein könnte, radikalisiert Berkeley den Zweifel und geht zur Bestreitung der Existenz der Außenwelt über. Grundlage seiner Argumentation bildet die empiristische Erkenntnistheorie, wie sie im englischen Empirismus von Francis Bacon, John Locke, David Hume und anderen vertreten wurde, derzufolge nichts im Intellekt ist, was nicht zuvor in den Sinnen war (*nihil est in intellectu, quod non antea fuerit in sensu*). Sie steht im Gegensatz zu Leibniz' Rationalismus, der erklärte: *nihil est in intellectu, nisi intellectus ipse.* Hatten Descartes und Locke noch zwischen primären und sekundären Sinnesqualitäten unterschieden, von denen die ersteren, die Raum- und Zeitbestimmungen: Größe, Gestalt, Lage, Bewegung usw., noch den Dingen der Außenwelt, den Dingen an sich, zukamen, die letzteren hingegen, die visuellen, auditiven, olfaktorischen gustatorischen und taktilen Qualitäten, auf

155 S. A. Grave: *The Mind and its Ideas* in: Charles B. Martin und David B. Armstrong (Hrsg.): *Locke und Berkeley*, London, Melbourne 1968, S. 296-313 (zuerst in: *Australasian Journal of Philosophy*, Bd. 42 [1964]).

156 Descartes' *cogito ergo sum* rechtfertigte nur die Daseinsgewissheit, nicht die Soseinsgewissheit des Ich, d.h. nur, *dass* es ist, nicht *was* sein Wesen ist, und musste daher die Begründung der Außenwelt über einen Gottesbeweis oder über die analytische Geometrieauffassung ableiten.

das Konto des individuellen Subjekts gingen, so radikalisiert Berkeley diese Position dahingehend, dass auch die primären Qualitäten abhängig vom Ich-Subjekt sind.

Er bezieht sich dabei auf die empirischen Studien von William Molyneux in dessen Werk *Dioptrics* von 1692.[157] Molyneux hatte beobachtet, dass die Distanz zwischen gesehenem Objekt und sehendem Auge nicht direkt wahrgenommen werden kann, sondern sich unterschiedlich interpretieren lässt nach Sehschärfe, Augenstellung, Perspektive, Akkommodation, Verworrenheit oder Klarheit der Wahrnehmung usw.; sie ist ebenso subjektiv wie die übrigen sekundären Sinnesqualitäten. In der Tat bestätigt die Wahrnehmungspsychologie, dass zwar zwischen visueller und taktiler Raumerfassung gravierende Differenzen bestehen und deswegen ein blindgeborenes Kind, das später durch eine Operation sehend wird, die Korrelation zwischen beiden Raumerfassungsarten erst erlernen muss, dass aber genau deswegen beide empirisch und subjektiv sind. Wenn alle Qualitäten, sowohl sekundäre wie primäre, subjektiv und nicht objektiv sind, mithin auf das Konto des wahrnehmenden Subjekts gehen, dann folgt daraus Berkeleys Schluss: *esse est percipi* = „Sein ist Wahrgenommen-Sein bzw. Bewusstsein".

Im Unterschied zum *esse est percipi posse* = ‚das Sein ist Wahrgenommen-werden-Können', das die reale Existenz der Dinge belässt und nur ihre Wahrnehmbarkeit behauptet, geht Berkeleys Satz darüber hinaus, indem er die Trennung von Sein und Bewusstsein aufhebt und ersteres zum immanenten Gegenstand des Bewusstseins macht, wie es in den Sätzen zum Ausdruck kommt: „Die Existenz eines jeden ist nichts von der Imagination oder Perzeption Verschiedenes"[158] oder „Nach meiner Lehre sind alle Dinge *entia rationis,* d.h. solum habent esse in Intellectu."[159] Die realistische Alltagsposition, die noch in Sätzen wie den folgenden anklingt, ist überwunden.

> „Ich denke, eine intuitive Erkenntnis kann jeder erlangen, der sich damit beschäftigt, was der Terminus *existieren* meint in der Anwendung auf sinnliche Dinge. Der Tisch, an dem ich schreibe, so sage ich, existiert, das heißt, ich sehe und fühle ihn; und wäre ich außerhalb meiner Studierstube, so sollte ich sagen, er existierte in dem Sinne, dass, wäre ich in meiner Studierstube,

157 Vgl. Wolfgang Röd: *Die Philosophie der Neuzeit 2*: Von Newton bis Rousseau (*Geschichte der Philosophie*, hrsg. von Wolfgang Röd, Bd. 8), München 1994, S. 111-132 (Kap. IV: „George Berkeley"), bes. 115 ff.

158 George Berkeley: *The Works of George Berkeley , Bishop of Cloyne,* ed. by A. A. Luce and T. E. Jessop, 9 Vol., London etc. 1948-1957 (Nachdruck Nendeln 1979), Bd. I, S. 95 (Übersetzung von Verf.).

159 A.a.O., Bd. I, S. 59 (Übersetzung von Verf).

ich ihn wahrnehmen würde oder irgendein anderer Geist ihn aktuell wahrnehmen würde.“[160]

Mit dem Ernstmachen der These *esse est percipi* ist die von Berkeley angestrebte argumentative theoretische Ebene erreicht.

Doch auch bei Akzeptanz der strengen These bleiben zwei Probleme zu lösen:

Die Formel *esse est percipi* unterscheidet ein Wahrgenommenes bzw. Bewusstes und ein Wahrnehmendes, Perzipierendes, mithin ein Subjekt, dessen Existenz ebenso hinterfragt werden muss wie die des Wahrgenommenen. „Außer der gesamten endlosen Mannigfaltigkeit von Ideen oder Erkenntnisobjekten existiert auch etwas, das sie erkennt oder perzipiert und verschiedene Tätigkeiten wie Wollen, Imaginieren, Erinnern in bezug auf sie ausübt.“[161] Wie ist dessen Existenz zu denken? Da es sich um eine geistige Existenz handelt, besteht nur die Möglichkeit, dass sie entweder sich selbst unbewusst bleibt oder sich auf irgendeine Art bewusst wird. Letzteres kann in zweierlei Hinsicht geschehen, entweder durch Selbstwahrnehmung bzw. Selbstvergewisserung oder durch Perzeption (Bewusstsein) auf zweiter Stufe, die die Existenz des Bewusstseins erster Stufe wahrnimmt, jedoch dasselbe Problem der Vergewisserung der Existenz auf der neuen Stufe aufwirft und somit die Frage nach dessen Wahrnehmbarkeit durch ein drittes, viertes usw. Bewusstsein iteriert. In der Bewusstseinstheorie hat dies zu dem bekannten *regressus ad infinitum* geführt. Berkeley scheint dieses Problem erkannt zu haben, nur dass er es mittels einer anderen Terminologie formuliert, nämlich über die Frage, ob das Bewusstsein sich direkt oder indirekt erfährt (wahrnimmt), im letzteren Fall „über die Effekte, welche er [der Geist] hervorbringt“[162], d.h. über die Vorstellung der Vorstellung usw.[163].

Das zweite Problem betrifft das Verhältnis des Einzel-Ich zum absoluten göttlichen Ich. Geht man von einem einzelnen Ich, dem meinen, aus, so geschieht dies bereits unter der impliziten oder expliziten Voraussetzung der Abtrennung und Isolation von anderen Einzel-Ichen, also unter der Annahme, dass es eine Pluralität von Ichen (Geistern) gibt oder geben könnte. Da diese nach der idealistisch-solipsistischen Deutung Berkeleys alle in meinem

160 A.a.O., Bd. II, S. 42 (Übersetzung von Verf.).

161 A.a.O., Bd. II, S. 41 (Übersetzung von Verf.).

162 A.a.O., Bd. II, S. 52 (Übersetzung von Verf.).

163 Die widersprüchlichen Äußerungen Berkeleys zur direkten Selbsterfassung und zur vermittelten deuten jedoch darauf, dass er das Problem weder in völliger Klarheit gesehen noch gelöst hat.

Geist als vorgestellte Iche sind, lässt sich die These, die in der Annahme einer Pluralität selbständiger Iche besteht, die alle wie mein Ich konstruiert sind, nämlich als Vorstellungen, in denen die anderen Iche qua Vorstellung existieren, nur unter der Voraussetzung eines absoluten, alle Iche umfassenden Ichs, d.h. Gottes, denken. Jedes Ich ist damit ein Teil der Gottheit, Spiegelbild derselben, doch in jeweils anderer Position und Perspektive auf die Welt. Mein Ich und die anderen, angeblich von mir unterschiedenen, selbständigen Iche sind lediglich Modifikation des absoluten göttlichen Ich.

Die andere Variante, von der Berkeley nicht ausgegangen ist, wohl aber andere Philosophen wie Max Stirner in seinem Buch *Der Einzige und sein Eigentum* (1845), ist die, dass mein Ich, dem ich zuerst und ursprünglich begegne, das eine einzige unwiederbringliche und ausschließliche, das absolute Ich ist, was in Aussagen kulminiert wie „Ich bin nicht ein Ich neben anderen Ichen, sondern das alleinige Ich: ich bin einzig“[164] oder „Mir geht nichts über mich“[165]. Da diese Einzigkeit und Einzigartigkeit alle anderen möglichen Iche außer mir ausschließt, avanciert hier mein Ich zum absoluten göttlichen.

Man sieht, dass auch bei der Diskussion des Solipsismusproblems und gerade bei diesem die Frage der abendländischen Philosophie nach der Göttlichkeit des Menschen wieder auftritt und eine entscheidende Rolle spielt. Sie lässt nicht ab, den Menschen (sein Ich) über alles Äußere, ja, über die Außenwelt selbst hinauszuheben und diese zu einem integrativen Bestandteil seiner selbst zu machen, ihn also zum Herrscher der Welt zu erheben. Wir sind mit dieser Denkfigur in einem Denkkäfig befangen, der unsere Hybris ausmacht.

Es dürfte nicht zufällig sein, dass noch im 19. Jahrhundert der Begriff Solipsismus äquivalent war mit dem Begriff Selbstsucht[166] und nicht selten mit Egoismus in Verbindung gebracht wurde.[167]

In verschiedenen Formen durchzieht das Solipsismusproblem die abendländische Philosophiegeschichte und kehrt noch in der Postmoderne in Ludwig Wittgensteins Privatsprachenargument wieder, das mit der Diskrepanz zwischen unmittelbarer Selbstgewissheit des privaten, individuellen Ich und der allgemeinen, intersubjektiv kommunikablen Sprache kämpft und eine Lösung nur bei einem Zusammenfall beider in einem göttlichen Wesen hätte finden können, indem die Privatheit der Erfahrung und die Allgemeinheit bzw. Intersubjektivität der Sprachstruktur koinzidierten, nicht im privaten

164 Max Stirner: *Der Einzige und sein Eigentum*, Leipzig 1845, S. 483.

165 A.a.O.

166 Vgl. Gottfried Gabriel: *Solipsismus*, in: *Historisches Wörterbuch der Philosophie*, Bd. 9, S. 1018-1023.

167 Vgl. logischer Egoismus.

Einzel-Ich. Dies war eine Lösung, die Wittgensteins Religiosität allerdings verbot.[168] Auch in Konzepten, die die alteuropäische Metaphysik zu überwinden trachten wie die Wittgensteins, kehrt das Problem residual wieder; es scheint unausrottbar zu sein.

168 Wittgenstein hat die Möglichkeit einer Privatsprache mittels dreier Argumente zurückgewiesen: *erstens* der Öffentlichkeit der Sprache, *zweitens* der Unangemessenheit des kognitiven Wissens für eine Privatsprachenauffassung, da Wissen terminologisch festgelegt ist auf eine Erkenntnis mit argumentativer Begründung und Kriterien und *drittens* der Erlernung der Sprache, die immer schon Sprache voraussetzt. Unmittelbare private Empfindungen sind nur als Expressionen wie *au* und *o* ausdrückbar, nicht sprachlich formulierbar. Ein allgemeiner Ausdruck wie Schmerz kann die private, individuelle Schmerzempfindung nicht erreichen und ausdrücken.

II. Sachlicher Teil:

Die Paradoxien des Individualismus

1. Unterschiedliche Gesellschaftsentwicklungen in West und Ost

Es dürfte nach diesen Ausführungen keinem Zweifel unterliegen, dass unsere westliche Kultur seit eineinhalb Jahrtausenden eine nahezu gradlinige und einseitige Entwicklung in Richtung auf einen Individualismus durchgemacht hat, der die Werte der Freiheit, Unabhängigkeit, Selbstbestimmung, Souveränität und Gleichheit in den Vordergrund gerückt hat und in der Gegenwart seine höchste Ausgestaltung erfährt, wobei die anderen für Gesellschaften konstitutiven Werte wie Solidarität, Brüderlichkeit, Nächstenliebe auf der Strecke geblieben sind, allenfalls verbal und litaneihaft von der christlichen Religion und der Politik wiederholt und gepredigt werden. Auch verhält es sich nicht so, wie einige Autoren meinen[169], dass die Entwicklung zwischen diesen beiden Extremen hin- und herpendelte, einmal mehr das Freiheitsbedürfnis forcierte, dann die Solidarität, vielmehr verlief die Entwicklung, nachdem sie einmal begonnen hatte, einlinear. Sie erfolgte in Absetzung von andersgearteten Entwicklungen in der Welt wie im Osten und Fernen Osten und markiert wahrscheinlich für immer den Unterschied zwischen West und Ost.[170]

Wie tief der Unterschied ist, soll an der Schilderung des Verhaltens eines kleinen mikronesischen Volkes demonstriert werden, das ganz auf Solidarität aufbaut. Ethnologen und Soziologen[171] haben in den vierziger und siebziger Jahren des vorigen Jahrhunderts bei den Ifaluk, einem mikronesischen Stamm auf zwei Korallenatollen der Südsee, die die Sprache der Woleai sprechen, Untersuchungen angestellt, die auffallende Differenzen gegenüber der westlichen Kultur ans Licht brachten. Den Ifaluk wurde die Aufgabe gestellt, Umgebungsbegriffe zu dem, was wir Glück (*ker*) nennen, anzugeben. Statt wie bei uns positive Begriffe wie Freude, Hochstimmung, Genugtuung, Hochgefühl anzuführen, nannten sie negativ konnotierte wie *ma* = Scham und Verwirrung, *lugumet* = Unbehagen und Schuld, *sagengaw* = Eifersucht und Rivalität, *fago* Trauer und Mitleid, die sich einstellen, wenn je-

169 Vgl. Amitai Etzioni: *Die Verantwortungsgesellschaft.* Individualismus und Moral in der heutigen Gesellschaft, Frankfurt a. M, New York 1997.

170 Es sei denn, China wird sich in Richtung des westlichen Kapitalismus entwickeln.

171 Vgl. Edwin G. Burrows und Melford E. Spiro: *An Atoll Culture.* Ethnography of Ifaluk in the Central Carolines, Westport/CT 1957/70 (Reprint); Catherine Lutz: *Emotion Words and Emotional Development on Ifaluk Atoll*, Cambridge/MA, Harvard University 1980; dies: *Unnatural Emotions.* Everyday Sentiments on a Micronesian Atoll and Their Challenge to Western Theory, Chicago, University of Chicago Press 1988.

mand bei ihnen durch ein freudiges Ereignis oder Erlebnis ausgezeichnet ist, wie beispielsweise durch einen großen Fischfang oder die Zuneigung einer Freundin. Eine Erklärung für diesen Sachverhalt liefert die Tatsache, dass die Ifaluk zum Leben und Überleben auf einen starken Gemeinschaftssinn und eine Gruppensolidarität angewiesen sind. Wenn Taifune über die Insel brausen und Überschwemmungen mit sich bringen, sind sie auf Gedeih und Verderb aufeinander angewiesen, müssen sich auf den höchsten Punkt der Insel begeben und gegebenenfalls sogar miteinander vertauen, damit sie nicht hinweggefegt werden. Ihre starke Vernetzung und ihre soziale Abhängigkeit voneinander duldet kein Herausragen eines Einzelnen, da dieser bei der nächsten Gelegenheit auf die Gemeinschaft angewiesen wäre. Von klein auf haben sie gelernt, mit den Imponderabilien des Lebens gemeinschaftlich umzugehen. Wie sich im Westen eine Ich-Gesellschaft ausgeprägt hat mit der Insistenz auf dem Ich und der Suspendierung des Gemeinschaftssinnes, so dort eine Wir-Gesellschaft, die die Ausbildung des Ich und Selbst nicht kennt oder von Anfang an unterdrückt hat. Hier stehen sich zwei Extreme gegenüber.

Diese Schilderung mag manchen zu drastisch erscheinen und den Vorwurf auf sich ziehen, dass es sich hier um ein Naturvolk handle, das keinen Vergleich mit modernen Zivilisationen des Westens gestatte. Aber auch andere Völker und Kulturen des Ostens wie China, Kambodscha,Vietnam, Russland haben trotz Vielvölkerstaatlichkeit und Sprachengemisch durch Gemeinschaftsaufgaben wie den Bau der Großen Mauer, Flussregulierung und Wasserverteilung u.ä. ein ganz anderes Gemeinschaftsgefühl und einen anderen Nationalstolz ausgebildet als im Westen, wo Klein- und Kleinststaaten, Gruppen- und Privatinteressen dominieren und immer wieder durchschlagen wie beim Brexit oder dem Beinahe-Graecit oder – ganz symptomatisch – bei den verschiedenen, von Land zu Land und von Kanton zu Kanton divergierenden Vorsichtsmaßnahmen und Verordnungen zur Corona-Pandemie. Der Westen begegnet der andersartigen Mentalität des Ostens zumeist mit Befremden und Widerwillen.

Um die Diskussion nicht vorschnell abzublocken und die Frage unbeantwortet zu lassen, ob es nicht auch im Westen Substitute für den Gemeinschaftssinn gebe, müssen die Gründe für die Zurückdrängung bzw. Suspendierung der Solidarität eruiert werden, die solche Ansätze dauerhaft verhindern. Dies möge als Hintergrundfolie für die dann folgende Diskussion der unvermeidlichen internen Widersprüche und Paradoxien der westlichen Werte dienen.

1. In der westlichen Kultur gilt die These, die sich auch in dem Sprichwort manifestiert, dass jeder sich selbst der Nächste ist. Schon der antike römi-

sche Komödiendichter Publius Terentius Afer (um 195 bzw. 184 – 159 oder 158 v. Chr.) äußerte in der Komödie *Andria*: „*Proximus sum* egomet mihi." Hierfür gibt es eine Vielzahl von Beispielen. Bei Ausbruch der Corona-Krise im Frühjahr 2020 schloss jedes europäische Land instinktiv und intuitiv, da es noch keine hinreichende Kenntnis über das Verhalten des Virus gab, nach außen seine Grenzen gegen die umliegenden Länder ab, um die eigene Bevölkerung vor externen Infizierten zu schützen. Später traten an die Stelle der rigorosen Grenzschließung andere, jedoch auf Restriktion hinauslaufende Maßnahmen wie Negativtests und Quarantäne.

Die mangelnde Aufopferungsbereitschaft, die fehlende Zivilcourage, anderen zu helfen, das Schachern um Impfstoff zu möglichst geringen Kosten und die damit einhergehende Verzögerung der Impfung, die zu zahllosen Schwersterkrankungen und Sterbefällen führt, und vieles mehr zeigte sich im Westen gerade im Vergleich zu China, wo Kolonnen freiwilliger und beorderter Helfer in Rekordzeit Spitäler aufbauten, Pflegedienst leisteten und unter Lebensgefahr Gemeinwohldienste verrichteten, während im Westen die ältere Generation in Altersheimen weggesperrt wurde wie im Gefängnis. Zwar opferte sich auch das Klinikpersonal im Westen auf, die Selbstbestimmung und die mangelnde Attraktivität des Berufes brachten es aber mit sich, dass immer mehr Personal fehlte und auch nach Bereitstellung von Impfstoff gerade das Pflegepersonal vor Impfungen zurückschreckte. Ist die Sorge um sich selbst und das Seine und die nächsten Angehörigen ein Naturgesetz, oder ist es eine zynische, mit ironischer Bitterkeit ausgesprochene westliche Einstellung und Haltung?

2. Das Problem ist nicht neu. Als Mitte der sechziger Jahre des letzten Jahrhunderts in den westlichen Zivilisationen ein historisch bis dahin nie dagewesener Wohlstand einsetzte, zeigte sich ein auffälliges Phänomen. Mit der Erhöhung des individuellen Wohlstandes setzte eine zunehmende Selbständigkeit und Unabhängigkeit des Einzelnen von der Gesellschaft ein. Eine ausreichende oder überdurchschnittliche Verfügbarkeit von Nahrung, Wohnraum, Kleidung, Vermögen, Besitz fördert die Gemeinschaftsunabhängigkeit und Selbständigkeit. In Wohlstandsgesellschaften wie Schweden ist schon heute jeder zweite Haushalt ein Singlehaushalt, so in Stockholm, da jede Person ausreichend gegen Krankheit, Unfall, Alter, Verdienstausfall wie bei Corona versichert ist. Jeder ist vom anderen prinzipiell unabhängig und folgt den eigenen Wünschen, Vorstellungen und der Selbstgestaltung, ohne tu bedenken, wie abhängig er im Grunde von der Gemeinschaft ist.

Hielten Ehen in früheren Jahrzehnten oder Jahrhunderten, insbesondere die in Kriegszeiten geschlossenen, ein Leben lang, so steigt die Scheidungsrate mit zunehmendem Wohlstand und beruflicher Selbständigkeit, da jeder sich selbst unabhängig vom anderen zu verwirklichen vermag. Signifikante Differenzen in der Scheidungsrate zeigten sich zwischen Ost- und Westdeutschland bis zur Wiedervereinigung 1990. Die Scheidungsrate lag in Ostdeutschland wesentlich höher als im Westen, was auf soziostrukturelle Unterschiede zurückzuführen ist, wie die zur Selbstverständlichkeit gewordene Berufstätigkeit der Frauen im Osten und das unterschiedliche Rollenverständnis von Mann und Frau.[172]

3. Ein wesentlicher Faktor für die egologische Zentrierung und den Solidaritätsschwund ist der massenhafte Anstieg des Sachwissens durch das Internet, das zwar seine Vorzüge hat, aber auch gravierende Gefahren in sich birgt. Zu unterscheiden ist zwischen Sachwissen und Bildung. Letztere, verstanden im humanistischen Sinne als ganzheitliche Ausbildung der Persönlichkeit, basiert auf persönlichen Erfahrungen und Erlebnissen, die ein Scheitern und Wiederauferstehen (das Stirb und Werde) einschließen, des Weiteren auf der Persönlichkeitsreife, die mit dem altertümlichen Namen Reifeprüfung als Abschluss einer Lern- und Lebensphase bezeichnet wird. Davon unterscheidet sich gravierend das reine Sachwissen. Heute ist es möglich, jede Art von Wissen aus dem Internet abzurufen, auch die Anleitung zum Bau von Molotov-Cocktails oder Bomben, ohne dass der Betreffende die persönliche Reife zum Umgang damit besitzt. Dieses Phänomen führt dazu, dass sich jeder aufgrund seiner Vielwisserei (Polypragmasie) für allwissend und omnipotent hält und sich dem Anderen, auch Gebildeteren und Weitsichtigeren gegenüber gleichrangig fühlt. Niemand lässt sich heute etwas mehr sagen; keine Autorität, keine geistige Rangordnung wird mehr anerkennt. Achtung, Respekt, Ehrerbietung, ja Ehrfurcht, Verehrung, Demut, die alle auf geistig-seelischen Bindungen und Abhängigkeiten basieren, sind obsolet geworden; Bindungslosigkeit und Isolation sind an ihre Stelle getreten. Gleichmacherei, Egalität, Uniformität haben den Platz der differenzierenden Elitarität eingenommen.

4. Religiöse Bindungen sind geschwunden, da sie genau wie politische Bindungen an die Obrigkeit als Bevormundung und Zwang sowie als ungerechtfertigte Einflussnahme eingestuft werden. Religion hat mit der Schwierigkeit zu kämpfen, zwei Seiten zu haben, eine äußere und eine innere, wobei die eine die Gläubigkeit ausmacht und das Herzstück bildet, die andere die Kirchenverfassung und Dogmatik anbelangt. Diese Doppelschichtigkeit, die oft eine Doppelmoral hervorbrachte, wird abgelehnt, da man eine Begegnung

172 Vgl. die empirischen Analysen auf der Basis der deutschen *Family and fertility survey* 1992.

mit Gott auch in seinem stillen Kämmerlein oder in der Natur erfahren kann und hierzu nicht die offizielle Kirche braucht.

5. Der historisch bedingte soziostrukturelle Wandel der Lebens-, Arbeits- und Wohnverhältnisse, die Verlagerung vom Land in die Stadt, besonders in die Groß- und Megastädte wie New York, Chicago, Toronto, Berlin und Frankfurt, die sogenannte Verstädterung der Bevölkerung, hat die persönliche Isolation und soziale Atomisierung zur Konsequenz. Galt im Mittelalter die Redeweise „Stadtluft macht frei" – frei von der Herrschaft der Obrigkeit –, so hat die moderne Landflucht mit der Entvölkerung des Landes und dem explosionsartigen Anstieg der Stadtbevölkerung zur Folge, nicht nur unabhängig von anderen zu sein, sondern auch isoliert von anderen. In einem städtischen Hochhaus kennt der eine Nachbar den anderen nicht, da man anonym und beziehungslos nebeneinander lebt. Nicht selten geschieht es, dass eine Einzelperson verstirbt, ohne dass der Nachbar Kenntnis davon hat, bis der Leichengeruch aus der Wohnung dringt. Jeder lebt selbstbezogen für sich.

Lässt sich diese Verfallsgeschichte einer an ihr Ende gekommenen Moderne rückgängig machen, oder lassen sich moderne rationale Substitute für den Verlust des Gemeinschaftssinnes finden?

Solidarität, das Gefühl der Mitmenschlichkeit, des Mitleidens und Mitgehens mit anderen, beruht auf einer natürlichen Veranlagung der Sympathie bzw. Empathie und bedarf darüber hinaus der Pflege eines engen Miteinander, wie es im Zusammenleben der Familie, der Partnerschaft und in engen Freundschaften geschieht. So erlernt der Mensch von Kindesbeinen an die Bindung an die anderen Familienmitglieder. Geschieht einem Kind ein Leid, so läuft es weinend zur Mutter, die es tröstet, beschwichtigt und umsorgt, so dass ein Gefühl der Zuwendung, Zuneigung und natürlichen Abhängigkeit entsteht. Eine genetische Veranlagung des Menschen ist vorauszusetzen, sind doch die Menschen ähnlich wie gewisse Tierarten ‚Herdentiere', was Einzelgänger wie Eremiten, Sonderlinge und Außenseiter der Gesellschaft nicht ausschließt, genauso wie es auch im Tierreich beim Herdenverhalten Absentierung von Einzeltieren gibt.[173] Daher sprechen wir gerade bei engen Gemeinschaften wie der Familie von Familienbanden, Familienzugehörigkeit u.ä., die sich auf Großfamilien ausweiten können, wie bei den arabischen Asabeias, auf Nachbarschaften und Dorfgemeinschaften übergreifen können, in denen jeder jeden kennt, eventuell noch auf Ortschaften und Kleinstädte. Die Ausweitung auf Groß- und Megastädte mit ihrer nicht mehr überschaubaren Bevölkerungszahl und ihrer komplexen Zusammensetzung, ebenso die Ausweitung auf Staaten, ist schwieriger, wenn nicht gar

173 Z.B. die Absonderung der Elefantenbullen aus der Herde ab einem gewissen Alter.

unmöglich. Hier hilft oft das Nationalgefühl, die gleiche Herkunft, Sprache, Kultur, die gleichen Wertvorstellungen, den Zusammenhalt der Gemeinschaft herzustellen. Je homogener eine Nation ist, desto eher stellt sich dieses Gefühl ein, schwieriger wird es bei der Ausweitung auf komplexe ethnische, sprachliche, religiöse Gebilde wie Unionen (z.B. die EU), Staatenbünde wie die Vereinigten Staaten von Amerika und ganz schwierig bei einer multiethnischen, multikulturellen und multireligiösen Weltgesellschaft, die verschiedene Völker, Sprachen, Kulturen, Religionen und Wertesysteme umfasst. Solidarität wird hier zur Farce, da Gefühle unmittelbare Beziehungen und Begegnungen verlangen und nicht weltumspannend und weltübergreifend sind. Das zeigt sich bei der Begegnung mit Fremden. So mag mancher Bürger der Flüchtlingspolitik der offenen Tür der westlichen Regierungen nicht zustimmen, im Moment der direkten persönlichen Begegnung mit den Betroffenen, mit deren Leid und Elend wird er mitfühlend sein und ihnen seine Hilfe nicht verweigern. Daher verhallen Appelle staatlicher oder religiöser Repräsentanten wie des Bundespräsidenten oder des Papstes, die an die Solidarität gemahnen, im Wind. Sie sind Sonntagsreden, die keine wirkliche Solidarität generieren, es sei denn, dass sie so aufgebauscht werden wie im Fernsehen, dass sich der einzelne Bürger dem Elend, möglicherweise in Erinnerung an eigene Erfahrungen, nicht entziehen kann und dadurch Mitleid empfindet. Eine weltumspannende Solidarität wie Dichter und Komponisten sie besingen und vertonen, etwa Friedrich Schiller mit seiner *Ode an die Freude*: „Alle Menschen werden Brüder", die Ludwig van Beethoven musikalisch umgesetzt hat, ist unrealistisch. Auch öffentliche Ehrungen und Auszeichnungen zivilcouragierter Bürger, die unter Inkaufnahme von Gefahren anderen zu Hilfe eilten, ermuntern nicht zur wirklichen Nachahmung.

Damit soll keineswegs bestritten werden, dass es Menschen mit ausgesprochen starkem Solidaritätsgefühl und -verhalten gibt, die sich ehrenamtlich in sozialen, kirchlichen oder gesellschaftlichen Einrichtungen engagieren. Nach einer Erhebung von Helmut Klages[174] ist sogar jeder dritte Bundesbürger zu einem freiwilligen Engagement bereit, wobei allerdings zu beachten ist, dass sich das Engagement nicht nur auf Gemeinnützigkeit bezieht, sondern auch auf Sport, Freizeitgestaltung und Geselligkeit, die dem Einzelnen Abwechslung, Unterhaltung und Zerstreuung verschaffen. Nietzsches subtiles psychologisches Gespür geht sogar so weit, manchem, der sich für ehrenamtliche Tätigkeiten verwendet und die Tugenden der Nächstenliebe und Hilfsbereitschaft übt, Eigennutz und Selbstgefälligkeit zu unterstellen.

174 Helmut Klages: *Engagementpotenziale in Deutschland*, in: Bundesministerium für Familie, Senioren, Frauen und Jugend (Hrsg.): *Freiwilliges Engagement in Deutschland*. Ergebnisse der Repräsentativerhebung zu Ehrenamt, Freiwilligenarbeit und bürgerlichem Engagement, Bd. 1: *Gesamtbericht*, Stuttgart, Berlin, Köln 2001, S. 198-209, bes. S. 200.

Von einer weltweiten Solidargemeinschaft kann nicht die Rede sein. Dies zu demonstrieren, bedurfte es nicht erst eines Donald Trump mit seinem Motto „America first", das er der Weltgesundheitsorganisation (WHO) bei der Bekämpfung der Corona-Krise und der Forderung nach Bereitstellung von Impfstoffen auch für ärmere Länder ebenso entgegenschleuderte wie dem Gipfel der 20 reichsten Staaten.[175]

Unterscheidet man die berechtigte objektive Forderung nach Solidarität, die für die Konstitution von Gesellschaften unerlässlich ist, von dem subjektiven Solidaritätsgefühl als Unterbau, so fragt sich, da eine Rückkehr und Wiederbelebung des Solidaritätsgefühls in westlichen Zivilisationen kaum denkbar ist, ob es Ersatzstrukturen – moderne, neuartige Formen von Solidarität – gebe die nicht auf Gefühl, sondern auf Rationalität beruhen, und welche dies sein könnten.

Soziologisch lässt sich eine Reihe gesellschaftsbildender Strukturen denken und diskutieren.[176] Sie unterliegen jedoch einem historischen Wandel, sind weder verbindlich noch stabil. Es handelt sich um Stände, Klassen, Schichten, Milieus, die gewissen Auswahl- und Ausrichtungskriterien folgen.

(1.) Eine klassische, noch aus dem Mittelalter resultierende Unterscheidung, die bis weit ins 18. Jahrhundert hineinragte, waren die Zünfte, die extern nach Berufsgruppen unterschieden und intern nach Ausbildungsgraden in Lehrlinge, Gesellen und Meister. Da sie einen Ehrenkodex hatten, garantierten sie die Qualität der Arbeit und gründeten darauf ihren Stolz und ihre Zugehörigkeit. Außerdem ließen sie nicht mehr Mitglieder zu, als es die Versorgung gestattete, wodurch sie quantitative wie qualitative Maßstäbe setzten.

(2.) Mit dem Aufkommen des Maschinenzeitalters und der dadurch bedingten enormen Produktionssteigerung gegenüber dem Handwerk änderten sich die Verhältnisse. Karl Marx' Klassentheorie teilte auf der Basis des Kapitals die Menschen in diejenige Klasse ein, die Besitzanteil an den Maschinen hatten, und in die, die keinen Anteil hatten und allein auf ihre Arbeitskraft angewiesen waren, woraus sich beträchtliche materielle Unterschiede zwischen Reich und Arm ergaben. Da nach Marx' Theorie das Sein das Bewusstsein prägt, resultierten aus den unterschiedlichen Kapitalverhältnissen auch unterschiedliche Bewusstseinseinstellungen.

(3.) Auf Max Weber geht die Differenz nach Ständen zurück, wie sie das 18.

175 Andererseits gehört gerade in Amerika das persönliche soziale Engagement wie Einladungen zu Partys, Mithilfe bei Stimmenauszählungen, Arrangierung öffentlicher Feste und dergleichen mit zu den Voraussetzungen einer Karriere,.selbst für eine Universitätslaufbahn.

176 Vgl. Matthias Junge: *Individualisierung*, a.a.O., S. 43-62 (Kap. 3.1).

und 19. Jahrhundert prägten, die nicht aus materiellen Unterschieden resultierten, sondern aus Erziehung, Bildung, Werteorientierung, Prestiges, Ehrenkodex u.ä. So konnte ein Offizier, ein Beamter, ein Student trotz krasser finanzieller Unterschiede demselben Stand angehören. Man kleidete sich je nach Stand in bestimmter Weise, man benahm sich in bestimmter Weise, man heiratete standesgemäß, man bewegte sich in gleichen Kreisen usw. Während heute ein Langmähner in zerrissenen Bluejeans und Präferenz für Jazz nicht erkennen lässt, ob es sich um einen Hochschullehrer oder um einen Aussteiger handelt, verhielt man sich in der Standesordnung standesgemäß.

(4.) Die moderne Gesellschaft, die nach dem Zweiten Weltkrieg entstand und sich durch allgemeine Wohlstandsanhebung zu einer breiten Mittelschicht entwickelte mit gehobenem Auskommen, gehobener Bildung, Universitätsstudium, gleichen Berufschancen und Aufstiegsmöglichkeiten[177], hat zu einer weitgehenden Egalisierung in materieller und bildungspolitischer Hinsicht geführt. Soziale Parteien sorgen für die finanzielle Angleichung der Standards unterer und unterster Sozialgruppen – in der Corona-Krise durch Kurzarbeit-Gelder und Unterstützungsmaßnahmen, um Insolvenzen zu vermeiden –, damit die Kluft zwischen Arm und Reich nicht zu groß wird und die Gesellschaft nicht zu sehr auseinanderdriftet.

(5.) An die Stelle elitärer Verhältnisse sind heute in der nivellierten Massengesellschaft mit der Möglichkeit des Massenkonsums egalitäre Verhältnisse getreten. Nicht materielle, sondern allenfalls kulturelle Ausrichtungen, Werteorientierungen und Präferenzen für Wohnquartiere, Umgang mit Kollegen und Kolleginnen, Opernbesuche oder Fußballspiele bestimmen und unterscheiden heute Milieus und Lifestyles.

(6.) Zur Solidaritätsbildung dürften sich am ehesten Vereine eignen, wie Schützen-, Gesangsvereine, Kegel-, Sport-, Ruderclubs u.ä., deren Mitglieder sich regelmäßig treffen und oft gern gegenseitig aushelfen, z.B. bei Umzügen oder Kinderbetreuung, und gemeinsame Ausflüge und Reisen unternehmen. Aber sie sind nicht flächendeckend, sondern gruppenbildend und damit gegeneinander abgrenzend.

Alle diese Gruppierungen sind spezielle Schichtungen innerhalb einer staatlichen Gemeinschaft und nicht übergreifend und einheitsbildend. Das

177 Vgl. Helmut Schelsky: *Auf der Suche nach Wirklichkeit*, in: *Gesammelte Aufsätze zur Soziologie der Bundesrepublik*, Düsseldorf, Köln 1979; Rainer Geißler: *Kein Abschied von Klassen und Schicht*. Ideologische Gefahren der deutschen Sozialstrukturanalyse, in: *Kölner Zeitschrift für Soziologie und Sozialpsychologie*, Jg. 48, Heft 2 (1996), S. 319-338, bes. S. 64. Eine Ausnahme bildet bis heute die Gleichstellung von Frauen, etwa in den oberen Chefetagen.

zeigte jüngst das Parteiprogramm der Grünen, die sich von ihrer einseitigen, basisorientierten Ausrichtung auf Klimaschutz, CO_2-Reduktion und Ersetzung fossiler Energie durch erneuerbare, durch Verbote der Überdüngung der Böden u.ä. verabschieden mussten, um sich auf eine breitere Palette zu stellen und breitere Schichten der Bevölkerung anzusprechen. In einer sich selbst pluralistisch, multikulturell, multireligiös und werte- und weltoffen deklarierenden Gesellschaft, in der Interessensgruppen nur noch nebeneinander existieren, nicht mehr miteinander leben und Selbstbestimmung und Selbstentfaltung zur obersten Maxime geworden sind, ist Gemeinschaft nicht mehr möglich. Anstelle der Vergesellschaftung ist die Verselbstung des einzelnen, seine radikal freie Selbstbestimmung und Autonomie getreten.

Dass Gesellschaften wie die westlichen, die ihren Individualismus auf Werten wie Freiheit, Gleichheit, Wohlstand, aber auch auf Wahrheitsanspruch durch wissenschaftliche Erkenntnis und künstlerische Freiheit gründen, mit ihren Übertreibungen dieser Werte einer Selbsttäuschung erliegen und einer grundsätzlichen Revision bedürfen, soll im Folgenden auf diversen Ebenen gezeigt werden, *erstens* auf der politisch-sozialen Ebene, *zweitens* auf der mit ihr verbundenen ökonomischen, *drittens* auf der naturwissenschaftlich-erkenntnistheoretischen, *viertens* auf der künstlerischen und *fün*ftens auf der kulturellen.

2. Der interne Widerspruch und die Selbsttäuschung politischer Freiheit

Wohl kein zweiter Begriff spielt in der modernen westlichen Welt eine so große Rolle wie der Begriff der Freiheit. Jeder will frei und unabhängig sein, selbstbestimmt sein Leben führen, tun und lassen, was er will und für richtig hält, durchsetzen, was ihm beliebt, und dies alles möglichst ohne Rücksicht auf die Anderen seiner Sozietät. Freiheit und Selbstbestimmung stehen im Fokus unseres gesamten Denkens und Handelns. Wo wir auch nur die kleinste Vorschrift spüren, empfinden wir dies hypersensitiv als Bevormundung und Indoktrination und weisen es als unberechtigten autoritären Eingriff zurück. Wir registrieren dies als unstatthafte Einmischung in unsere Freiheitsrechte, die wir zu den Selbstverständlichkeiten unserer Lebensführung und zu den Grundrechten der Menschheit rechnen. Zum Feindbild aufgebaut haben wir autoritäre, diktatorische Systeme wie China, Russland und die Türkei, denen wir Menschenrechtsverletzungen vorwerfen, wenn sie ihre Staaten – oft Vielvölkerstaaten und Sprachgemische – durch entsprechende Maßnahmen zusammenzuhalten versuchen, wogegen wir dann sofort lautstark demonstrieren, Handelsbeschränkungen erlassen oder Diplomaten ausweisen.

Wie sehr der Freiheits- und Selbstbestimmungsgedanke im Westen eine Rolle spielt, zeigt der letzte amerikanische Präsidentschaftswahlkampf 2020, bei dem die alten Kampfparolen von Sozialismus und Marxismus reaktiviert wurden, um dagegen die Freiheit und Unabhängigkeit des Einzelnen zu setzen, die in der Überzeugung kulminieren, jeder Mensch könne selbst sein Schicksal in die Hand nehmen und beherrschen, sich nicht nur um Erfolg bemühen, sondern ihn auch selbst herbeiführen und selbst Schicksalsschläge wie Krankheit, Seuche, Unfall, unverschuldete Armut meistern. Jeder sei für sich selbst und das Seine verantwortlich und solle sich nicht auf die Solidargemeinschaft, z.B. die allgemeine Krankenversicherungspflicht abstützen. Donald Trump versprach seinen Anhängern sogar die von Barak Obama eingeführte allgemeine Krankenversicherung wieder abzuschaffen.

Frei und selbstbestimmt ist nach westlicher Ansicht und vor allem nach amerikanischer, wo der Individualismus seine höchsten Blüten treibt, der Selfmademan, der vom Tellerwäscher zum Milliardär aufsteigen kann, das Stehaufmännchen, das scheitern, Schulden anhäufen, Insolvenz anmelden und gleichwohl wieder zum Millionär aufsteigen kann, kurzum, der sein Leben gegen alle Widrigkeiten und Hemmnisse meistert in einem Land der unbegrenzten Möglichkeiten.

Dass Freiheit im Westen nicht nur im existenziellen und materiellen Sinne verstanden wird, sondern auch im geistigen, zeigt die Tatsache, dass jeder frei und unbehelligt seine Meinung zu jeder beliebigen Angelegenheit äußern darf, ohne sich von anderen beeinflussen oder bevormunden zu lassen. Jüngstes Beispiel während der Corona-Krise waren die Demonstrationen sogenannter Verschwörungstheoretiker, die trotz der über eineinhalb Millionen Corona-Toten und der noch höheren Zahl an dem Virus Erkrankter das Faktum einer Pandemie leugneten und für eine Manipulation der Regierung zum Zwecke der Unterdrückung hielten. Sie bekamen von den Gerichten sogar Recht für ihre Demonstrationen und Kundgebungen mit der Begründung, dass Meinungsfreiheit ein Menschenrecht und ein Grundrecht des freien Bürgers sei. Viele Politiker stimmten zu.

In dieselbe Richtung geht, wenn das Recht auf Meinungsfreiheit in Anspruch genommen wird für Persiflagen, Satiren, Verunglimpfungen Andersdenkender und fühlender, insbesondere Andersgläubiger, wie jene der französischen Satire-Zeitschrift *Charlie Hebdo,* die ohne Respekt und Takt vor den sensiblen religiösen Gefühlen Andersgläubiger islamfeindliche Karikaturen publizierte. Als Reaktion darauf wurden die Redakteure der Zeitschrift von Islamisten brutal erschossen. Ähnlich erging es kürzlich einem französischen Lehrer, der im Unterricht Bilder aus der obigen Zeitschrift mit den Jugendlichen diskutiert hatte, was zum obligatorischen französischen Unterricht gehört. Er wurde von einem Islamisten auf offener Straße geköpft. Frankreich insistiert nachdrücklich aufgrund seiner laizistischen Haltung – der Trennung von Staat und Kirche – auf dem Recht totaler Meinungsfreiheit auch gegenüber Andersgläubigen. Dahinter steht die Auffassung, in einem freiheitlichen Staat müsse man jede Art von Verletzung, auch seelische und religiöse, hinnehmen können.

Politische Freiheitsrechte, sowohl geistige wie existenzielle, wurden in jahrhundertelangen Kämpfen und Revolutionen dem Obrigkeitsstaat, sowohl den Feudalherrschaften wie den absolutistischen Staaten, abgerungen. Sie sind eine Konsequenz des aufklärerischen Denkens im 18. Jahrhundert. Sieht man von einigen frühen Vorläufern in England ab, so waren es insbesondere vier Revolution, die auf der Basis aufklärerischen Gedankenguts die politischen Freiheitsrechte errangen: die englische Bill of Rights 1689 sowie die knapp 100 Jahre später erfolgende *Virginia Bill of Rights* 1776, die amerikanische *Unabhängigkeitserklärung der Vereinigten Staaten (Declaration of Independence)* von 1776 und die französische Erklärung der Menschen- und Bürgerrechte (*La Déclaration des droits de l'homme et du citoyen*) von 1789. In den übrigen europäischen Staaten ging die Entwicklung zögerlicher voran. In Deutschland kam es mehrfach zu kleineren Revolutionen: 1840 zum sogenannten Hambacher Fest, 1848 zur Versammlung in der Frankfurter Paulskirche, die jedoch allesamt scheiterten und erst nach dem Ersten Weltkrieg und der Abschaffung der Monarchie den Boden für die Weimarer Republik ebneten, die selbst auch wieder im Nationalsozialismus unterging. Erst 1948 wurde die *Allgemeine Erklärung der Menschenrechte* von der UNO-Generalversammlung verabschiedet und daraufhin in den meisten europäischen Staaten in ihre Verfassung aufgenommen, so auch in das deutsche Grundgesetz. 1966 kamen noch zwei internationale Pakte hinzu, der Zivilpakt über bürgerliche und politische Rechte und der Sozialpakt über wirtschaftliche, soziale und kulturelle Rechte. Ausschlaggebend für das westliche liberale Verständnis wurden die Begriffe aus der französischen Revolution: Freiheit, Gleichheit, Brüderlichkeit (*liberté, égalité, fraternité*); in der amerikanischen Unabhängigkeitserklärung von Thomas Jefferson kam das Recht auf persönliches Glücksstreben hinzu.

Die politischen Freiheitsrechte wurden in Schüben erkämpft, in einem ersten die sogenannten negativen Freiheitsrechte wie Gedanken-, Meinungs-, Gewissens-, Religions-, Informations- und Versammlungsfreiheit zwecks Meinungsbekundung. Sie heißen negative Rechte, weil sie die Unabhängigkeit des Bürgers von obrigkeitsstaatlicher Bevormundung artikulieren. Es sind ideelle, geistige Rechte, die dem Bürger erlauben, zu denken und zu fühlen und kundzutun, was ihm beliebt und was er für seine Ansicht hält. In einem zweiten Schub schlossen sich die sogenannten positiven Freiheitsrechte an, die den Schutz von Leib und Leben, die körperliche Unversehrtheit, das Verbot von Folter, Zwangssterilisation, Kastration, Züchtigung und erniedrigende Behandlung garantieren, die also im Unterschied zu den ersteren auf die Existenz des Bürgers zielen. Dazu gehört auch das Recht auf Eigentum, Privatbesitz, Vermögen, Geld, das die existenzielle Grundlage eines jeden betrifft und die Voraussetzung für ein unabhängiges Leben und freie Meinungsäußerung bildet, ohne dass der Bürger Angst vor Repressalien haben muss. Friedrich Schillers Ausspruch in dem Gedicht *Die Worte des Glaubens*: „Der Mensch ist frei geschaffen, ist frei, und würd er in Ketten geboren“[178] dürfte kaum realisierbar sein, wenn der Mensch seiner physischen Freiheit und Existenzabsicherung beraubt ist. Eine solche Situation dürfte eher Hass und Missgunst erzeugen statt Gedankenfreiheit. Der rebellische Dichter Schubert, der jahrelang auf Veranlassung des Herzogs von Württemberg ungerechtfertigt im Gefängnis schmorte, wird kaum neutrale Gefühle gegenüber dem Herzog gehabt als vielmehr Bitterkeit empfunden und geschmollt haben; und selbst wenn er an seinen Freiheitsidealen festgehalten haben mag, so doch wohl aus Protest und Trotz. Nicht zufällig haben daher sozial orientierte und engagierte Parteien stets darauf geachtet, den Bürger mit dem Existenznotwendigen auszustatten und ihn nicht in bitterer Armut dahinvegetieren zu lassen und dem Einfluss besser Situierter auszusetzen. Wie sehr der gedanklich freie Bürger vom Eigentum abhängt, das ihm Autonomie sichert, haben Sozialtheoretiker wie John Locke, später John Maynard Keynes[179] stets betont.

Freiheit im allgemeinen ist durch zwei Merkmale charakterisiert: zum einen durch Unabhängigkeit von anderen Personen und Sachen sowohl in materieller wie geistiger Hinsicht, zum anderen durch Selbstbestimmung (Autonomie) über sich und das Seine mit Ausgriff auch über Andere und Anderes. Während Unabhängigkeit im Vollsinne Unabhängigkeit von anderen Personen (personale Unabhängigkeit) wie auch Unabhängigkeit von Sachen (materielle Unabhängigkeit) bedeutet, impliziert Selbstbestimmtheit und Autonomie Herrschaft über sich und alles andere, Sachen wie Personen. Der radikale Freiheitsbegriff läuft auf Unabhängigkeit von allem und Herrschaft über alles hinaus, d.h. auf Absolutheit oder Göttlichkeit, denn nur ein Gott könnte unabhängig von allem, Personen wie Sachen, genannt

178 Friedrich Schiller: *Sämtliche Werke*, Bd. 1, München 1958, S. 214.

179 John Maynard Keynes: *Am I a liberal* (1925), in: *The Collected Writings of John Maynard Keynes*, Bd. IX: *Essays in Persuasion*, Cambridge University Press 2013, S. 295-306; ders.: *The End of Laissez-Faire* (1926), a.a.O., Bd. IX, S. 272-294 (deutsch: *Das Ende des Laissez-Faire*. Ideen von Verbindung von Privat- und Gemeinwirtschaft, Berlin 1926, 2. Aufl. mit einem Vorwort von Peter Kalmbach und Jürgen Kromphardt 2011).

werden und hätte Herrschaft über alles. Nähme jeder Bürger dieses Ideal in Anspruch, so wäre ein Kampf aller gegen alle à la Thomas Hobbes (*homo homini lupus est*) vorprogrammiert. Da der Gegenbegriff zu Freiheit die totale Abhängigkeit sowohl in ideeller, gedanklicher wie existenzieller, materieller Hinsicht ist, pendelt die politische Freiheit, die niemals totale Freiheit in geistiger wie existenzieller Hinsicht sein kann, sondern stets Einschränkungen unterliegt, zwischen diesen Extremen. Selbst bezüglich der Gottheit hat die Frage nach totaler Freiheit oder gebundener eine Rolle gespielt in der Diskussion um den Willkür- oder Verstandesgott, der entweder bei der Welterschaffung ohne jede Vorgabe willkürlich die Welt erschuf oder an seinen eigenen vernünftigen Weltplan gebunden war.[180] Menschliche Freiheit ist immer zwischen den Extremen der Schrankenlosigkeit oder der totalen Gebundenheit und Beschränktheit angesiedelt und pendelt dazwischen, teils mehr auf individuelle Selbstbestimmung Wert legend und weniger Rücksicht nehmend auf die Anderen, teils mehr die Abhängigkeit von den Anderen und weniger die individuelle Autonomie betonend. Dies macht das Schwanken zwischen individueller Freiheit und Kollektivität aus. Die politische Freiheit ist als Kompromiss zu verstehen, wie Immanuel Kant sie formulierte: „Handle so, daß die Maxime deines Willens jederzeit zugleich als Prinzip einer allgemeinen Gesetzgebung gelten könne."[181]

Gemessen am Ideal der absoluten Freiheit ist die menschliche Freiheit stets beschränkt, sowohl in existenzieller wie geistiger Hinsicht. Das Höchstmaß an Freiheit sieht der westliche Mensch in der liberalen weltoffenen Demokratie garantiert, die den Individualismus in den Mittelpunkt rückt gegenüber der Solidarität.

Das Funktionieren einer Demokratie, sei es einer direkten oder repräsentativen, basiert auf der Einhaltung bestimmter Prinzipien und Regularien, u.a. der periodisch wiederkehrenden freien Wahlen, in denen der Bürger, nachdem sich die Parteien mit ihren Regierungsprogrammen vorgestellt haben, die ihm genehme Partei und Personen wählen kann, die dann für eine bestimmte Zeit mit der Leitung des Staates betraut werden und auch die Verantwortung für ihre Handlungen zu tragen haben. Der Bürger hat sich während dieser Zeit wie bei einem sportlichen Wettkampf, bei dem es Sieger und Verlierer gibt, den Mehrheitsbeschlüssen zu beugen und diese mitzutragen, auch wenn ihm die eine oder andere Entscheidung widerstrebt.

Genau diese Ordnungsstrukturen sind obsolet geworden und werden mehr und mehr außer Kraft gesetzt, ohne dass bedacht wird, wie abhän-

180 Vgl. S. 69 dieser Arbeit.

181 Immanuel Kant: *Kritik der praktischen Vernunft*, hrsg. von Karl Vorländer, Hamburg 1963, unveränderter Nachdruck von 1929, § 7.

gig jeder persönlich von der Gemeinschaft ist, die ihn trägt und für die er auch eine Verantwortung zu tragen hat. Neben der offiziellen Staatspolitik lässt sich eine immer mächtiger werdende inoffizielle und verfassungsmäßig nicht abgedeckte Straßenpolitik – bekannt als *life politics* – konstatieren, bei der jeder, dem irgendetwas nicht passt, sich Bundesgenossen für seine Ansichten sucht und dann lautstark und medienwirksam auf die Straße geht zu Protesten und Demonstrationen und Aufmärschen, um seine Privatmeinung durchzusetzen. Dabei geht es häufig nicht ohne Gewalt und Brutalität ab. Häufig beginnen diese Bewegungen mit friedlichen Mitteln wie Unterschriftensammlung, Kritik in den Medien, Petitionen, Gesuchen, Gerichtsverfahren, münden dann aber in Gewaltexzessen wie Blockaden, die den Verkehr oder das gesamte öffentliche Leben lahmlegen, Hausbesetzungen, Anketten an Bäumen und Gleisen, Schlägereien und Krawallen. Eine Tendenz zu Gewalt kann diesen Bewegungen nicht abgesprochen werden, da sie immer staatskritisch und subversiv auftreten. Sie neigen zu zivilem Ungehorsam und provozieren die Staatsmacht geradezu.

Diese zunehmend sich ausbreitende Subkultur, die die verfassungsmäßig konstituierten demokratischen Staatsformen von innen auszuhöhlen drohen, fallen in der Beurteilung unterschiedlich aus. Stimmt das ganze Volk oder deren größter Teil dem Begehren der Revoluzzer zu, wie historisch in der amerikanischen Unabhängigkeitserklärung oder der französischen Revolution von 1789 oder heute bei den friedlichen Demonstrationen in Belarus oder dem Freiheitskampf in Venezuela gegen den amtierenden diktatorischen Präsidenten und eine korrupte Elite, so fällt das Urteil, das auf dem Boden etablierter und generell akzeptierter Demokratien erfolgt, zumeist zustimmend aus. Handelt es sich bei den Forderungen der Aktivisten um Privatinteressen oder gruppen- und berufsspezifische Anliegen, die eigennützig sind und nur den eigenen Vorteil verfolgen, werden diese abgelehnt. Hierzu gehören auch Anliegen, die nicht nur materiellen Charakter haben, sondern auch ideologischen und auf die Verbohrtheit einer Privat- oder Gruppenmeinung zurückgehen. Bezüglich der letzteren spricht man soziologisch bereits von einer Okkupation oder Kolonisation des öffentlichen Raumes durch das Private.[182] Solche Anliegen gelten als Beleg, dass Eigennutz und Gruppeninteresse über das Allgemeininteresse und Allgemeinwohl gestellt werden und damit Ausdruck eines mangelnden Solidaritätsbewusstseins sowie eines mangelnden Respekts vor der Meinung der Anderen sind. Wegen der Unfähigkeit oder Unwilligkeit, sich Mehrheitsentscheiden zu beugen, sind sie Ausdruck einer Disziplinlosigkeit gegenüber der Gemeinschaft.

182 Vgl. Zygmunt Bauman: *The individualized Society*, a.a.O., S. 107.

Beispiele lassen sich hierfür in Hülle und Fülle geben, und zwar aus allen europäischen Ländern. In Frankreich demonstrieren seit Monaten die ‚Gelbwesten' gegen Beschlüsse der Regierung. Auslöser war die Erhöhung des Benzinpreises zur Finanzierung und Durchsetzung der Energiewende, die von allen gewollt ist, die aber niemand finanzieren will. Die Erhöhung erregte den Unmut der Bürger, da viele aus der Peripherie in die Innenstädte zur Arbeit fahren müssen. Argumentiert wurde mit der zunehmenden Ungleichheit der Franzosen. Inzwischen geht es allerdings um Forderungen nach Steuersenkung, Grundeinkommen, Vorwürfe gegen die angebliche Arroganz der Regierung von Emmanuel Macron, um die Entladung eines aufgestauten Unmuts, der sich auf diese Weise Luft verschafft. Ist in Deutschland nach langen öffentlichen wie parlamentarischen Diskussionen und Debatten der Ausstieg aus der Atomenergie und die Ersetzung durch regenerative Energien wie Wasser und Wind aufgrund eines generellen Konsenses endlich gefallen, so bilden sich sofort Bürgerinitiativen, die die Installation von Windrädern auf ihrem Grund und Boden oder die Durchleitung des Stroms durch ihr Gebiet aus Eigennutz, meist vorgeschobenen Gesundheitsinteressen, zu verhindern suchen und durch Unterschriftensammlung, Proteste oder langwierige Gerichtsverfahren boykottieren. Weiß man, wie viele nützliche Insekten durch Pflanzenschutzmittel vernichtet werden, so dass man diese zu minimieren oder zu verbieten sucht, so demonstrieren gleich Landwirte, dass ihre Existenz gefährdet sei. Ist nach zähen Verhandlungen zwischen Landesregierung und Umweltverbänden unter Einbeziehung aller relevanten Naturschutzgruppen die Entscheidung zur Vertiefung einer Wasserfahrrinne gefallen, so gibt es stets einige Personen, denen der Beschluss nicht passt und die noch eine bestimmte Krötenart oder seltene Pflanzenart ausfindig machen, die erst umgesiedelt werden müssen, was gegebenenfalls die Neuanlage von Teichen erfordert und Jahrzehnte dauert. Nicht anders steht es mit Hausbesetzungen, in denen der Kampf von vorgeschobenen Sozialinteressen gegen Privat- und Eigentumsinteressen zutage tritt. Und täglich hört man von Klimaaktivisten, die heute hier und morgen da auf einem Rathausplatz ihre Zelte und Hütten errichten[183], alles versperren und die Stadtverwaltung nötigen, zügiger auf ihre Wünsche einzugehen, mehr für den Umstieg auf Fahrräder zu tun u.ä. Es ist eine Art zivilen Ungehorsams, die Schule gemacht hat zur Durchsetzung der Interessen der jeweiligen Partei und die Länder zutiefst spaltet und diese nicht mehr über demokratische Mehrheitsbeschlüsse zur Einheit finden lässt.

Wie sehr sich diese neue Politikkultur bereits durchgesetzt und Mode gemacht hat, zeigt ein Fernsehinterview. Das Pflegepersonal in Kranken-

183 Wie gegenwärtig in Augsburg.

häusern, Altersheimen und Pflegestätten, das während der Corona-Pandemie besonders gefährdet war und dafür die Aufwertung dieses Berufsstandes und eine bessere Vergütung verlangte, traf während der Krise auf großes Verständnis, nach Abflauen naturgemäß auf weniger. Der Interviewer fragte einen Vertreter dieser Gruppe, warum man sich nicht gewerkschaftlich organisiere, um den Forderungen durch Straßenaufläufe und lautstarke Proteste Gehör zu verschaffen. Die Antwort war, dass sich die Betreuer um ihre Patienten kümmern müssten, statt auf die Straße zu gehen, worauf der Interviewer dem entgegenstellte, dass auch Ärzte, Zugführer, Piloten und Flugpersonal keine Skrupel gegenüber ihrer Klientel hätten, wenn sie ihr Ziel mit Straßenprotesten verfolgten.

Die Demonstrationen, verfassungsmäßig garantiert, waren ursprünglich für Not- und Krisenfälle vorgesehen sowie für existenzielle Angelegenheiten. Sie gaben dem Bürger das Recht, für seine notwendigen und dringlichen Belange einzutreten, wenn diese in Gefahr gerieten; heute sind sie zur Alltagskultur verkommen.

Diese neue Form von Politik, die *life politics,* neben der offiziellen Staatspolitik ist nicht mehr nur auf den Westen beschränkt, sondern greift inzwischen auch auf außereuropäische Staaten über, bedingt durch die digitale Verbreitung von Ideen durch die Kommunikationsmedien. Dabei lässt sich nicht einmal sagen, welches das Hauptmotiv dieser Proteste ist, so heterogen sind die Interessenslagen. Selbst der Sammelbegriff, der in dem Vorwurf Misswirtschaft, Korruption, Bereicherung der Eliten, mangelnde Transparenz und Jugendarbeitslosigkeit kulminiert, ist nur ein Sammelbegriff für die heterogensten Interessen. Es ist ein allgemeines Umsichgreifen und Erwachen einer individualistischen Selbstbestimmung.

Hier droht der freiheitlichen, liberalen demokratischen Staatsform, die den Individualismus auf ihr Banner gehoben hat, von innen die Gefahr der Demontage. Es handelt sich um eine Selbstdemontage, da die eigentliche Ursache in der von der liberalen Demokratie selbst forcierten antiautoritären Erziehung der 60er Jahre des letzten Jahrhunderts liegt.

Diese antiautoritäre Erziehung der sogenannten 68er-Generation war eine prinzipielle Umorientierung der Pädagogik. Sie orientierte sich am Rousseauschen Ideal r*etour à la nature.* Jean- Jacques Rousseau sah den Menschen eingeschränkt und beengt durch vielerlei kulturelle Schranken politischer, sozialer, ethischer Art, von denen er befreit werden sollte, um gemäß seinem Naturell frei und ungehindert aufzuwachsen, ohne sich zu verbilden und zu verbiegen. Die kulturellen Schranken empfand Rousseau als Maßnahmen zur Verbildung, denen er mit der freien, liberalen Erziehung entgegenwirken wollte. Auf die von der Akademie von Dijon gestellte Preisfrage „Le Rétablissement des sciences et des arts a-t-il contribué à épurer les mœurs?“ („Hat die Wiederherstellung der Wissenschaften und Künste zur Läuterung der Sitten beigetragen?“) fiel Rousseaus Antwort im *Discours sur les sciences et les arts* (*Abhandlung über die Wissenschaften und die Künste*) von 1750 negativ aus. Während der Mensch im Naturzustand unabhängig und frei lebe, sei er durch die auf Konventionen beruhende Gesellschaft zu einem gefesselten Sklaven geworden. Den Zivilisationsprozess sah Rousseau wie viele Aufklärer als Geschichte des Niedergangs und der Deprivation.[184] Die Quintessenz war für ihn, den Menschen, insbesondere den heranwachsenden, weitgehend von potentiellen negativen kulturellen Einflüssen abgeschirmt aufwachsen zu lassen, seine Veranlagung urwüchsig sich selbst entfalten zu lassen, wofür Rousseau den Terminus der natürlichen oder negativen Erziehung prägte.

Bei diesem Erziehungsideal handelt es sich nicht um eine zielgerichtete Erziehung, beispielsweise auf Leistung oder auf ein spezifisches Talent, sei es ein musisches oder sportliches, gerichtete, sondern um die beliebige und wahllose Entwicklung von Naturanlagen ohne Beschneidung der negativen und Ausrichtung der für positiv gehaltenen. Was dabei übersehen wird, ist die schon im Tierreich festzustellende Vorbildfunktion der Eltern oder Lehrer, von denen der Zögling ein bestimmtes Wertesystem übernimmt, das ihn in eine bestimmte Kultur hineinleitet. Die Kinder sollen nach dem neuen Ideal ihren Eltern gegenüber frei und selbstbestimmt auftreten wie kleine mündige Bürger, ihre Interessen und Wünsche gegen alle Bedenken formulieren und durchsetzen, um sich auch im späteren Leben behaupten zu können.

In der Konsequenz führt das antiautoritäre Erziehungsideal zu gewollter Respektlosigkeit sowohl gegenüber Autoritäten wie Gleichrangigen. Mit der mangelnden Rücksichtnahme auf andere und der mangelnden Achtung vor ihnen geht auch die Selbstbeherrschung und das Maßhalten verloren, genau jenes mitmenschliche Band der Solidarität, das den sozialen Kitt zwischen den Individuen einer Gemeinschaft bildet. In der antiautoritären Erziehung tritt ein Wertewandel zutage, der auf die Umwertung aller Werte zielt und sich in der Moderne durchgesetzt hat, der jeden Obödienz- und Gehorsamsgedanken ablehnt, auch den gemäßigten und unerläßlichen für ein Zusammenleben. So darf man sich nicht wundern, wenn dieses Verhalten heute gegenüber dem Staat geübt wird.

Hinzukommt in liberalen, insbesondere föderalistisch strukturierten Staaten eine prinzipiell schwache Führung, die sich gerade in Notzeiten wie der Corona-Krise bemerkbar macht. Hier liegt ein Demokratieverständ-

184 Rousseau hat später diese Gedanken im *Contrat social* wiederholt und weiter ausgebaut. Vgl. Jean-Jacques Rousseau: Du *Contrat social* ou Principes du droit politique / *Vom Gesellschaftsvertrag* oder Grundsätze des Staatsrechts, französisch / deutsch, in Zusammenarbeit mit Eva Pietzcker übersetzt und hrsg. von Hans Brockard, Stuttgart 2010.

nis vor, das es allen recht machen will, damit aber keinem recht macht und das Prinzip der Führung missversteht, denn Regierung wird abgeleitet von lateinisch *regere* = ‚lenken', ‚leiten', ‚führen' und bedeutet Richtungsvorgabe für die Zukunft sowie Durchsetzung von Mehrheitsbeschlüssen. Gerade dazu konnten sich die selbstherrlichen Ministerpräsidenten und Ministerpräsidentinnen, denen in den einzelnen Ländern die Gesundheitspolitik obliegt, nicht durchringen, da jeder auch bei nur geringfügigerer Zahl von Corona-Inzidenzen im Eigeninteresse für sein Land anders entschied als der Nachbar, so dass ein Flickenteppich von Verordnungen die Folge war und selbst der Gesundheitsminister nicht mehr durchblicken konnte. In anderen Ländern wurde die Verantwortung sogar auf untergeordnete Stellen delegiert. Höchste Staatsstellen entledigten sich ihrer Verantwortung, indem sie lediglich Empfehlungen und Ratschläge abgaben, statt verbindliche Gesetze zu erlassen, indem sie Verantwortung und Entscheidung auf die ihnen unterstehenden Gesundheitsämter abwälzten und diese wiederum auf die ihnen unterstellten Amtsärzte, die untersten Chargen der Hierarchie. Oder sie appellierten einfach an die ‚mündigen' Bürger, wohl wissend, dass dies eine Illusion ist und die Appelle ungehört verhallen, wenn nicht obrigkeitsstaatliche Maßnahmen wie Polizeikontrollen zur Durchsetzung verhelfen. Da die animalische Natur des Menschen nicht wegdiskutiert werden kann, die ihn zum ‚Herdentier' stempelt, bedarf es gerade in angstbesetzten Krisenzeiten klarer Ansagen und Führung statt einer laxen Politik. Eine Staatsverfassung, die wie die hochgejubelte freie, liberale Demokratie, den Individualismus grenzenlos über alles setzt, birgt die Gefahr der Selbstdestruktion.

Um dieser Politikauffassung und Bewegung größtmögliche Gerechtigkeit widerfahren zu lassen, ist ein Blick getrennt auf Inhalt und Form zu werfen.

Es steht außer Frage, dass den Protesten oft hohe ethische Wertvorstellungen und tiefe humane Einstellungen wie Hilfsbereitschaft, Selbstlosigkeit bis hin zu Aufopferungsbereitschaft, Hintanstellung der eigenen Gesundheit und des eigenen Lebens – Solidarität also – zugrunde liegen. Dies ist der Fall bei den illegalen Rettungsaktionen von Flüchtlingen im Mittelmeer, bei Hausbesetzungen gegenüber dem Raubtierkapitalismus von Spekulanten, bei der Pflege und Betreuung der Patienten während der Corana-Krise, bei den Protesten gegen die Errichtung von Atomkraftwerken und bei den Atomtransporten, die existentielle Ängste wegen der Verseuchung auslösen. Eine hohe Moralität ist den Aktivisten oft nicht zu bestreiten, häufig eine höhere als der scheinheiligen offiziellen Politik. Gerade in jugendlichen Köpfen lebt das Ideal einer heilen Welt, in der alle gleichgestellt sind und alles gut verläuft, weiter.

Etwas anderes ist die Form, die nicht nur in friedlichen Protesten, genehmigten Demonstrationen und verfassungsmäßig garantierten Gerichtsverfahren besteht, sondern in Gewalt- und Krawallbereitschaft. Es ist es nicht von der Hand zu weisen, dass die Jugendlichen – zumeist nur diese beteiligen sich an Demonstrationen –, und zwar die männliche Jugendlichen[185], sich nicht ungern mit der Polizei prügeln im Kräftemessen, bis sie sich entweder durchgesetzt haben oder wegen ungleicher Waffen zurückstecken müssen. Es hat nicht selten den Anschein, dass sich hier psychologisch aufgestaute pubertäre Probleme durch Aggressivität und Kampfbereitschaft Luft verschaffen, ansonsten wären etliche Randale, das unsinnige und unvernünftige Kurz-und-klein-Schlagen von Gegenständen, die Demolierung von Autos, das Einschlagen von Scheiben und die Plünderungen von Geschäften, nicht zu verstehen. Jede noch so kleine staatliche Maßnahme wird als unzulässiger obrigkeitsstaatlicher Eingriff in die Privatsphäre interpretiert und wohl auch gefühlt und mit steigernder Aggression, Wut und Zorn beantwortet, die in körperliche Gewalt ausarten. Es geht das sarkastische, aber nicht von der Hand zu weisende Wort um, dass ein über 50-jähriger Friede ohne Krieg hier sein Ventil sucht und zum *bellum omnium contra omnes* wird. Die sich als Außenseiter der etablierten Gesellschaft verstehenden jugendlichen Halbstarken, die meist schon äußerlich an ihrer Kleidung, Frisur, ihrem Auftreten als unkonventionell und antiautoritär zu erkennen sind, verstehen sich als Opponenten des Establishments, der etablierten Parteien und des erstarrten und verkrusteten Staatsapparates. Diese gilt es zu beseitigen zugunsten einer humaneren Gesellschaft, die allerdings ein diffuses Phantasiegebilde bleibt und nicht zur Artikulation gelangt wie in den großen historischen Revolutionen, was darauf deutet, dass es sich hier nur um explosive psychische Entladungen handelt. Im Unterschied zur revolutionären Bewegung der 68er Generation, die die bürgerliche Gesellschaft zugunsten einer klassenlosen abschaffen wollte, ist jetzt kein fixiertes präzises Ziel erkennbar, sondern nur der Zerfall und die Aufsplitterung traditioneller Institutionen.

Eine andere zu erwägende Erklärung ist die, dass der Abstand zwischen Bürgern (Volk) und Regierung zu groß und unpersönlich geworden sei, so dass man auf irgendeine Weise an politischen Entscheidungen mitwirken und mitsprechen möchte. Der Weg in die Institutionen, zumeist über Parteimitgliedschaft und Mitwirkung innerhalb derselben, erscheint wenig opportun, da sich der Einzelne mit seinen innovativen Ideen oft nicht durchzusetzen vermag, sondern genötigt wird, dem Mainstream zu folgen. Die langen Prozesse der Meinungsbildung und die noch längeren der Umsetzung von Mehrheitsbeschlüssen, die immer wieder durch Gerichtsbeschlüsse boykottiert werden, erscheinen nicht vielversprechend. Nicht zuletzt die Einsicht,

185 Mit Ausnahme Belarus, wo Frauen den Ton angeben.

dass öffentliche, lautstarke, medienwirksame Proteste mehr bewirken als der lange Marsch durch die Institutionen, hat das Bedürfnis nach Mitbeteiligung an der Politik wachgerufen und gestärkt, das sich immer mehr in den nicht verfassungsmäßig garantierten politischen Bewegungen und Bürgerbeteiligungen äußert. Wird die emanzipatorische Lifestyle-Politik der Straße immer salonfähiger und setzt sich als neue Form der Demokratie durch, dann hebt sich die demokratische Ordnung aufgrund ihres überstiegenen Individualismus selbst auf.

Außer der bisher diskutierten existentiellen Unabhängigkeit und Selbstbestimmung ist auf ein weiteres Problem aufmerksam zu machen, das die angebliche geistige Freiheit betrifft. Sie ist schlichtweg eine Täuschung. Solange die Zahl der Menschen auf der Erde gering war, mochte jeder genug Platz zum Leben und Wirtschaften haben, obgleich sich schon früh in der Geschichte Völkerwanderungen zeigten, die auf der Suche nach optimaleren Lebensbedingungen, besseren Agrar- und Jagdgründen waren, was Konflikte auslöste. Sofern aber wie heute eine Überbevölkerung besteht, gibt es keinen Freiraum mehr, weder in der Breite noch in der Höhe, der von den Individuen in Anspruch genommen werden könnte, ohne dass diese miteinander in Konflikt gerieten.[186] Die hochgepriesene Freiheit verkehrt sich in ihr Gegenteil: in totale Abhängigkeit.

Eine weitere Illusion ist die Ansicht, selbständig und frei im Denken zu sein. Dies dürfte eine der größten Selbsttäuschungen sein, insofern wir uns der täglichen Einflussnahme und Fremdbestimmung durch die öffentlichen Medien, Zeitung, Rundfunk und Fernsehen, ebenso Meinungsmacher und Multiplikatoren nicht bewusst sind. Wir glauben (meinen), frei und unabhängig zu sein und sind doch vollumfänglich fremdbestimmt und der Indoktrination ausgesetzt, sei es durch gezielte Informationspolitik wie Werbung oder durch die Medien, besonders das Internet. Selbst die Nachrichtenübermittlung ist nicht objektiv und seriös, so dass man ausländische Sender hinzuziehen muss, um einen einigermaßen gültigen Überblick zu gewinnen. Das erste und zweite deutsche Fernsehen ARD und ZDF sind gleicherweise durch Reuters in Hamburg filtriert und tragen kaum durch eigene Recherchen zum multiperspektivischen Überblick bei. Mit Werbung aus allen Branchen, sei es der Touristik, sei es dem Hotel- und Gastronomiegewerbe, den Buchverlagen, den Anbietern von Zubehör für Computer, den Autohändlern, werden wir täglich verbal wie schriftlich bombardiert. Bekanntlich geben Betriebe und Firmen für Werbung 90% und lediglich 10% für Forschung und Innovation aus. Dabei wird die Werbung immer

186 Schon heute wohnen wir übereinander in Hochhäusern, woran wir uns gewöhnt haben, wenngleich wir die Belästigung durch die Nachbarn über uns und neben uns oft beklagen.

raffinierter und aggressiver, indem sie sich auf psychologische Erkenntnisse stützt, beispielsweise in einem Film für Bruchteile von Sekunden eine Coca-Cola-Flasche einblendet, die der Zuschauer nur im Unterbewusstsein registriert, ihn jedoch veranlasst, beim nächsten Durst und Getränkeeinkauf nach einer Coca-Cola-Flasche zu greifen. Beim Kauf der neuesten extravagantesten Sportwagenmodelle in Autosalons werden die Flitzer mit leicht bekleideten Damen auf der Kühlerhaube versehen, die die Phantasie anregen und zum Autokauf animieren. Sie ziehen das Interesse mehr auf sich als das Automodell selbst. Instagram im Internet verdankt seinen Riesenerfolg einer ausgeklügelten neuen Verkaufsstrategie, indem es gut aussehende Hausfrauen und junge Mädchen ihre Kleidung, Accessoires, Reisepläne oder auch Urlaubserlebnisse ganz natürlich und lässig ihren angeblichen Freundinnen und Freunden vorführen lässt und diese so animiert, das präsentierte Modell oder Projekt zu bestellen. Hier wird eine Schwäche des Menschen, dasselbe haben zu wollen wie der Nachbar, ausgenutzt. Was unverfänglich aussieht, basiert auf raffiniertesten psychologischen Methoden. Gerade die sozial-medialen Plattformen wie Facebook, Twitter, Instagram, die über ein weltweites Netzwerk verfügen und ein Millionen- oder Milliardenpublikum erreichen, sind Multiplikatoren von Informationen und Uniformierer.

Wie sehr wir dazu neigen, alles nachzuäffen und nachzuplappern, hat schon Heidegger in *Sein und Zeit* in seiner Analyse der Diktatur des ‚man' offengelegt:

> „Wir genießen und vergnügen uns, wie *man* genießt; wir lesen, sehen und urteilen über Literatur und Kunst, wie *man* sieht und urteilt; wir ziehen uns aber auch vom ‚großen Haufen' zurück, wie *man* sich zurückzieht; wir finden ‚empörend', was *man* empörend findet. Das Man, das kein bestimmtes ist und das Alle, obzwar nicht als Summe, sind, schreibt die Seinsart des Alltags vor."[187]

Die auf offiziellen oder sozialen Plattformen verbreiteten News lassen nicht mehr zwischen echten News und Fake News unterscheiden, sondern dienen allenfalls zur Bildung von Anhängerschaften wie im amerikanischen Präsidentenwahlkampf zur Anhängerschaft Trumps oder seines Gegenkandidaten Joe Biden. Das Wort Lügenpresse kommt nicht von ungefähr. Anfänglich als Schimpfwort gebraucht, und dies nicht unberechtigt, da beispielsweise zu Beginn der Corona-Krise wegen des Fehlens von Masken und Schutzkleidung offiziell behauptet wurde, Masken schützten den Träger nicht wirk-

187 Martin Heidegger: *Sein und Zeit,* 18. Aufl. Tübingen 2001, S. 126 f.

lich, allenfalls sein Gegenüber, wurde das Tragen von Masken später zur Pflicht. Das hat dazu beigetragen, das Vertrauen der Bürger in die Seriosität der Informationspolitik zu erschüttern, so dass heute eine Schar von Verschwörungstheoretikern und Corona-Leugnern die Objektivität der Nachrichtenübermittlung skeptisch beurteilt und als Indoktrination und Bevormundung des Staates sieht.

3. Der mörderische Überbietungskampf des Kapitalismus

Abgesehen von der Betonung des Individualismus und seiner existenziellen und ideellen Freiheitsrechte im politischen Liberalismus begegnet eine Form von Individualismus im ökonomischen Bereich, besser bekannt als wirtschaftlicher Liberalismus oder freie Marktwirtschaft, die je nach Betonung und Wichtigkeit des Eigenkapitals und des Verhältnisses zum Staat verschiedene Formen annehmen kann: als liberaler oder koordinierter Markt (Keynesianismus) auftreten kann oder als neoliberaler, der bei Überbetonung in einen Turbo- oder Raubkapitalismus ausartet. Im Bereich der Ökonomie liegt der Akzent auf der Freiheit der Handlung des Einzelnen gegenüber dem Solidaritätsgedanken der Gemeinschaft, welcher letztere allenfalls in diesem Wirtschaftsmodell eine Folge eigennützigen Handelns sein kann, nicht aber deren Grundlage. Profit steht im Vordergrund des Wirtschaftsliberalismus. Da die diversen Formen kontrovers diskutiert werden, ist ein Blick zurück auf seinen Ursprung und seine Erosion und Entsolidarisierung nützlich.

Das Konzept der liberalen Marktwirtschaft geht auf den schottischen Ökonomen Adam Smith (1723-1790) zurück, dessen Hauptwerk *Der Wohlstand der Nationen. Eine Untersuchung seiner Natur und seiner Ursachen* (*An Inquiry into the Nature and Causes of the Wealth of Nations*) 1776 erschien. In ihm wandte sich Smith gegen den Merkantilismus absolutistischer und feudaler Staaten wie auch gegen Zünfte, die den Markt für ihre eigenen Zwecke ausnutzten, wobei die arbeitende Bevölkerung gerade in England, Schottland und Irland, aber nicht nur dort, sondern in ganz Europa, darbte und in prekären, ärmlichen Verhältnissen dahinvegetierte (Pauperismus). Smith war der Ansicht, dass ein freier, durch keinerlei staatliche Eingriffe behinderter Markt sich am besten selbst entwickle und reguliere allein aufgrund von Angebot und Nachfrage der am Markt beteiligten Akteure: der Unternehmer (Produzenten), der Arbeiter und Dienstleister sowie der Käufer. Wenn jeder seinem Eigennutz nachginge, ohne von außen kommende Dirigismen beschränkt zu werden – so war Smith' Meinung –, würde das dem

Allgemeinwohl zugutekommen. Seine Theorie basiert auf einer Reihe von Prämissen:

Eine dieser Voraussetzungen war die Arbeitsteilung, von der später auch *Émile* Durkheim ausging. Im ersten Kapitel seines Hauptwerkes schildert Smith am Beispiel einer Stecknadelproduktion, dass ein gewöhnlicher, nicht spezialisierter Arbeiter täglich etwa zwanzig Nadeln von durchschnittlicher Qualität herstellen kann, wohingegen bei Arbeitsteilung dieselbe Zahl spezialisierter Arbeiter in einer Fabrik 45000 Stück von exzellenter Qualität produzieren würde, was zu seiner Zeit bereits durch die maschinelle Produktion bekannt war.

Eine zweite Annahme betraf die empirische und nicht zu bestreitende Tatsache, dass Käufer eine Ware möglichst billig zu erwerben und Produzenten eine Ware möglichst teuer verkaufen streben, indem jeder auf seinen Vorteil achtet.

Die dritte Annahme betraf die Selbstregulierung des Marktes durch Angebot und Nachfrage. Zu diesem Zweck unterschied Smith zwischen natürlichem Preis und Marktpreis. Unter ersterem verseht er die Selbstproduktionskosten des Verkäufers, die sich zusammensetzen aus dem in einer Gesellschaft üblichen und zum Leben des Betreffenden (Arbeiters) und seiner Familie notwendigen Arbeitslohn (Lohnkosten), sodann den Kapitalgewinn oder die Grundrente des Unternehmers sowie die Kosten des Marktzugangs. Es handelt sich um den Grundpreis der Herstellung, Verarbeitung und Bereitstellung. Der Marktpreis hingegen bezeichnet die Gewinnmarge, die Rendite des Unternehmers, den tatsächlich für die Ware gezahlten Preis, der höher oder niedriger sein kann als die natürlichen Herstellungskosten. Liegt der Marktpreis wegen großer Nachfrage über den Herstellungskosten, so wird der Unternehmer das Angebot zu erhöhen versuchen, um mehr Gewinn zu erzielen, liegt er darunter, so wird er das Angebot drosseln, da sich die Herstellungskosten nicht mehr lohnen und nicht genug Rendite abwerfen. Verbilligt sich die Ware aufgrund der geringeren Nachfrage und steht gleichzeitig eine geringere Stückzahl des betreffenden Produkts auf dem Markt zur Verfügung, so verteuert eine steigende Nachfrage die Ware wieder, bis sie zu teuer wird und der Kreislauf von vorn beginnt. Es ist ein monotoner Rhythmus von Verteuerung und Verbilligung durch Angebot und Nachfrage.

Aus dieser Selbstregulierung des Marktes zog Smith den Schluss, dass jeder um seinen Eigennutz und Profit Besorgte zum allgemeinen Wohlstand der Gemeinschaft beiträgt. Obwohl kein einzelner direkt an den Vorteil der Allgemeinheit denkt, tragen alle zusammen zum Allgemeinwohl bei. Das Funktionieren dieses Mechanismus schrieb Smith der unsichtbaren Hand (*invisible hand*) zu. Im vierten Buch, Kapitel 2, heißt es:

> „Wenn daher jeder einzelne soviel wie nur möglich danach trachtet, sein Kapital zur Unterstützung der einheimischen Erwerbstätigkeit einzusetzen und dadurch diese so lenkt, daß ihr Ertrag den höchsten Wertzuwachs erwarten läßt, dann bemüht sich auch jeder einzelne ganz zwangsläufig, daß das Volkseinkommen im Jahr so groß wie möglich werden wird. Tatsächlich fördert er in der Regel nicht bewußt das Allgemeinwohl, noch weiß er, wie hoch der eigene Beitrag ist. Wenn er es vorzieht, die nationale Wirtschaft anstatt die ausländische zu unterstützen, denkt er eigentlich nur an die eigene Sicherheit und wenn er dadurch die Erwerbstätigkeit so fördert, daß ihr Ertrag den höchsten Wert erzielen kann, strebt er lediglich nach eigenem Gewinn. Und er wird in diesem wie auch in vielen anderen Fällen von einer unsichtbaren Hand geleitet, um einen Zweck zu fördern, den zu erfüllen er in keiner Weise beabsichtigt hat. Auch für das Land selbst ist es keineswegs immer das schlechteste, daß der einzelne ein solches Ziel nicht bewußt anstrebt, ja, gerade dadurch, daß er das eigene Interesse verfolgt, fördert er häufig das der Gesellschaft nachhaltiger, als wenn er wirklich beabsichtigt, es zu tun.“[188]

Dieser Schluss ist weder notwendig noch verständlich und bedarf der Aufklärung. Die Metapher der unsichtbaren Hand greift ein theologisches Motiv auf. Die Wortwahl war zu Smiths Zeit bekannt: Wurde jemand aus großer Not und Ungemach zufällig errettet, so war man der Ansicht, dass Gottes Hand im Spiel gewesen sei, weil man sich den Vorgang aus menschlicher Vernunft nicht zu erklären vermochte. Die Metapher weist auf eine rationale göttliche Weltordnung, auf einen nach göttlicher Weisheit und göttlichem Ratschluss geschaffenen Weltplan, in dem alles sinnvoll ist und vonstatten geht. Zugrunde liegt hier ein rationales Modell, an das geglaubt wird, ohne für den Menschen einsichtig zu sein. Es ist der Glaube an eine göttliche Weltregierung, die auf das Gute zielt und damit auf das Wohlergehen aller weist.

Eine vierte Forderung war das Heraushalten des Staates aus dem Marktgeschehen, d.h. die Garantie der Gewerbefreiheit, der Vertragsfreiheit, der Berufsfreiheit, der Konsumentenfreiheit, des Freihandels. Das alles sind negative Freiheitsrechte wirtschaftlicher Art, bei denen der Staat sich dirigis-

188 Adam Smith: *Der Wohlstand der Nationen*. Eine Untersuchung seiner Natur und seiner Ursachen, aus dem Englischen übertragen und hrsg. von Horst Claus Recktenwald, München 1978, 11. Auf. 2005, S. 370 f.

tischer Maßnahmen enthält. Smith hatte insofern recht, als Subventionen und Zölle zu Wettbewerbsverzerrungen zwischen den einzelnen Händlern wie auch zwischen den Staaten führen. Ein gegenwärtiges Beispiel hierfür ist der Handel zwischen europäischen und afrikanischen Ländern. Die letzteren können wegen der hochsubventionierten europäischen Agrarprodukte und der Verhängung von Zöllen auf Produkte, in denen die Afrikaner im Vorteil sind, niemals auf einen grünen Zweig kommen, weil sie aufgrund der Selbstkosten ihrer Produkte nicht mithalten können.

Tatsächlich lässt sich das aufgezeigte Smithsche Modell des vollkommen freien Marktes nicht aufrechterhalten und hat daher vielfache Kritik erfahren.

Kritisch bewertet wird die Rhythmik des Modells, die aus einer ausschließlichen Betonung objektiver Sachverhalte wie Produktionskosten und der daraus abgeleiteten Nachfrage resultiert. Sie erklärt das Auf und Ab der Wirtschaft in einem vertakteten Rhythmus von Angebot und Nachfrage, sie erklärt aber nicht den steigenden Wohlstand der Allgemeinheit. Unberücksichtigt bleiben die subjektiven Faktoren wie das Bevölkerungswachstum oder der Bevölkerungsrückgang, die Innovationen und epochalen Erfindungen wie etwa die Glühbirne von Edison oder die Erfindung der digitalen Technik, die der daran beteiligten Wirtschaft einen enormen Aufschwung verschaffen. Des Weiteren spielt der Unternehmergeist des Produzenten eine Rolle, ebenso die Bereitschaft der Arbeitnehmerschaft zu Mehrproduktion oder das Nachlassen des Engagements derselben, die alle eine Dynamik zur Folge haben, entweder einen Aufschwung beflügeln oder im negativen Falle einen Abschwung beschleunigen. Überhaupt bleibt die Offenheit der Zukunft unberücksichtigt. Unvorhersehbare natürliche Ereignisse wie Naturkatastrophen (Überschwemmungen, Dürreperioden, Pandemien usw.) oder auch menschengemachte Konflikte und Kriege beeinträchtigen die Wirtschaft nachhaltig. Es ist diese Dynamik, die jährlich zu neuen Tarifabschlüssen führt, welche die Kaufkraft anheben oder abschwächen.

Ein zweiter Faktor ist der Konkurrenzkampf, der nicht wie beim Tausch auf lokalen Märkten auf den Sachwerterhalt aller Beteiligten zielt und allen ein moderates Einkommen garantiert, also grundsätzlich auf einem Wohlwollen und Solidaritätsgefühl basiert[189], sondern der auf der rigorosen Durchsetzung der eigenen Interessen und dem Überlebenskampf nach dem darwinistischen Motto *survival of the fittest* basiert. Er weist auf einen schrankenlosen Egoismus, der dem Einzelnen keine Wahl lässt, sondern ihn zwingt, mitzumachen. Um den Kampf zu gewinnen, muss der Andere über-

189 Ein Händler auf einem orientalischen Markt wird einer Witwe mit 6 oder 10 Kindern selbstverständlich nicht denselben Preis abverlangen wie einem Touristen.

trumpft und außer Gefecht gesetzt, d.h. vernichtet werden, oder man geht selbst zugrunde. Der entfesselte Überlebenswille und die Gier zwingen jeden, diesen mörderischen Kampf aller gegen alle mitzumachen.

Wie bei der politischen Freiheit von negativen und positiven Freiheitsrechten die Rede war, wobei die ersteren die Absenz von staatlicher Bevormundung und Einflussnahme meinten, die letzteren die Gestattung und Betonung von Privateigentum, Besitz und Vermögen, so kann gleiches auch für die freie Marktwirtschaft gesagt werden. Während es in Smith' Theorie allein um die Vorteile des freien Marktes bei Abwesenheit staatlicher Eingriffe und dirigistischer Maßnahmen ging, geht es heute in der modernen Form des freien Marktes, dem Kapitalismus, um die Vorteile eines kapitalorientierten Marktes. In der kapitalistischen Wirtschaftsordnung spielt das Vermögen eine eminente, ja, die entscheidende Rolle, was weder sozial schlecht noch moralisch verwerflich ist, da Vermögen Sicherheit, Wohlgefühl, Bildung, Kunst u.ä. ermöglicht, was auch der Grund ist, dass sich sozial engagierte Parteien um ein hinreichendes Einkommen auch der unteren und untersten Berufsgruppen bemühen. In der kapitalistischen Wirtschaftsform liegt jedoch das alleinige Gewicht auf dem Vermögen bei weitgehender Vernachlässigung des Solidaritätsgefühls, es sei denn, die Zusammenarbeit bringt größere Erträge mit sich. Die Gewinnmaximierung des Einzelnen ist für den Kapitalismus das alleinige und ausschließliche Ziel, und zur Erreichung dieses Ziels ist jedes Mittel recht. Nicht zufällig sind heute Betrügereien in großem Stile wie bei *Big Brother* oder *Wirecard* an der Tagesordnung. Täuschungsmanöver, Fake News, die das Internet befördert, mafiöse Strukturen, Lohndumping, das Sub- und Subsubunternehmertum, bei dem jede Verantwortung fehlt, durchziehen das gesamte Wirtschaftsleben und sind weitgehend gewollt und toleriert und werden auch juristisch oft nicht konsequent verfolgt. Da die materialistische Einstellung mit ihrer Gier nach immer mehr in der Gesellschaft Fuß gefasst hat und ausgeufert ist, dürfte sie nicht wieder rückgängig zu machen sein, hieße dies doch Verzicht, Selbstbegrenzung, Selbstdisziplinierung, Rücksichtnahme. Der rücksichtslose mörderische Kampf muss bis zum bitteren Ende geführt werden, wodurch die Teilnehmer sich im Übertrumpfen ihres Eigennutzes selbst vernichten.

Um die heutigen Entartungen des Kapitalismus im Vergleich zu der einst ihren Namen verdienenden sozial flankierten Marktwirtschaft zu markieren, hat man Schimpfbegriffe wie Turbo- und Raubtierkapitalismus oder auch Heuschreckenkapitalismus eingeführt, wie sie Hedgefonds kennzeichnen. Wie Heuschreckenschwärme ganze Landstriche überfallen, kahl fressen und nichts Lebendiges zurücklassen, so überfallen Hedgefonds in Konkurs geratene Firmen, machen sich über die Filetstücke her und überlassen die weniger rentablen Zweige mit ihrer Belegschaft ihrem Schicksal.

Die Folge dieser materialistisch-kapitalistischen Einstellung ist das Auseinanderbrechen der Gesellschaft in Arm und Reich, wobei die Kluft immer größer wird. In Deutschland besaßen 2017 die reichsten 10 % der Bevölkerung mehr als 56,1 Prozent des Gesamtvermögens, der überwiegende untere Teil lediglich 1,3 Prozent.[190] Bemühungen zur Behebung dieses Problems scheitern regelmäßig an dem Vorwurf einer vermeintlichen Neiddebatte.

Gleichwohl war der Wohlstand eines Großteils der Bevölkerung – der Mittelschicht – in westlichen Staaten noch nie so hoch wie nach dem Zweiten Weltkrieg. Sollte man annehmen, dass äußerer Wohlstand auch zu innerem Wohlbefinden, zu Befriedigung und Genugtuung führt, so ist dies mitnichten der Fall. Im Gegenteil hat er eine Anspruchsmentalität geschürt, die auf hohem Niveau klagt und sich in einem Nimmersatt und einer Gier nach immer mehr manifestiert. Verbunden ist damit eine Oberflächlichkeit, die sich in der Event- und Funkultur entpuppt, einer Kultur des ausgelassenen Feierns mit Bier, Alkohol und Drogen. Befragte erklären, dass sie ohne dreimalige Parties pro Woche und vor allem an Wochenenden nicht leben können; geselliges Beisammensein, Treffen und Ausgehen mit Freunden sei ein menschliches Grundbedürfnis und gehöre zu den Grundrechten der Menschheit. Da es wirkliche Not in der westlichen Welt nicht mehr gibt, die zu Anstrengungen herausfordert, und der Erwerb finanzieller Mittel leicht gemacht wird oder durch Erbe bereits vorhanden ist, bedarf es keiner sonderlichen Bemühungen und Kraftanstrengungen mehr. Normalerweise macht Not erfinderisch. Nur in den seltensten Fällen trägt diese noch Früchte wie bei der durch die Corona-Pandemie arg gebeutelten Gastronomie, die sich auf online- und Außer-Haus-Verkäufe umgestellt hat; zumeist und zunächst ruft man heute nach staatlicher Unterstützung. Auch die Corona-Krise mit ihrer Kurzarbeit und ihren Insolvenzen hat daran nichts geändert, da jeder staatlich versorgt wird und, wie statistische Untersuchungen gezeigt haben, Vermögen angespart hat.

Da jeder aufgrund seiner Mittel auf sein Privatrecht pocht, selbstbestimmt zu leben und sich von anderen nichts sagen zu lassen, nicht auf den Rat von Experten zu hören, folgt auch niemand mehr dem Rat, den Empfehlungen, den Vorschriften und Gesetzen, sondern nur noch seinem eigenen Gutdünken und seinen Vorurteilen. Das Paradigma für dieses egomanische Verhalten hat der ehemalige amerikanische Präsident Donald Trump abgegeben, der trotz Wahlniederlage diese nicht akzeptierte, sondern an seiner Lüge des Wahlbetrugs festhielt, und dies, obwohl alle Gerichte, selbst das

190 Laut *Gesellschaft des Deutschen Instituts für Wirtschaftsforschung*. Vermögensverteilung bpb vom 14.10.2020.

höchste, seine Klagen abwiesen. Ungerührt stachelt er seine Anhängerschaft und Schlägertrupps zum Weitermachen an.

Mit Wohlstand und Reichtum umzugehen, muss gelernt sein. Wir haben unseren Wohlstand noch nicht bewältigt. Es geht der Spruch um, dass es uns zu gut gehe und der Mensch mit seiner Freiheit, auch in wirtschaftlicher Hinsicht, nichts anzufangen wisse.

4. Der innere Widerspruch des Gleichheitsprinzips

Ein weiterer Schlüsselbegriff der Moderne neben Freiheit ist Gleichheit, die ebenfalls als fundamentaler Wert in den Revolutionen Englands, Amerikas und Frankreichs während des 18. und 19. Jahrhunderts erkämpft wurde und seither ein Grundbestandteil westlicher Demokratien und ein Grundrecht der Menschheit darstellt. Während Freiheit als Bedingung von Individualität unmittelbar einleuchtet und niemals infrage gestellt, sondern stets als selbstverständliche Voraussetzung von Selbstverwirklichung betrachtet wurde, hat Gleichheit nicht denselben Status, sondern scheint ein Gegenbegriff zu Individualität zu sein, selbst wenn man von Gleichmacherei, Nivellierung und Egalisierung einmal absieht, es sei denn, man assoziiert Gleichheit mit der Individualität eines jeden und somit mit der aller.

Der Beobachtung nach tritt Gleichheit einmal mehr, einmal weniger in den Vordergrund des Interesses, ist einmal ‚in', einmal ‚out'. Gerade in der heutigen Zeit während der Corona-Krise, in der viele Menschen ihre Arbeitsstellen und Jobs und damit ihre existenzielle Grundlage und Sicherheit verlieren, flammen Verteilungskämpfe und damit das Problem der Gleichbehandlung wieder auf. Proteste entstehen, wenn einige Geschäfte schließen müssen, während andere geöffnet bleiben dürfen, einige Sportarten wie Fußball mit starker Lobby stattfinden dürfen, während anderen, künstlerischen Berufen mit geringer Lobby Darbietungen versagt werden, der Friseurladen offen bleiben darf, das Fitnessstudio nebenan schließen muss. Das Thema der Gleichbehandlung und Gleichwertigkeit ebenso wie das schon länger bestehende, aber noch immer nicht definitiv gelöste Problem der Gleichstellung von Mann und Frau oder von tarifgebundenen Festangestellten und freien, nicht tarifgebundenen Arbeitern steht wieder auf der Tagesordnung.

Was bedeutet Gleichheit, zu dem der Kontrastbegriff Ungleichheit ist? Dem Begriff liegt ein Vergleich zwischen zwei oder mehreren Gliedern zugrunde, so dass wir es mit einer zwei- oder mehrstelligen Relation zu tun haben, bestehend aus mindestens zwei Relata und einem Referenten, der als Maßstab dient und in Bezug auf den die Relata miteinander verglichen werden. Der Maßstab kann ein quantitativer, qualitativer, relationaler oder modaler Art sein. So können die Relata in Bezug auf ihn in quantitativer Hinsicht die gleiche Größe haben bei sonstiger Verschiedenheit oder hinsichtlich der Qualität eine oder mehrere gleiche Eigenschaften besitzen, hinsichtlich der Relationalität gleichartige Beziehungen aufweisen wie beispielsweise Verwandtschaftsverhältnissen oder hinsichtlich der Modalität notwendig, zufällig, möglich oder wirklich sein usw. Der totale Zusammenfall der Eigenschaften beider Relata führt zur Identität beider; denn was sich in keiner Hinsicht mehr voneinander unterscheiden lässt, ist identisch.[191] Sind die Relata total verschieden und haben nichts miteinander zu tun, so sprechen wir von absoluter Differenz und Unvergleichbarkeit, was einer Isolation und Vereinzelung gleichkommt. Während Gegensätzlichkeit bzw. Oppositionalität noch einen Referenten braucht, in Bezug auf den die Relata sich als Opposita erweisen, wie im Falle von weiß und schwarz, die den Referenten Farbe haben, bedeutet die totale Verschiedenheit Unvergleichbarkeit. Nach einer anderen Konzeption von Identität und Differenz – der Hegelschen – können beide als Oppositions- oder Kontrastbegriffe aufgefasst werden, so dass sie aufeinander Bezug nehmen. Identität meint dann eine Einheit mit interner Differenz und Differenz die Trennung der Relata auf der Basis von Einheit. Unter dieser Voraussetzung verstehen sich Gleichheit und Ungleichheit relativ als mehr oder weniger Übereinstimmung der Merkmale.

Im Hinblick auf diese abstrakte Definition ist der von der französischen Revolution erkämpfte und von dort in alle westlichen Staatsverfassungen eingegangene Gleichheitsbegriff dem politischen Bereich zugehörig und meint in einem ersten und grundlegenden Sinne die formale Rechtsgleichheit aller Bürger vor dem Gesetz. Sie ist wie die negative Freiheit ein rein formaler Begriff, der alle Besonderheiten ausschließt: Alle Bürger sind vor dem Recht und Gesetz gleich, unabhängig von ihrem Geschlecht, ihrer Herkunft, ihrer ethnischen Zugehörigkeit, Hautfarbe, Religiosität, Zugehörigkeit zu einer bestimmten Verbindung usw. Dieser Gleichheitsbegriff sieht von allen qualitativen Besonderheiten der Person ab und lässt nur ein quantitatives Abstraktum, den nominell einzelnen Bürger, übrig. Gleichheit ist hier mit quantitativer Universalität verträglich. In einer zweiten, weitergehenden sozialen Hinsicht geht der Gleichheitsbegriff darüber hinaus und nimmt eine positive Konnotation an, insofern als er in einer kapitalistisch orientierten Gesellschaft auf materielle Gleichheit bzw. Chancengleichheit

191 Es gibt die amüsante Anekdote von Leibniz, der im Herbst im Hofgarten von Wolfenbüttel die Hofdamen aufforderte, absolut gleiche Laubblätter zu suchen, was natürlich misslang, da auch bei Form- und Farbgleichheit die Maserung immer verschieden ist und selbst im Falle totaler Eigenschaftsgleichheit die räumliche und zeitliche Einordnung für temporale und lokale Verschiedenheit (Nichtidentität) sorgt.

zielt, basierend auf dem Leistungsprinzip, der persönlichen Fähigkeit und deren Ausübung.

Auch dieser Gleichheitsbegriff sieht auf eine lange Tradition zurück, indem schon in der Antike sowohl in den attischen demokratischen Stadtstaaten wie in der römischen Republik nur der Vollbürger, der einen Mindestbesitz oder ein Mindesteinkommen aufweisen konnte, stimmberechtigt war und am politischen Geschehen teilnehmen durfte. Weder Frauen noch Kindern noch Sklaven, weder Heloten noch Fremdarbeitern war die politische Teilnahme gestattet. Im 19. Jahrhundert und noch zu Beginn des 20. galt in Deutschland das sogenannte Zensurwahlrecht, nach dem nur das besitzhabende Bürgertum stimmberechtigt war aufgrund des Arguments, dass derjenige, der höhere Steuern bezahlt, auch mehr Mitspracherecht in den ihn betreffenden Angelegenheiten haben müsse.

Vor die Frage gestellt, ob das Gleichheitsprinzip ein objektives oder subjektives Prinzip ist, d.h. ein rein sachliches, das als Ziel und Zweck der Gesellschaft fungiert, oder auf einem subjektiven Gefühl und Bedürfnis des Menschen beruht, geht man gewöhnlich von einem subjektiven Gefühl aus. Ähnlich wie das Freiheitsprinzip auf ein Freiheits-, Unabhängigkeits- und Autonomiebedürfnis zurückgeht, so wird auch das Gleichheitsprinzip auf ein natürliches Empfinden und Bedürfnis des Menschen zurückgeführt und damit in der Natur des Menschen begründet, ja sogar bis in die Tierwelt hinein zurückverfolgt. So hat Frans de Waal in einem vieldiskutierten und auf YouTube millionenfach angeschauten Experiment mit Kapuzineräffchen nachzuweisen versucht, dass auch diese ein ausgesprochenes Gerechtigkeitsgefühl und eine Sensibilität für Gleichbehandlung aufweisen.[192] Zu diesem Zweck unterzog de Waal die Äffchen diversen Tests. Man hatte beobachtet, dass die Tiere Spielmarken einen gewissen Werte zumessen, der größer oder geringer sein konnte und sie bewog, diese gegen hochwertige Weintrauben oder geringwertige Gurkenhäppchen einzutauschen. Aufgrund dieses Sachverhalts unterzog de Waal die Äffchen *erstens* einem Gleichheitstest, bei dem ein Individuum und sein Partner für die gleiche Leistung dieselbe Nahrung erhielten, *zweitens* einem Ungleichheitstest, bei dem der Partner für dieselbe Leistung höher bewertet wurde, *drittens* einem Leistungskontrolltest, bei dem der Partner eine höherwertige Nahrung ohne Gegenleistung bekam, und *viertens* einem Nahrungskontrolltest, bei dem das Verhalten der Tiere beobachtet wurde, wenn die begehrten Weintrauben zwar zu sehen waren,

192 Frans de Waal: *Primaten und Philosophen.* Wie die Evolution die Moral hervorbrachte (Titel der Originalausgabe *Primates and Philosophers.* How Morality Evolved, Princeton, Princeton University Press, New Jersey 2006), aus dem Englischen von Hartmut Schickert, Birgit Brandau und Klaus Fritz, München 2011, S. 64 ff.

aber nicht ausgeteilt wurden. Dabei zeigten die Äffchen folgende Reaktionen:

1. Erhielten sie eine geringwertige Belohnung, so ließen sie negative Reaktionen erkennen, indem sie die Nahrung entweder ignorierten oder die Marken wegwarfen.

2. Erhielt der Partner eine höhere Belohnung, so waren sie unwillig, den Tausch der Spielmarken gegen Nahrung zu vollziehen.

3. Wurde der Partner ohne jede Leistung belohnt, so verweigerten sie sich gänzlich.

4. Waren die begehrten Weintrauben für alle sichtbar, ohne dass sie ausgeteilt wurden, so ließ die Reaktion auf die Präsenz der begehrten Häppchen im Verlaufe des Tests merklich nach. Das Gegenteil war der Fall, wenn die Nahrung an andere Partner verteilt wurde.

Nach de Waal zeigt das Verhalten ein typisches Maß an Gerechtigkeits- und Fairnessverhalten, ein Empfinden für soziale Gleichheit, wie sie auch auf Menschen zutrifft. Die altruistische Reziprozität, die jedem ein gleiches Maß für gleiche Leistung zubilligt, entspricht dem Gerechtigkeitsgefühl, das auf Ausgleich und Harmonie abgestellt ist, während Ungleichbehandlung Empfindungen von Neid und Missgunst auslöst.

Diesem Schluss lässt sich jedoch entgegenhalten, dass es andere Tierarten gibt, z.B. aus der Primatenfamilie der Rhesusaffen, die nicht nach egalitären, sondern hierarchischen Maßstäben verfahren, indem der Anführer zuerst und die beste Nahrung erhält, dann die anderen folgen gemäß ihrer Rangordnung. Auch von Reh- und Hirschrudeln ist bekannt, dass zunächst der Platzhirsch als das dominante Tier die Futterstelle betritt und an die beste Nahrung gelangt, dann die anderen Mitglieder folgen. Dass dies nicht genderspezifisch ist, zeigt, dass bei Elefantenherden die Leitkuh vorangeht, den Weg bahnt und als erste an der Wasserstelle trinkt.

Es gibt auch in der Natur diverse Gerechtigkeits- und Fairnessmodelle, egalitäre wie hierarchische. Über Jahrtausende haben Menschen in Hierarchien gelebt, deren Funktion es war, das Leben des Individuums und das Überleben der Gattung zu sichern, indem die eine Schicht oder Klasse dem Nahrungserwerb und Austausch diente, die andere für den Schutz der Bevölkerung sorgte, die dritte für die Übersicht und Leitung des Ganzen. Nur die Ausnutzung von Privilegien, die Verzerrung der Rechte und Pflichten, führte und führt immer wieder zu Ungerechtigkeiten und unerträglichen

Benachteiligungen und evoziert Proteste und Revolutionsbewegungen, nicht die angemessene Verteilung der Rechte und Pflichten.

Dass auch demokratische Modelle mit sogenannter Egalität (Gleichheit und Gleichbehandlung) durchaus nicht gleich, sondern intern in Klassen, Schichten oder Gruppen gegliedert sind, diese jedoch nicht mehr nach Abstammung und Herkunft festlegen, sondern nach Leistung, Berufen, Interessen usw., zeigen folgende Überlegungen:

Den ideellen Ausgang bilde die absolute Gleichverteilung der natürlichen Ressourcen, indem jeder Bürger gleichen Anteil an Grund und Boden, an den Lebenselementen Erde, Wasser, Luft sowie an den übrigen Gütern: Besitz, Vermögen, Geld erhält. Jeder wird in gleicher Weise an Einkommen und Wohlstand beteiligt oder erhält die Chance, solche durch Leistungsbereitschaft zu erwerben. Man kann dies die egalitäre distributive ökonomische Gleichheit nennen. Ungleichheiten ergeben sich aus verschiedenen Gründen:

Zum einen können sie entstehen aufgrund freier Entscheidung, die selbstverantwortet ist, z.B. wenn jemand sich entschließt, die Ressourcen zu verschenken oder zu genießen, statt zu ihrem Erhalt und zu ihrer Vermehrung beizutragen.

Zum anderen können sie fundiert sein in nicht frei verantworteten Entscheidungen wie Unglück, Krankheit, zufälligem Pech, Naturkatastrophen wie gegenwärtig der Corona-Pandemie, also durch kontingente Umstände entstehen.

Und zum dritten haben sie oft ihren Grund in natürlicherweise gegebenen Behinderungen körperlicher oder geistiger Art.

In den beiden letzteren Fällen sorgt eine sozial orientierte egalitäre demokratische Gesellschaft für Ausgleich, sei es in Form von Grundeinkommen, Versicherung, gegebenenfalls Notversorgung. Sofern Chancengleichheit hinsichtlich Ausbildung, Schule, Beruf, Lebens- und Freizeitgestaltung gewährleistet ist und eine ausreichende Grundversorgung auch in Notfällen besteht, ist die Gesellschaft bereit, Ungleichheiten ökonomischer wie sozialer Art zu tolerieren, da rationale Argumente und Gründe das Zustandekommen dieser Ungleichheiten erklären. Dass mehr Leistung mehr Verdienst nach sich zieht als weniger Leistung, leuchtet jedem ein, z.B. dass Teilzeitarbeit nicht in der gleichen Weise honoriert werden kann wie Überstunden, Schichtarbeit oder Schwerstarbeit. Was die Einstufung der Leistung körperlicher und geistiger Art betrifft, so wird sie in demokratischen Gesellschaften ausgehandelt. Sie richtet sich nach Angebot und Nachfrage und ändert sich ständig. In vielen Staaten wird physische Arbeit weniger geschätzt als geistige, da sie von der Mehrzahl der Bevölkerung erledigt werden kann gegenüber der kleineren Anzahl geistig Qualifizierter, deren Ausbildung lange dauert, obgleich körperliche Arbeit wie bei Stahlarbeitern, Möbeltransporteuren, Kranken- und Pflegepersonal Schwerstarbeit ist oder wegen des hohen Infektionsrisikos gefährlich. Eine Abwertung der früher geschätzten geistigen Arbeit erfolgte mit der Akademikerschwemme, da gegenüber den 6-7% Abiturienten und Studienanfängern vor 50 Jahren heute 40-50% der Jugendlichen studieren und damit den Arbeitsmarkt überschwemmen und sich häufig mit niederen Berufen, die von jedem ausgeführt werden können wie Taxifahrten und Hilfsarbeiten, begnügen müssen. Ebenso hat die frühere Nachfrage nach literarisch-humanistischer Bildung zu der heute verlangten naturwissenschaftlich-technischen Ausbildung gewechselt. Gefragt sind gegenwärtig Informatiker und Computerspezialisten. Die Bedürfnisse einer Gesellschaft und die Zahl und Qualität der Angebote regeln die Tarife und Einkommen entweder durch Kompromisse und Konsens wie in der Schweiz oder wie in Streitgesellschaften der meisten anderen westlichen Länder durch Streiks, Proteste und Demonstrationen. Bei allzu großer Kluft zwischen Arm und Reich, so wenn ein Manager mit Leitungsaufgaben unverhältnismäßig mehr verdient als die ihm Unterstellten, beispielsweise wenn er bei zehn Untergebenen nicht zehnmal mehr, sondern hundertmal mehr verdient, kommt es zu Ungerechtigkeitsdebatten, oft fälschlich als Neiddiskussion deklariert, und Protesten. Bei guter, rational nachvollziehbarer argumentativer Begründung finden demokratische Gesellschaften nach mehr oder weniger langen Verhandlungen meist einen Konsens. So sind im Grunde egalitäre Gesellschaften wie Demokratien trotz formaler Rechtsgleichheit intern ungleich strukturiert, dies aber auf der Basis von Akzeptanz.

Ist dies die Situation, wie lässt sich dann erklären, dass es trotz genereller Zustimmung und eines hohen Lebensstandards in den westlichen Demokratien immer häufiger und immer heftiger zu Demonstrationen, Protest- und Verweigerungsbewegungen kommt, die das Signum von Destruktions- und Verfallserscheinungen tragen. Offensichtlich dadurch, dass bei Ungleichverteilung ein Teil der Bürger sich stets benachteiligt fühlt gegenüber dem anderen privilegierteren Teil, was einen ständigen, aufreibenden Kampf um mehr Profite und Privilegien auslöst, welcher das labile gesellschaftliche Gefüge aus dem Gleichgewicht bringt. Die moderne kapitalistische Gesellschaft ist grundsätzlich durch Gier nach mehr Profit gekennzeichnet. Explizite oder implizite Hierarchien mit Privilegien tragen daher das Potential der Auflösung in sich. Die westlichen Demokratien widersprechen sich insofern, als sie einerseits auf den Gleichheitsgrundsatz pochen, andererseits interne Ungleichheit zulassen aufgrund eines doppelten Gleichheitsverständnisses.

Der Soziologe Georg Simmel hat in einem Artikel *Die beiden Formen des*

Individualismus[193] einen historischen Wandel der Individualitätsvorstellung aufgezeigt, dem ich ein Stück weit folgen werde. Während Simmel jedoch die neue politische Aufgabe darin sieht, eine Weiterentwicklung des Individualitätsbegriffes vorzunehmen, möchte ich die beiden Begriffe zur Erklärung der gegenwärtigen Krisensituation benutzen.

Simmel geht aus von der französischen Revolution und ihrer Suspendierung der antiquierten, erstarrten Klassendifferenz und -hierarchie mit ihren „Sklavenfesseln, unter denen man nicht atmen konnte". Aufgehoben wurden die „Vorrechte der oberen Stände", die „despotischen Kontrollen von Handel und Wandel", „die immer noch mächtigen Reste der Zunftverfassung" wie „der unduldsame Zwang des Kirchentums", „die Fronpflichten der bäuerlichen Bevölkerung" wie „die politische Bevormundung im Staatsleben und die Einengungen der Staatsverfassung". Die Absetzung dieser Verhältnisse führte zu Freiheit und Gleichheit, welche zu Grundlagen der freien Entfaltung der individuellen Persönlichkeit wurden. Die einstigen Verhältnisse mögen historisch berechtigt gewesen sein und der Staats- und Persönlichkeitsbildung gedient haben, sind inzwischen aber obsolet und absetzungsreif geworden. An ihre Stelle sind Freiheit und Gleichheit der Individuen getreten, wobei man im 18. Jahrhundert, im Zeitalter der Aufklärung, unter Individualität nur den „Menschen im allgemeinen", „den Menschen überhaupt", das allgemeine Wesen des Menschen verstand, das in allen Individuen, so verschiedenartig sie sein mochten, gleichartig ist. Fichte formulierte das gesellschaftliche Ideal so: „Ein Vernunftwesen muss schlechthin ein Individuum sein, aber nicht eben dieses oder jenes bestimmte", sondern ein allgemeines.

In dieser Konzeption kündigte sich ein Doppelwesen und damit ein Widerspruch an: Auf der einen Seite war das allgemeine, abstrakte, vernünftige Wesen des Menschen gemeint, das allen Individuen zugrunde liegt und gleichartig ist, auf der anderen Seite das subjektive, private, persönliche, individuelle Ich, das bei jedem ein anderes und einzigartig ist. Diese ambivalente Vereinigung von nivellierter Gleichheit und spezifizierter Ungleichheit ging im 19. Jahrhundert in zwei gänzlich divergente Strömungen ein, die man pointiert und unter einem gewissen Vorbehalt *Gleichheit ohne Individualität* und *Individualität ohne Gleichheit* nennen könnte. Die erstere Art formte den Sozialismus, die letztere das absolute Gegenstück, den Idealismus, der von Goethe über Schleiermacher und die Romantik bis zum Nietzscheanismus führte und den Menschen in seiner Einmaligkeit und Unwiederbringlichkeit, seiner Signifikanz, ja, Absolutheit (als Spiegel der Gott-

193 Georg Simmel: *Die beiden Formen des Individualismus*, in: *Das freie Wort*, Jg. 1, Nr. 13 (1901), S. 397-403.

heit) verstand. Simmel führt als Beispiel Goethes *Wilhelm Meister* an, an dem „eine Welt gezeichnet wird, die ganz auf die individuelle Eigenheit ihrer Individuen gestellt ist und sich nur durch sie organisiert". Bei Schleiermacher gewinnt das Konzept anschaulichen künstlerischen Ausdruck: Jedes Individuum ist Ausdruck und Spiegel des gesamten Weltseins. Jeder Mensch ist ein Kompendium der Menschheit in einer besonderen unvergleichlichen Art. Bei Nietzsche ist es der große, der Übermensch, der keinem anderen gleicht, der sich elementar von anderen unterscheidet. Hierin kommt eine ganz neue Wertung eines qualitativen Individualismus zum Ausdruck, der sich von der allgemeinen Form des freien Ich total unterscheidet. In dieser höheren Natur des großen Menschen, in diesem Anderssein, in dieser Rangdistanz gründet nach Simmel Nietzsches Hass gegen Kants Moralismus und dessen Ideal: die formale Gleichheit des abstrakten allgemeinen Ich.

Während Simmel unter Berufung auf Stirners Konzeption des menschlichen Daseins, zu dem auch Individualität gehört, die jedoch jeden Inhalts entleert ist und die entgegenstehende Welt im modernen Sinne egoistisch nur zum Gegenstand des Gebrauchs und Verbrauchs macht, es als Aufgabe der Gegenwart betrachtet, ein neues Vermittlungsmodell zu finden, sehe ich ein Weiterwirken des ambivalenten Nietzscheschen Konzepts der großen, einmaligen Persönlichkeit, die sich von allen anderen abgrenzt und über alle anderen erhebt, sich als Spiegel des gesamten Universums versteht und die Gefahr der Selbstauflösung in sich birgt. Es ist dieses Bild des Menschen von sich, der selbstherrlich, absolutistisch, schrankenlos sich auf sich selbst stellt, sich seine Welt erschafft gegen die jedes anderen und so in Konflikt mit jedem anderen gerät.

Was gegenwärtig in den Demonstrationsbewegungen an Verschwörungstheoretikern, Coronaleugnern, Maskenverweigerern und Rechtsextremisten unterwegs ist und gegen die offizielle Staatsmacht opponiert, gegen deren angebliche Bevormundung, Selbstermächtigung und Entmächtigung der anderen, verkörpert genau diesen Typ sich anmaßender Größe und Selbstvollkommenheit. Die Gruppe ist heterogen; gemeinsam ist den Teilnehmern die Aufkündigung des Vertrauens, der Loyalität gegenüber den etablierten Parteien und Politikern und die Aufkündigung des gemeinsamen Handelns, um an deren Stelle die eigene Ideologie als unumschränkte zu setzen und durchzusetzen.

Dass sich dieses Phänomen gerade in der weltweiten Corona-Epidemie zeigt, deutet darauf, dass die Allmachtsträume der Verschwörungstheoretiker, an die diese glauben, mit Kontrollverlusten und Angst einhergehen, der Situation nicht gewachsen zu sein. Verschwörungstheorien sind ein Indiz für Krisensituationen. Herrschte bisher die Meinung, der Mensch sei *maître et possesseur de la nature* und könne alles meistern, so zeigt sich jetzt überdeutlich das Versagen gegenüber den Naturmächten und ihren Folgeschäden. Hinter dem aufgebauten Popanz wird das eigene Versagen und die Ohnmacht des Menschen umso spürbarer.

Erstmals hört man jetzt auch öffentlich die Frage, ob das kapitalistische demokratische System überhaupt das richtige sei und die Demokratien westlicher Prägung qualifiziert, die Probleme der Zukunft zu lösen, was bislang nur wissenschaftlich diskutiert wurde. Hinzu kommen andere Gründe wie die Zeitakzeleration, der rapide Wandel der Lebensverhältnisse und Berufsbilder, die Unsicherheiten, das lebenslange Lernen und Suchen nach neuen Jobs ohne Gewähr, dass welche zur Verfügung stehen. Das alles sind Faktoren der Beunruhigung. Sie erzeugen das Gefühl, dass die alte Ordnung der Welt über einem zusammenbricht, ohne dass man weiß, wie eine neue Ordnung aussehen soll und kann. Jeder meint zwar, es zu wissen und besser zu wissen als der andere, und spürt doch sein eigenes Versagen.

Der andere Teil der Gesellschaft – noch etabliert – ergeht sich in einer Vogel-Strauß-Politik durch Wegschauen und nährt doch instinktiv die Ahnung, keinen Rat zu wissen. Man stürzt sich von einem Event ins andere, in Genuss, Schwelgerei und Luxus. Man will das Leben noch einmal in vollen Zügen genießen, bevor es zu Ende ist. Exakt dasselbe Verhalten zeigte sich nach dem 30-jährigen Krieg und dessen Hinterlassenschaft von totaler Zerstörung und Verwüstung des Landes mitsamt der Infrastruktur, der bittersten Armut. Das anschließende Barock mit seiner Ambiguität einerseits von *vanitas*-Verzweiflung, andererseits von unvorstellbarer Prunk-, Verschwendungs- und Rauschsucht war darauf die Antwort. Man lebt nur einmal und ist nur einmal jung, und dies eine Mal will man genießen. Das ist die Devise auch der heutigen Gesellschaft angesichts der Corona-Krise. Es handelt sich um zwei Seiten derselben Medaille.

Was die Gleichheit total Ungleicher betrifft – die distributive Gleichheit absolut ungleicher Charaktere, Lebensentwürfe, Verhältnisse, die sich jeweils für absolut nehmen –, so kollabiert sie in sich selbst aufgrund ihrer Widersprüchlichkeit. Dass jeder sich für absolut hält und dem Anderen seine Absolutheit bestreitet, widerspricht sich selbst. Dies ist ein zu Ende gedachtes Gedankenspiel, das die Aufgabe und Verpflichtung nicht hindert, nach neuen Modellen Ausschau zu halten, wie es sie historisch immer gegeben hat und wohl auch weiterhin geben wird. Es zeigt die konstitutiven Schwächen des gegenwärtigen Konzepts, denen entgegenzuwirken ist, wenn Gesellschaften, in welcher Form auch immer, weiterhin funktionieren sollen.

5. Das Wohlstandsparadox: die biologische Selbstsuspendierung des Individualismus

Trotz einer Vielzahl widriger Umstände wie der überdurchschnittlichen Sterberate Corona-Infizierter – inzwischen weltweit über eineinhalb Millionen –, der Hungertoten in Zentralafrika wegen Dürreperioden, der Überschwemmungstoten wegen Tsunamis und Überflutungen in Asien erleben wir weltweit eine explosionsartige Zunahme der Erdbevölkerung. Die Zunahme der Weltbevölkerung dürfte sich weiter fortsetzen und nach Berechnungen der UNO von 3,7 Milliarden Menschen 2020 auf 9 Milliarden im Jahre 2050 ansteigen, nach anderen Schätzungen sogar auf 11 Milliarden.

Umso erstaunlicher ist es, dass im Westen und in einigen anderen reichen Ländern des Ostens wie Japan ein Bevölkerungsknick und Rückgang der Bevölkerungszahl zu verzeichnen ist unabhängig von den oben genannten Faktoren, der offensichtlich so dramatisch ist, dass das Bundesministerium für Forschung und Technologie in Deutschland eine Studie in Auftrag gab, die demographische Zwickmühle für hochentwickelte Industrieländer – darunter Deutschland – zu untersuchen, die sich einerseits durch den demographischen Rückgang, andererseits durch die kulturelle Überfremdung nachrückender Zuwanderer aus fremden Kulturen ergibt. Die Resultate haben Meinhard Miegel und Stefanie Wahl in ihrem Buch *Das Ende des Individualismus*[194] niedergelegt.

Was sind die Gründe dieser Entwicklung? Zu nennen sind zwei, die sich unter den Stichworten *erstens* Frauenemanzipation/Gleichberechtigung und *zweitens* Alterspyramide zusammenfassen lassen.

Das letzte Jahrhundert hat einen kulturellen Umbruch mit sich gebracht von einem jahrhundertelangen Patriarchat zu einer Gleichberechtigung von Mann und Frau, einen Umbruch, der zwar noch nicht abgeschlossen ist, aber für unumkehrbar gilt trotz mancher Rückfälle. Vorbereitet durch die Emanzipationsbewegung der Suffragettes in England im 19. Jahrhundert, gab es insbesondere nach dem Zweiten Weltkrieg einen Emanzipationsschub, der bedingt war durch den Umstand, dass durch den Verlust eines Großteils der männlichen Bevölkerung im Krieg die Frauen selbst das Heft in die Hand nehmen und die Aufgaben und Verpflichtungen erfüllen mussten, die bis anhin dem männlichen Geschlecht zukamen. Da die Frauen jetzt selbst ‚ihren Mann' stehen mussten, drängten sie auch in die traditionellen Männerberufe: Handwerksberufe, Soldatenberuf, Politikerberuf, Diplomatendienst usw. Tischlerinnen sind heute ebenso wenig eine Seltenheit wie Soldatinnen, Pilotinnen, selbst eine Weltraumfahrerin gibt es. Die höchsten Sprossen

194 Meinhard Miegel, Stefanie Wahl: *Das Ende des Individualismus*, a.a.O.

der Karriereleiter sowohl im universitären wie im politischen Bereich werden angestrebt; es gibt heute eine Bundeskanzlerin, Ministerpräsidentinnen, Professorinnen usw. Langsamer geht es allerdings in der Wirtschaft mit der Besetzung höchster Stellen in börsenkotierten Bereichen vor sich, die immer noch Männerdomäne sind.

Bei der langen Ausbildungszeit, insbesondere der höheren Qualifikation, sowie dem dauerhaften Konkurrenzkampf um gut dotierte Posten und soziales Prestige erwiesen sich die alten Wertvorstellungen als hinderlich und führten zu grundlegenden Veränderungen der Gesellschaft. Die Großfamilie wurde zugunsten der Kleinfamilie aufgelöst, diese zugunsten freier Partnerschaften und Patchworkfamilien; ganz neue Eheformen und Partnerschaften von Gleichgeschlechtlichen traten auf den Plan; vor allem wurde das Singledasein Mode. In modernen Großstädten sind Singel-Haushalte keine Seltenheit mehr, sondern liegen im Trend. Es zeigen sich überall Auflösungserscheinungen von ehemals festen und selbstverständlichen Verbindungen zugunsten des Individuums, das sein Leben allein zu meistern glaubt.

Dies hat weitreichende Konsequenzen für die modernen individualistischen demokratischen Gesellschaften. Wer heute etwas erreichen will, sei es ökonomisch, sei es auf der sozialen Stufenleiter, bedarf einer langen schulischen und beruflichen Ausbildung, die weit über das 30. Lebensjahr hinausreicht. Auf diesem langen Weg des Egotrips und der Karriere sind Kinder, die Zuwendung, Liebe und Fürsorge benötigen, hinderlich, da sie von der Selbstausbildung und Selbstpflege des eigenen Ich abhalten. Nicht zuletzt stellen sie einen Kostenfaktor dar, wenn man ihnen dieselbe Ausbildung und dieselben Berufschancen einräumen will, die man selbst für sich in Anspruch nimmt. Dazu gehört die Ermöglichung aller beliebigen Sportarten, Gymnastik, Tanz, Ballett, ebenso Geigen- und Klavierunterricht, Reisen wie auch Unterricht in verschiedenen Sprachen, um gesellschaftsfähig zu werden. Wünschen sich manche Paare ein Kind, so müssen sie angesichts der langen Ausbildung und des anschließenden dauerhaften Konkurrenzkampfes gerade in den obersten Etagen erkennen, dass ihnen für die Erfüllung ihres Kinderwunsches keine Zeit bleibt und es dann oft zu spät ist. Es gilt die Regel, je höher das Einkommen und das gesellschaftliche Ansehen desto geringer die Nachwuchsrate. Ein drastischer Geburtenrückgang in allen fortschrittlichen individualistischen Gesellschaften ist die Konsequenz. Alle Bemühungen, die früher dem Nachwuchs gewidmet waren, werden jetzt auf das eigene Ich konzentriert, so dass eine Egomanie die Folge ist. Gerade an Künstler- und Wissenschaftlerbiografien ist abzulesen, dass die betreffenden Personen selbst engere Bindungen scheuen und auf Nachkommenschaft verzichten. Erklärt wird dies dann als persönliches Opfer, das man für seine Karriere zu bringen bereit sei. An die Stelle des reichen Kindersegens, der früher dazu diente, sich Nachruhm zu verschaffen, ist heute der Wunsch getreten, durch eigene Forschungsleistungen oder Spitzenpositionen sich einen Namen zu machen. Die Präferenz eines bestimmten attraktiven Berufes, den man anstrebt, oder eines bestimmten Lebensstils, dem man sich verschrieben hat, sind die am häufigsten genannten Gründe für die Ablehnung von Kindern, so dass in westlichen individualistischen Staaten die Geburtenrate auffallend rückläufig ist.

Auf der anderen Seite steigt aufgrund der verbesserten Gesundheitsvorsorge und versorgung sowie aufgrund verbesserter Hygienemaßnahmen und einer ausreichenden und abwechslungsreichen Ernährung die Lebenserwartung und damit die Alterspyramide der Bevölkerung exorbitant an. Das Lebensalter des Menschen hat sich in den letzten Jahren und Jahrzehnten enorm erhöht. Betrug das Durchschnittsalter bei Naturethnien 35 Jahre, so stieg es in Deutschland zwischen 1850 und 1950 auf 65 Jahre, zwischen 1950 und 2000 auf 75-80, bei Frauen um fünf Jahre länger aus genetischen Gründen. Statistiken belegen eindeutig den Anstieg des Bevölkerungsalters und die Vergreisung der Gesellschaft. Miegel und Wahl beschreiben die Situation anhand einer solchen Statistik[195] wie folgt:

> „Den Trend der Vergreisung der deutschen Bevölkerung verdeutlicht Schaubild 13. Danach bilden zu Beginn der neunziger Jahre die Gruppe der unter 20jährigen und die Gruppe der über 60jährigen jeweils ein Fünftel, die Gruppe der 20- bis 60jährigen drei Fünftel der Gesamtbevölkerung. Im Jahre 2000 liegt der Anteil der unter 20jährigen bei nur noch knapp einem Fünftel, der Anteil der über 60jährigen jedoch bereits bei einem Viertel der Bevölkerung. Entsprechend geht der Anteil der 20- bis 60-jährigen zurück.

In der Folgezeit vermindert sich der Kinder- und Jugendanteil immer weiter, während der Altenanteil zunimmt. Im Jahre 2030 sind nur noch knapp 16 v.H. der deutschen Bevölkerung jünger als 20 Jahre gegenüber 38 v. H., die älter als 60 Jahre sind. Entsprechend sind nur noch 46 v. H. der Bevölkerung zwischen 20 und 60 Jahre alt. Dabei nimmt der alte Bevölkerungsteil nicht nur anteilmäßig, sondern auch absolut zu. Obwohl sich die deutsche Bevölkerung von 72 Millionen Anfang der neunziger Jahre auf 57 Millionen Menschen im Jahre 2030 verringert, steigt die Zahl der unter 60jährigen von knapp 16 Millionen auf annähernd 22 Millionen an. Besonders beachtlich entwickeln sich auch die Zahl und der Anteil der über 80jährigen. Ihre Zahl

195 Vgl. Meinhard und Wahl: *Das Ende des Individualismus*, a.a.O., S. 98

dürfte 1990 bis 2030 von rund 3 Millionen auf über 4 Millionen, ihr Anteil an der Bevölkerung von 4 v. H. auf 7 v. H. steigen."[196]

Da ein Großteil der Betagten heute in Alten- und Pflegeheimen lebt und zur Aufrechterhaltung des Lebens Pflegepersonal benötigt, das vom aktiven, jedoch zunehmend schrumpfenden Bevölkerungsteil erbracht werden muss, zeichnet sich das Dilemma ab, entweder den Rückgang der eigenen Wirtschaftskraft und Versorgung hinzunehmen bis zum eigenen Untergang oder Fremde aus anderen Kulturen zur Aufrechterhaltung der Versorgung und der Wirtschaft aufzunehmen, damit allerdings auch eine Überfremdung der Gesellschaft, eine Zurückdrängung der eigenen Kultur sowie der eigenen biologischen Masse zuzulassen. Die Autoren der obigen Studie haben diese Möglichkeiten klar vor Augen gestellt:

> „Das aber heißt, individualistische Kulturen zerstören sich selbst. Denn entweder hält die Bevölkerung an den Maximen solcher Kulturen fest. Dann wird sie zahlenmäßig solange abnehmen, bis sie als Träger dieser Kultur ausfällt. Oder die Bevölkerung will ihre physische Existenz sichern. Dann muss sie die Maximen individualistischer Kultur aufgeben. Oder ihr kulturell bedingter zahlenmäßiger Schwund wird fortwährend durch Zuwanderung ausgeglichen. Dann wird ihre individualistische Kultur nach und nach durch weniger individualistische Kulturen verdrängt."[197]

Welche Verantwortung ergibt sich aus diesem Sachverhalt?

Wirft man den modernen individualistischen Gesellschaften Verantwortungslosigkeit: Egoismus und unsolidarisches Verhalten wegen der Reduktion der Reproduktionsrate des Nachwuchses vor, so ließe sich umgekehrt fragen, ob nicht auch nicht-individualistische Gesellschaften mit ihrer ungebremsten, explosiven Massenreproduktion ebenso zum Untergang von Gesellschaften beitragen, da für diese Massen weder ausreichender Lebens- und Wohnraum noch landwirtschaftlich zu nutzende Flächen noch ausreichende Nahrungsmittel zur Verfügung stehen. Geht man davon aus, dass die Fertilitätsrate einer gesunden Frau bei 10-12 Kindern während ihres Lebens liegt[198], so zeigen schon Naturethnien und naturnah lebende Stämme, dass sie allenfalls die Hälfte der Kinder zur Welt bringen und außerdem je

196 A.a.O., S. 97.

197 A.a.O., S. 64.

198 Vgl. a.a.O., S. 161, Anm. 3.

nach Verfügbarkeit oder Nichtverfügbarkeit von Nahrung, also in Not- und Mangelzeiten, Infantizid und Senizid üben[199], so dass die Geburtenregelung von biologischen Ressourcen abhängt sowie von kulturellen und ethischen Erwägungen. Da die Weltbevölkerungsexplosion menschengemacht ist, läßt sie sich auch nur menschengemacht verändern, wozu traditionelle Religionen kaum ihr Einverständnis geben werden, auch wenn Entwicklungshelfer mit Aufklärungsprogrammen zur besseren Schulbildung und Aufklärung der Mädchen und jungen Frauen in Entwicklungsländern beitragen. Andererseits lässt ein humanistisches Weltbild ein bloßes Dahinvegetieren von Menschen durch künstliche Nahrungsversorgung, aber ohne Schul- und Berufsausbildung und ohne Perspektive für die spätere Ausübung eines Berufes, wie dies schon jetzt in den zahlreichen Flüchtlingscamps zu studieren ist, nicht zu.

Was ist zu tun bei einer Menschheit, die aus den Fugen geraten ist und die Balance verloren hat?

Dürreperioden, Überschwemmungen,Vulkanausbrüche oder auch Krankheiten und Seuchen wie im Mittelalter die Pest, die Europa dreimal überzog und ein Drittel der Bevölkerung dahinraffte, oder die wahrscheinlich auf einen Vulkanausbruch in Indonesien zurückgehende kleine Eiszeit im 18. Jahrhundert, welche Hungersnöte und Armut heraufbeschwor und zur Auswanderung großer Bevölkerungsteile wie aus Irland nach Amerika zwang, dezimierten die Bevölkerungszahl in früheren Zeiten drastisch. Sowohl Naturkatastrophen wie menschengemachte Kriege wie der Dreißigjährige Krieg hielten die Bevölkerungszahlen und die zur Verfügung stehenden Ressourcen in etwa im Gleichgewicht. Völkerwanderungen in kleinerem oder größerem Ausmaß hat es immer schon gegeben auf der Suche der Menschen nach besseren Lebensbedingungen, was nicht zuletzt zur Verdrängung ansässiger Stämme und Völker führte. Im Moment aber erleben wir weltweite Migrationsströme nicht nur in Europa, auch in Asien und Amerika. 18 Millionen Afrikaner stehen vor der Haustür Europas und begehren Einlass, teils aufgrund von Dürreperioden, die Menschen und Vieh verhungern lassen, teils aufgrund korrupter Regime, die die Menschen zur Flucht nach einem besseren Leben nach Europa drängen. Gerade gingen wieder Bilder durch das Fernsehen von Tausenden von Flüchtlingen aus Guatemala, die vor Armut, Kriminalität, Gewalt und Mord aus ihrem Land über Honduras und Mexiko in die USA streben und mit brutaler Polizeigewalt zurückgehalten werden und die dennoch versuchen werden, illegal über Zäune und Mauern hinweg in die USA zu gelangen. Auf der Erde sollen laut UNO-Bericht 80 Millionen Menschen auf der Flucht und Wanderung sein.

199 Dies allerdings immer weniger, da auch bei ihnen die Moderne Einzug gehalten hat.

Ein gravierendes Problem, das immer dramatischer wird, stellt der Wassermangel dar sowie der Streit der Völker und Staaten um die Wasserverteilung. Wird ein neuer Staudamm errichtet wie gegenwärtig in Äthiopien der Nilstaudamm, um das eigene Land mit Wasser und Strom zu versorgen, so darbt ein anderes Land wie das jahrtausendealte Kulturland Ägypten, dessen Landwirtschaft auf die Nilschwemme angewiesen ist, da es nur 10% des Wasserbedarfs aus eigenen Quellen decken kann. Schon der Bau des Assuan-Staudammes im Süden des Landes führte dazu, dass der fruchtbare Nilschlamm sich vor dem Damm ablagert und mühevoll abgetragen und auf die Wüstenfläche transportiert werden muss, um dort Feld- und Gemüseanbau zu ermöglichen. Nicht geringer ist der Streit um Wasser zwischen Israelis und Palästinensern um das Jordanwasser, das von den Israelis zur eigenen Bewässerung abgezweigt wird und damit dem anderen Volk die Lebensgrundlage entzieht.

Die Reinhaltung von Luft, Wasser und Böden stellt ein weiteres Problem dar, das mit wachsender Bevölkerungszahl immer kritischer wird. Die hinreichende Versorgung der Menschen mit Nahrungsmitteln setzt die Überdüngung der Böden mit Nitraten und anderen Chemikalien, die Überweidung der Landwirtschaftsflächen, die Abholzung der Urwälder wie gegenwärtig in Brasilien, Indonesien, Papua-Neuguinea zur Gewinnung neuer Landwirtschaftsflächen für Viehherden oder für die Ölpalmenindustrie voraus. Zunehmender Verkehr, sei es durch Laster, Privatwagen, Flugzeuge usw., verlangt größere Energiemengen, was wiederum den CO_2-Ausstoß steigert und damit auch die Luftverschmutzung. Die Ersetzung eines Rohstoffes durch einen anderen, der Kohle durch Atomenergie, der Atomenergie durch erneuerbare Windmühlenkraft, des Erdöls durch pflanzliches Öl, der Benzinmotoren durch Elektromotoren und jüngst durch Wasserstoffantrieb, bringt keine definitive Lösung, da die Behebung eines Problems ein neues nach sich zieht. Selbst die Ersetzung von Rohstoffen durch erneuerbare Energien wie Windmühlenkraft verlangt zum Betrieb Elektrizität, die noch aus Ölfracking oder Kohleabbau oder Atomkraftwerken gewonnen wird. Dass eines Tages Elektrizität nur aus erneuerbarer Energie gewonnen werden könnte, dürfte eine Illusion sein. Das angestrebte Recycling gelingt nur in sehr beschränktem Maße. Jede freudig begrüßte und hochgejubelte Innovation zieht neue Schwierigkeiten nach sich, da der Mensch nicht wie ein planendes göttliches Wesen alle zu berücksichtigenden Faktoren im Auge hat. Einmal angeschobene Prozesse rückgängig zu machen, ist eine Illusion.

Bei einer Überbevölkerung, die keine Auswanderung wie in früheren Jahrhunderten nach Amerika oder Australien zulässt, auch nicht in kosmische Sphären auf andere Planeten[200], bliebe nur der Kampf aller gegen alle *oder* die Rückkehr zu den alten traditionellen Tugenden der Selbstbescheidung, in diesem Falle der Kinderreduktion auf die Zwei-Kinder-Familie wie in China, dem Verzicht auf eine Wegwerfmentalität und Überflusskultur. Die traditionellen Werte Selbstbeschränkung, Selbstdisziplinierung, Verzicht und Demut sind obsolete Werte geworden, da die westliche Maxime das ‚immer mehr' ist. Auch die in den achtziger Jahren des letzten Jahrhunderts vom Club of Rome ausgegebene Devise „*small is beautiful*", die aus Sorge um die Ausschöpfbarkeit der natürlichen Ressourcen entstand, ist gescheitert, da sie dem Denken und Handeln der auf Optimierung abgestellten westlichen Lebensform widerspricht, die mit der Betonung des Individualismus den Egoismus forciert.

Bei den Überlegungen fehlt das Gedankenexperiment, was aus einer Weltgesellschaft wird, wenn die unzähligen Menschen unterentwickelter Länder ebenso zu Bildung, Arbeit und Wohlstand gelangen wie die entwickelten. Ist dann ebenfalls ein Geburtenknick und eine steigende Alterspyramide zu erwarten? Wer wird dann in die Lücke nachrücken und diese ausfüllen und für die überalterte Menschheit sorgen? Die Quintessenz ist pessimistisch und düster, nämlich Selbstaufhebung der Menschheit.

6. Die Historizität des wissenschaftlichen Wissens – die Nicht-Absolutheit der Wahrheit

Außer den Hauptstützen des neuzeitlichen Individualismus: Freiheit, Gleichheit und Wohlstand darf das Wissen nicht fehlen, da Wissen in Form des naturwissenschaftlichen Wissens für unsere Gesellschaft das Wichtigste ist, wichtiger noch als die vorgenannten Momente, da es für das Überleben und Agieren der Gesellschaft konstitutiv ist. Wissen ist Problemlösungskompetenz, mittels deren die Gesellschaft die sich ihr stellenden Probleme und Schwierigkeiten bewältigt und ihr Überleben sichert.

Da die zu bewältigenden Aufgaben sich ständig ändern, sei es aufgrund technischer Innovationen oder unvorhersehbarer geologischer, klimatischer, epidemiologischer Veränderungen, denen sich das Wissen anpassen muss, verzeichnen wir nicht nur eine Vielzahl von Wissensarten, sondern auch eine Geschichte der Wissenstypen, die nicht als Spezifikation eines bestimmten Typus aufzufassen sind, sondern als total heterogene, nicht aufeinander reduzierbare Ansätze von Wissensformen. Angefangen von der

200 Obgleich hieran gearbeitet wird.

empirischen Erfahrung, dem *know how*, über die theoretische Erkenntnis, das *know that* (epistemisches Wissen), bis hin zur ästhetischen Schau und mystischen Versenkung und weiter zur Intuition (Einbildung oder Eingebung), zum angeborenen Wissen: der leiblich mimischen und gestischen Verständigung bis hin zu artikulierten Handlungsformen, sei es dem Orientierungswissen, sei es dem Herstellungs- und Gebrauchswissen oder dem Experimentieren, reicht die Skala der Wissensarten. So folgte auf eine orale Kultur des Wissens in der Frühzeit der Menschheit, die in der Erzählung von Geschichten und Mythen oder in der Abfassung von Weisheitslehren bestand und eine mündliche Tradition begründete, eine schriftlich Kultur, die das Wissen auf Stein, Tontafeln, Papyrus, Buchenblättern[201] und Papier festhielt, und schließlich eine, die digital über Computer und Internet erfolgt und rein virtuell ist. Sie alle sind Ergebnisse von Erfindungen und technischen Innovationen, die teils zufällig geschahen, teils veranlasst waren durch den Druck der Gesellschaft und die auch umgekehrt die Gesellschaft zu neuen Innovationsschüben und Veränderungen ihrer Ordnungsstrukturen, ihrer Sozialverhältnisse, ihrer ethischen Normen und Werte motivieren.

Hatten die Narrative und Weisheitslehren früherer Völker die Aufgabe, durch mündliche Tradition, durch Erzählung und Wiedererzählung die sozialen Strukturen, die Institutionen und Funktionen der Gesellschaft zu fixieren und dauerhaft zu etablieren, meist in Analogie zu planetarischen Konstellationen nach dem Makro-Mikrokosmos-Analogieprinzip, und hatten sie darüber hinaus die Funktion, mit menschlichen und allzu menschlichen Situationen wie Gut und Böse, mit Fehlleistungen und deren Bewältigung, der Lebensmeisterung, bekannt zu machen, so ging es in späterer Zeit darum, Gliederung und Ordnung in die chaotische Fülle der begegnenden Naturerscheinungen zu bringen, sie überschaubar und manipulierbar zu machen, was häufig in Analogie zu den beobachteten wiederkehrenden regelmäßigen Erscheinungen am Himmel geschah. Das begründete ein Herrschaftswissen des Menschen über die Natur, das nicht nur Orientierung, sondern auch Manipulation erlaubte. Seinen Ausgan nahm es von der Registrierung und Einteilung der Gegenstände der bekannten Welt. Im Alten Orient bei den Sumerern, Assyrern, Babyloniern und den Völkern der Nachbarschaft geschah dies in Form der Onomastik, der Listenmethode, in der die Phänomene der bekannten Welt topologisch, d.h. kästchenmäßig sortiert wurden: Tiere und alles zum Tier Gehörige wie Fleisch und Fleischprodukte, Pflanzen und alles Pflanzliche sowie das daraus Hergetellte, ebenso Landschaften, Flüsse, Städte, Berufe, Götter, mathematische Probleme und Lösungen, Krankheitsdiagnosen und -therapien, Rechtsprobleme usw. Der

201 Daher der Name Buch.

Ursprung dieser Topologie lag in der Anfertigung von Inventarlisten der Besitztümer der Herrscher und Tempel und weitete sich von dort auf die übrige bekannte Welt aus.

Geordnet wurde nach der Logik der Ähnlichkeit bzw. Unähnlichkeit, indem alles, was nur annähernd Ähnlichkeit aufwies, unter einem Determinativ rubriziert wurde. Dies war ein anschauliches Schema, noch nicht ein abstrakter Begriff, das in allen Phänomen wiederkehrte. So bezeichnete das Determinativ *ur* das Hundeartige, das im Wolf, dem wilden, fremdartigen Hund, als *ur.bar.ra* auftrat, im angebundenen Haus- oder Wachhund als *ur.zír*, im Dachs oder Erdhund als *ur.ki*, im Biber oder Fischotter als Wasserhund, *ur.a*, oder im Falle von *muš*, dem Schlangenartigen, in der Riesenraupe, dem Lindwurm, als *muš.ušumgal*, in der grünen bzw. gelben Schlange als *muš.sig*, in der Aalschlange als *muš.gú.bí*, in der wilden Schlange als *muš.idim.*[202] Im Grunde hat sich diese Struktur im Analogiedenken bis heute in Ostasien (China) erhalten, in dessen Logik immer noch Jahreszeiten wie Frühling, Sommer, Herbst und Winter mit geographischen Richtungen wie Osten, Süden, Westen, Norden, mit Farben, Hell und Dunkel sowie Zwischentönen, in Verbindung gebracht werden gemäß der in ihnen vorfindlichen Ähnlichkeit. Im Westen wurde dieses Denken erst in der Renaissance zurückgedrängt durch das modernere klassifikatorische Denken, das im Kampf mit dem älteren Analogiedenken wegen seiner Simplizität den Sieg davontrug und bis in die Gegenwart das naturwissenschaftliche Wissen bestimmt. Im Alltag lebt das Analogiedenken bis heute weiter, indem eine Taube mit Frieden und Friedfertigkeit, ein Wolf mit Hunger, Gier und räuberischem Verhalten in Verbindung gebracht wird oder Edel- und Halbedelsteine wie Aquamarin und Rubin mit bestimmten Substanzen und Eigenschaften wie Wasser, Bläue, Reinheit oder mit Blut, Rot, glühender Empfindung, Liebe usw. assoziiert werden. Als Amulette werden sie zum Schutz und Abwehr gegen böse Geister getragen.

Auch Rechtsverhältnisse bei Verletzung der Ordnung und Strafen wurden listenartig abgehandelt, so in der berühmten Gesetzgebung des Hammurabi.[203] Diese parataktische Anordnung prägte im Gegensatz zu der später entwickelten hypotaktischen das gesamte Denken und Leben der frühen Völker und prägt es noch heute in Ostasien: die Literatur, die Kunstauffassung, die Architektur, die Ethik und Religion, selbst die Medizin.[204] Um ein Beispiel aus der Gesetzessammlung des Hammurabi zu geben: Es zeigt, wie sehr nach gesellschaftlicher Stellung, Standesgleichheit, Höher- oder Niedri-

202 Vgl. Karen Gloy: *Vernunft und das Andere der Vernunft*, Freiburg, München 2001, S. 44 ff, bes. S. 50 f.

203 Vgl. Karen Gloy: *Denkformen und ihre kulturkonstitutive Rolle*, Paderborn 2016, S. 89 ff,

204 Zum parataktischen Denktyp vgl. a.a.O., S. 77 ff.

gerstellung, Freien oder Sklaven, unterschieden wurde und das Strafmaß auf Vergeltung und Äquivalenz abgestellt war:

§ 196. Gesetzt, ein Mann hat das Auge eines Freigeborenen zerstört, so wird man sein Auge zerstören.

§197: Gesetzt, er hat einem anderen einen Knochen zerbrochen, so wird man seinen Knochen zerbrechen.

§ 198: Gesetzt er hat das Auge eines Muskenu zerstört oder den Knochen eines Muskenu zerbrochen, so wird er eine halbe Mine Silber zahlen.

§ 199: Gesetzt, er hat das Auge des Sklaven eines anderen zerstört oder den Knochen des Sklaven eines anderen zerbrochen, so wird er die Hälfte seines Kaufwertes zahlen.

§200: Gesetzt, ein Mann hat einem anderen, ihm gleichstehenden Manne einen Zahn ausgeschlagen, so wird man ihm einen Zahn ausschlagen.

§ 201: Gesetzt, er hat einem Muskenu einen Zahn ausgeschlagen, so wird er eine halbe Mine Silber zahlen.

§ 202: Gesetzt, ein Mann hat einem anderen der höher steht als er, auf die Wange geschlagen, so wird er in der Gerichtsversammlung sechzig Schläge mit dem Ochsenziemer bekommen.[205]

In der griechischen Antike kam ein anderes Ordnungs- und Gestaltungsprinzip auf, das dem forensischen Verfahren abgeschaut war und vom Faktum, z.B. einer Straftat, ausging, nach den Ursachen und Gründen fragte und, falls diese nicht ausreichten, nach weiteren in der Absicht, einen letzten verbindlichen Grund zu finden. Dieses Vorgehen ergab eine Strukturierung nach einem Hierarchiemodell, das in einem Stufensystem aus Gattungen, Arten und Unterarten sowie Unterunterarten usw. bestand und nach dem Prinzip von *genus proximum per differentiam specificam* strukturiert war, wie wir dies bis heute in den Naturwissenschaften verwenden. Im Idealfall führte es zu einer dichotomischen Einteilung, im weniger idealen zu einer trichotomischen oder gar polytomischen.

Beherrscht ist dieses Hierarchiesystem von drei Prinzipien, dem der Identität, dem des auszuschließenden Widerspruchs und dem des ausgeschlossenen Dritten. Das erste besagt das Festhalten einer bestimmten Eigenschaft durch alle Spezifikationen hindurch, das zweite legt den Ausschluss widersprechender Bestimmungen fest (ist das Definiendum durch eine bestimmte

205 Vgl. *Das Gesetzbuch des Hammurabi* (@ by Edition Alpha et Omega), http://www.koeblergerhard.de/Fo nes/CodexHammurapi_de.htm)

Eigenschaft A bestimmt, so kann es nicht auch durch nicht-A = B bestimmt sein), und das dritte drückt das Entweder-Oder, nicht das Sowohl-als-auch der Bestimmungen aus, demzufolge der Gegenstand nicht durch die eine und zugleich durch die andere, gegenteilige charakterisiert sein kann. Es bestehen weitere, meist weniger beachtete Prinzipien wie die Forderung nach Kontinuität in der Klassifikation und Spezifikation, also nach Durchgängigkeit und Stetigkeit.

Wie der Vergleich des Klassifikations- bzw. Spezifikationssystems mit der Topologie und Analogie zeigt, denen verschiedene Logiken zugrunde liegen, handelt es sich um ideelle, gedankliche Netzwerke, die dem Seienden aufoktroyiert werden, um dasselbe in seinen Maschen einzufangen und übersichtlich und handhabbar zu machen. Die dahinterstehende Idee ist ein Konstruktivismus, der davon ausgeht, dass die Welt nicht in einer bestimmten Weise vorliegt, wie der Realismus unterstellt, sondern in der für notwendig erachteten Weise strukturiert und interpretiert wird. Dies beweist auch die Tatsache, dass die Systeme zwar auf Vollumfänglichkeit tendieren, diese jedoch nicht erreichen. Weder kann die parataktische Aneinanderreihende die Unendlichkeit jemals erreichen noch die hypotaktische Gliederung Letztinstanzen. Die Klassifikation als Reduktion auf inhaltlich immer abstraktere, umfangsmäßig immer umfassendere Prinzipien führt faktisch nicht auf eine einzige absolute Instanz, sondern auf eine Pluralität gleichoriginärer, gleichallgemeiner und gleichwertiger Gattungen wie Einheit und Vielheit, Identität und Differenz, Ähnlichkeit und Unähnlichkeit usw. Sie bilden keine einfache Letztinstanz, sondern eine Vereinigung höchster Gattungen, bei der, wenn ein Genus thematisiert wird, dies dialektisch zur Thematisierung aller anderen führt. Dies heißt nichts anderes, als dass Eines immer auch Vieles und Vieles Eines ist, Identisches immer auch Differentes und Differentes immer auch Identisches. Die Spezifikation ihrerseits führt ebenfalls nicht auf letzte Entitäten, da zwischen zwei Gliedern immer noch weitere eingefügt werden können. Und was das Analogiedenken betrifft, so operiert es zwar mit einer Vielzahl von Methoden parataktischer, hypotaktischer, transversaler, horizontaler und vertikaler Art und erreicht dadurch gegenüber der Klassifikation und Spezifikation eine höhere Dichte, aber ebenso wenig Vollständigkeit.

Solange ein System nicht in einem letzten einheitlichen, allumfassenden, absoluten Grund fundiert ist, bleibt es ein Hypothesensystem. Von jeder Hypothese wird zwar die widerspruchsfreie Integration in das schon vorhandene System verlangt, ebenso die Vereinbarkeit mit empirischen Fakten. Solange das System jedoch nicht vollständig ist und dies wegen der Unabschließbarkeit der Erfahrung auch niemals sein wird, bleibt es eine hypothetische Annahme. Auch wenn wir im Vulgärverständnis dazu neigen, angesichts einer überwältigenden Fülle von Daten zu einer Hypothese von Gewissheit zu sprechen und die Aussage für wahr zu halten, können wir niemals sicher sein, dass wir nicht in Zukunft auf Gegeninstanzen treffen werden, die uns zu einer Revision, eventuell sogar Revolution des gesamten Denksystems veranlassen. Solche Erfahrungen hat es in der Wissenschaftsgeschichte mehrmals gegeben, so bei der kopernikanischen Wende, bei der das alte ptolemäische System, in dem die Sonne und die übrigen Planeten um die Erde kreisten, durch das modernere kopernikanische System substituiert wurde, bei dem umgekehrt die Erde und die übrigen Planeten um die Sonne kreisen. Notwendig wurde diese Denkrevolution, da das ptolemäische System sich als zu kompliziert erwies, weil es zur Erklärung der angeblichen Fixsternschleifen zu viele Subsidiärhypothesen benötigte. Demgegenüber erwies sich die kopernikanische Interpretation als einfacher. Und in der Physik wird bekanntlich im Falle von Alternativen stets die einfachere, weil elegantere und besser handhabbare präferiert. Kinematisch ist die ptolemäische Interpretation wegen der Relativität der Bewegungen unwiderlegbar.

Eine andere radikale Umkehr gab es in den mathematischen Naturwissenschaften um die Jahrhundertwende vom 19. zum 20. Jahrhundert bezüglich des Paradoxienproblems. Hatten die Griechen – Platon, Aristoteles[206] – schon vor 2000 Jahren dieses Problem diskutiert, so wurde es wegen seiner Unlösbarkeit jahrhundertelang verdrängt, bis die Probleme Ende des 19. Jahrhunderts so groß wurden, dass sie eine Wiederaufnahme verlangten, auch wenn die Lösungsangebote wie etwa Russells Stufen- oder Metatheorie problematisch blieben. Willard Van Orman Quine hat daraus die Konsequenz gezogen, dass wegen der Unterbestimmtheit aller Theorien gegenüber der Voll- oder Überbestimmtheit des Empirischen jede Theorie mit jedem Faktum, selbst widersprechenden, kompatibel ist und jedes Faktum durch jede Theorie, selbst widersprüchliche, interpretierbar ist, wenn gewisse Hintergrundannahmen modifiziert werden. Dies vergegenwärtigt, dass Hypothesen und empirische Realität aneinander gerieben werden, was prinzipielle Veränderungen zulässt. Wie sehr die moderne Physik mit einer Vielzahl diverser Raumtheorien operiert, nicht nur mit dem euklidischen Raum, sondern auch mit den Riemannschen Kugelräumen, der hyperbolischen Kleinschen Theorie, bei der sich der Raum wie ein Pferdesattel ausnimmt, oder den Minkowskischen Weltlinien, zeigt die Tatsache, dass sie zwar alle als Erklärungsmodelle der Empirie herangezogen werden, keine von ihnen aber definitiv ist. Selbst der Versuch, den euklidischen Raum, mit dem wir täglich operieren, durch Vermessen der Distanzen zwischen drei Berggipfeln zu bestimmen, dem Brocken im Harz, dem Inselberg im Thüringerwald und

206 Dieser z.B. in seiner Schrift *Sophistische Widerlegungen.*

dem Hohenhagen bei Göttingen, hat zu keinem Ergebnis geführt, da bei Experimenten bekanntlich nur das herausgeholt wird, was man hineinsteckt. Dies hat den englischen Wissenschaftsjournalisten Jim Baggott[207] bewogen, so weit zu gehen, der modernen Physik den Vorwurf der Märchenphysik (*fairytale physics*) zu machen.

Das Fazit dieser Analyse ist, dass das, was wir heute als epistemisches oder kognitives Wissen bezeichnen und hauptsächlich in den Naturwissenschaften begegnet und von uns als verbindlich und wahr betrachtet wird, kein ein für allemal verbindliches Wissen ist, sondern nur im Rahmen seiner abgesteckten Systemgrenzen gilt. Zwar unterscheidet es sich vom weisheitlichen Wissen, das sich in Erzählungen, Mythen und Weisheitslehren offenbart, das subjektiv psychologisch gefärbt ist und sich auf gesellschaftliche Kontexte bezieht, dadurch dass es ein auf Naturobjekte und deren gesetzmäßige Zusammenhänge bezogenes Sachwissen ist, das intersubjektiv kommunikabel und innerhalb seiner logischen Grenzen notwendig ist, aber es kann keine absolute Verbindlichkeit beanspruchen. Das beweist nicht zuletzt die Wissenschaftsgeschichte mit ihren wechselnden Paradigmen. Diese können, wie Thomas S. Kuhn[208] und Wolfgang Stegmüller[209] gezeigt haben, nicht als kumulative Erweiterungen eines einzigen Systems betrachtet werden, derart dass die jeweils frühere Theorie als Grenzfall in die spätere integriert wird, vielmehr stellen sie Paradigmensubstitutionen dar.

Den Unterschied dieses objektiven sachbezogenen Wissens vom subjektiven kann man sich an folgendem Beispiel verdeutlichen: Das Forscher Ehepaar Pierre und Anne-Marie Pétrequin[210] hat bei Eingeborenen Papua-Neuguineas, den Una im Hochgebirge Irian Jayas und den Sentani am Sentanisee, die Herstellung von Steinbeilklingen beobachtet und beschrieben, einen Vorgang, den wir als einen ganz gewöhnlichen Prozess einstufen, der für uns einfache handwerkliche Fähigkeiten und ein Allgemeinwissen voraussetzt, dort jedoch aufwendig rituell gestaltet und eingebettet ist in soziale Zusammenhänge, die quasi einen symbolischen Schöpfungsakt repräsentieren. Nur bestimmte Clans der Dörfer und in diesen herausragende ältere Clanchefs haben ein Wissen von den Abbaustätten und den dort hausenden Erdgeistern, die zu besänftigen sind, was umfangreiche, oft wo-

207 Jim Baggott: *Farewell to Reality*. How Fairytale Physics Betrays the Search Truth, New York 2013.

208 Thomas S. Kuhn: *The Structure of Scientific Revolutions*, Chicago University, Chicago 1962, deutsch: *Die Struktur wissenschaftlicher Revolutionen*, Frankfurt a. M. 1967.

209 Wolfgang Stegmüller: *Hauptströmungen der Gegenwartsphilosophie*. Eine kritische Einführung, Bd. 3, 7., erweiterte Aufl. Stuttgart 1986, S. 298 f.

210 Pierre Pétrequin, Anne-Marie Pétrequin: *Écologie d'un outil: La hache de pierre en Irian Jaya (Indonésie)*, Paris 1993, bes. S. 219 ff., 294 ff., 349 ff.; Jens Löning: *Zwischen Alltagswissen und Wissenschaft im Neolithikum*, in: *Wissenskulturen*. Beiträge zu einem forschungsstrategischen Konzept, hrsg. von Johannes Fried und Thomas Kailer, Berlin 2003, S. 21-41, bes. S. 23 ff.

chenlange Vorbereitungen wie Fasten und Diäten voraussetzt. Andere Clans sind für den Transport und die Feinbearbeitung zuständig. Es handelt sich hier nicht um individuelle Tätigkeiten, sondern um Gruppen- und Gemeinschaftsarbeiten, die von bestimmten Männergruppen vollzogen und im Dorf zur Schau gestellt werden und in das gesamte Sozialgefüge eingebettet sind. Sie werden von Gesängen, Rezitationen und Dämonenanrufungen begleitet. Die Herstellung setzt eine strenge Rangordnung voraus und kann nicht von jedem beliebigen ausgeführt werden.

Dieses subjektive, sozial integrierte Wissen ist uns Heutigen zumindest noch aus Relikten bekannt, bezeichnen doch auch wir den Gymnasialabschluss, das Abitur, als Reifeprüfung, in der Schweiz als Matura, was ein Hinweis darauf ist, dass es sich nicht um ein reines Fachwissen handelt, sondern eines, das menschliche Reife und Meisterung des Lebens voraussetzt, auch solches von Krisensituationen, um in die Erwachsenenwelt eintreten zu können. Eine ähnliche Funktion haben bei den Eingeborenen die Initiationsriten. Genau dieses subjektive soziale Moment ist uns heute durch die Computertechnologie und die einfache Bedienung von Knöpfen und Tasten verloren gegangen, so dass wir nicht reif sein müssen, um es handhaben zu können, sondern nur ein technisches *know-how* besitzen müssen.[211] So ist beispielsweise der Bau eines Molotowcocktails in allen Einzelheiten von jedermann aus dem Internet abrufbar, obgleich die Kenntnis in der Hand des unreifen Benutzers fatale Folgen haben kann. Nicht jedes Wissen ist für jeden geeignet, sondern setzt eine persönliche Reife voraus. Gelegentlich beruft sich noch die Politik bei nahenden Wirtschafts- und Finanzkrisen auf das Verschweigen und Vertuschen, um das ‚unmündige Volk' nicht unnötig aufzuregen und zu unüberlegten Aktienverkäufen oder Hamstereinkäufen zu animieren. Der moderne mündige Bürger verlangt allerdings Transparenz, obgleich sich immer wieder zeigt, gerade in der Corona-Krise, wie unvernünftig die Handlungen von Personen sind.

Was hat dieses objektive, intersubjektiv kommunikable Sachwissen mit seiner formallogischen Struktur mit dem Individualismus unserer Kultur zu schaffen?

Zwischen dem allgemeinen formalen Wissenschaftssystem und den empirischen Einzeldaten, auf die es anwendbar sein soll, und dem allgemeinen Individualismuskonstrukt und den individuellen Einzel-Ichen, für die es gelten soll, besteht eine Analogie. Dem Verhältnis zwischen dem formalen Netzwerk ‚Wissenschaft' und seiner Anwendung auf empirische Daten entspricht das Verhältnis der allgemeinen formalen Konstruktion ‚Individualismus' und seine Anwendung auf Einzel-Iche, was einen Vergleich gestattet.

211 Die jüngere Generation bezeichnet man daher auch als *touchscreen generation*.

Das Problem taucht bei Ludwig Wittgenstein und in der Wittgenstein-Diskussion als Privatsprachen-Argument auf und betrifft die Frage, wie sich die Beziehung zwischen der allgemeinen, intersubjektiv kommunikablen Sprache und der absoluten Privatheit und Individualität von Empfindungen darstellt, ob für die letzteren eine ganz individuelle Privatsprache angesetzt werden kann oder wegen der Intersubjektivität und Generalität der Sprache stets das Problem einer Distanz bleibt. Wittgensteins Argumentation gegen die Möglichkeit einer Privatsprache und sein Plädoyer für die Allgemeinheit und Intersubjektivität der Sprache und der sprachlichen Fassung des Wissens führt zur Paradoxie der Inkompossibilität und Unvereinbarkeit, und dies ist nachzukonstruieren.

Das Problem spannt sich zwischen dem allgemeinen Gebrauch des Ich und den vielen Ichen, auf die der Begriff angewendet wird, auf. Einerseits ist das Ich ein Allgemeinbegriff, andererseits gibt es unzählig viele empirische Einzel-Iche.

Das Individuellste, Privateste, zu dem man einen Zugang haben kann, ist die psychische Sphäre und in dieser sind es die Sinnesdaten, die Empfindungen und psychischen Vorstellungen, so dass Wittgenstein dieses Problem zumeist anhand von Schmerzempfindungen wie Zahnschmerzen aufrollt; denn zu diesen, wenn es meine sind, hat niemand anders einen Zugang als ich selbst. Meine Schmerzen, einschließlich Phantomschmerzen, können von niemandem anders als von mir registriert und vergewissert werden. Lassen sie sich daher auch in einer nur mir zugänglichen Sprache ausdrücken?

Den Hintergrund der Argumentation bildet die Selbstvergewisserung des cartesianischen *cogito ergo sum*. Was genau vergewissert das Ich, nachdem es hyperbolisch alles bezweifelt hat, sowohl die Außenwelt mit den Dingen und Verhältnissen zwischen ihnen wie auch die Innenwelt mit den Empfindungen, Gefühlen und Stimmungen wie auch die mathematischen und metaphysischen Vorstellungen, die als solche zu den psychischen Phänomenen gehören? Was nach Bezweiflung des Äußeren und Inneren übrigbleibt als Rest-Ich, ist eine Selbstgewissheit, die Vergewisserung der Existenz des Ich, nämlich ‚dass' ich bin, nicht ‚was' ich bin. Übrig bleibt nicht das Ich qua Ich, als *was* ich existiere, sondern nur, *dass* ich existiere. Ersteres ist das Wesen, das man nur sprachlich erfassen kann und das sich damit als allgemein und intersubjektiv erweist wie die Sprache überhaupt, die stets zwischen Menschen stattfindet.

Den Zugang zur Privatsprache, unter der Wittgenstein nicht die des vereinzelten, von anderen sprachfähigen Wesen isolierten, auf eine einsame Insel verschlagenen Robinson Crusoe versteht, sondern eine, die ausschließlich dem singulären Ich zum Ausdruck seiner Empfindungen verfügbar wäre, die von niemandem anders als von ihm selbst wahrgenommen werden könnte, versucht Wittgenstein durch folgende Überlegung zu gewinnen, die sich in seinem Spätwerk, den *Philosophischen Untersuchungen*, findet: Einer Empfindung, z.B. einem Schmerz, wird ein sprachliches Zeichen zugeordnet, das ein ganz privates sein soll, nur für mich durch eine private Hinweisgeste definiert.

> „Ich spreche, oder schreibe das Zeichen, und dabei konzentriere ich meine Aufmerksamkeit auf die Empfindung – zeige also gleichsam im Innern auf sie. – Aber wozu diese Zeremonie? Denn nur eine solche scheint es zu sein! Eine Definition dient doch dazu, die Bedeutung eines Zeichens festzulegen. – Nun, das geschieht eben durch das Konzentrieren der Aufmerksamkeit; denn dadurch präge ich mir die Verbindung des Zeichens mit der Empfindung ein. – ‚Ich präge sie mir ein' kann doch nur heißen: dieser Vorgang bewirkt, daß ich mich in Zukunft *richtig* an die Verbindung erinnere. Aber in unserm Falle habe ich ja kein Kriterium für die Richtigkeit. Man möchte hier sagen: richtig ist, was immer mir als richtig erscheinen wird. Und das heißt nur, daß hier von ‚richtig' nicht geredet werden kann."[212]

Diese Überlegung gilt als Schlüsselstelle gegen die Möglichkeit einer Privatsprache. Sie lässt zwei Varianten der Interpretation zu: Die erste besagt[213], dass die Möglichkeit einer Privatsprache die Wiederverwendung eines Zeichens bedeutet aufgrund richtiger Erinnerung. Es kann aber ein Misstrauen gegenüber dem Gedächtnis angebracht sein, so dass man niemals sicher sein kann, das nächste Mal das Zeichen richtig anzuwenden. Die Erinnerung könnte sich unbemerkt verändert haben, da es kein Kriterium im Innern gibt, an dem man die Konstanz oder die Veränderung messen könnte. Ein solcher Maßstab könnte im internen psychologischen Bereich nur wieder die Erinnerung sein, so dass man in einen Regress geriete.

Die zweite Interpretation ist radikaler und besagt: Woher weiß ich, wenn ich das nächste Mal das Zeichen gebrauche, dass es wirklich dieses Zeichen E oder S ist, woher weiß ich, was ich mit diesem Zeichen meine? Selbst wenn ich fälschlich etwas für E oder S halte, muss ich die Bedeutung von S kennen, was jedoch im Rahmen einer rein privaten Sprache nicht möglich ist. Dahinter steht die prinzipielle Vorstellung des intersubjektiven Gebrauchs von

212 Ludwig Wittgenstein: *Philosophische Untersuchungen*, in: *Schriften*, Bd. 1, Frankfurt a. M. 1969, Nr. 258, S. S. 394.

213 Zur ersten Argumentation vgl. Andrea Birk: *Vom Verschwinden des Subjekts*. Eine historisch-systematische Untersuchung zur Solipsismusproblematik bei Wittgenstein, Paderborn 2006, S. 179 ff, bes. S. 181 f.

Sprache, die an äußeren objektiven Kriterien orientiert ist wie an dem behavioristischen Verhalten von Schmerzen, das allen zugänglich ist und nicht nur dem Schmerzempfindenden allein. Schon eine frühe Tagebuchaufzeichnung lautet: „Satz und Sachverhalt verhalten sich zueinander wie der Meterstab zu der zu messenden Länge“[214] Zeichen oder Satz verhalten sich zu einer Empfindung, die sie identifizieren sollen, wie ein Meterstab (Maßstab); dieser muss aber von dem, was gemessen werden soll, unabhängig sein und kann nicht intern mit diesem größer oder kleiner werden. Unabhängigkeit ist nur im öffentlichen Raum und durch eine öffentliche Sprache wirklich vorhanden, nicht im Innenraum der Psyche.[215]

Die Kehrseite der Argumentation gegen eine Privatsprache ist die Insistenz auf einer allgemein objektiven Sprache, die auch das Sprechen über private, subjektive Empfindungen des Einzel-Ich an äußeren Kriterien festmacht, anders formuliert, die einen Satz der ersten Person ‚ich habe Schmerzen‘ durch einen Satz der dritten Person ‚er hat Schmerzen‘ zu ersetzen erlaubt. Radikaler als Wittgenstein es selbst getan hat, kommt man dann zu der Paradoxie, dass man bei der rein subjektiven Selbstvergewisserung der Empfindung ‚ich habe Schmerzen‘ gar nicht *weiß,* dass ich es bin, der oder die Schmerzen empfindet, da die sprachliche Verwendung des Ich einen allgemeinen, intersubjektiven objektiven Raum verlangt. Bei der sprachlichen Artikulation ‚ich habe Schmerzen‘ würde auch die subjektive Empfindung fehlen, so dass nicht erkennbar ist, ob Schmerzen vorliegen oder nicht, da die Sprache öffentlich und generell ist. Diese Paradoxie verhält sich analog zu der zwischen formaler objektiver Naturwissenschaft mit ihren allgemeinen Gesetzen und den individuellen empirischen Einzeldaten, auf die sie applizierbar sein soll. Diese individuellen Einzeldaten sind nicht fassbar durch die allgemeine objektive Naturwissenschaft. Andernfalls müsste die Wissenschaft als allumfassendes Totalitätssystem die Realität selbst sein. So jedoch bleibt es bei einer Diskrepanz und Unvereinbarkeit von Allgemeinheit der Naturwissenschaft und Individualität des Einzelfalls. Das erklärt den Relativismus und die Variabilität der Naturwissenschaften, die sich in der Wissenschaftsgeschichte und ihren Paradigmenwechseln offenbart und anzeigt, dass wir niemals im Besitz der Wahrheit sind.

214 Ludwig Wittgenstein: Tagebuch vom 24.11.1914, in: *Schriften,* a.a.O., Bd. 1, S. S. 121.

215 Vgl. zu den beiden Argumentationen die subtile Diskussion von Anthony Kenny: *Wittgenstein*, Frankfurt a. M. 1974, S. 208-236, bes. S. 222 ff. (Kapitel 10: „Private Sprache“).

7. Der Zerfall der Kunst

Auch Kunst gehört zu unserem europäischen Individualismus. Und auch ihre Auffassung unterliegt dem geschichtlichen Wandel. Das zeigt ein Blick auf die europäische Kunstgeschichte. Während in der Antike die Aufgabe und das Ziel der Kunst in der *imitatio naturae* bestand, insofern es darum ging, die Natur möglichst wirklichkeitsgetreu wiederzugeben und die Illusion der Realität zu erzeugen, wurde diese Auffassung schon bald als bloßer Abklatsch stigmatisiert. An deren Stelle trat die schöpferische Kraft des Genies, die den Künstler zum *alter deus* hypostasierte und an die Stelle der Imitation die selbst geschaffenen Konstruktionen setzte. In der Moderne, die einem posthumanen und postbiologischen Zeitalter entgegenfiebert, wird dies noch übertrumpft durch die Kunst, die völlig losgelöst von natürlichen Materialien und Formen Geschöpfe der reinen Phantasie des selbstherrlichen Individuums freisetzen möchte. Der Postmoderne ist selbst der Versuch, hinter allen Wandlungen des Kunstverständnisses noch eine Gemeinsamkeit zu finden, suspekt und obsolet geworden. Kunst ist das, was jeder dafür hält, ob ein angeblicher Experte oder Laie, wenn sie nur ein paar Bewunderer findet. Mit dem ursprünglichen Verständnis von Kunst, das sich von Können herleitet und Kompetenz einschließt, hat dies nichts mehr oder nur noch sehr wenig zu tun. Seit der Hypostasierung des Pluralitäts- und Differenzgedankens der Postmoderne stehen die verschiedenen Kunsttheorien und -richtungen als absolut unverbindbare, erratische Blöcke nebeneinander, ohne dass man letztlich sagen könnte, was Kunst im allgemeinen ausmacht. Die im Folgenden nachgezeichnete Entwicklung der europäischen Kunstauffassung zeigt, dass sie zu einer Selbstaufhebung tendiert. Der Triumph verabsolutierter Kunst schlägt am Ende in Zerfall, Auflösung, Zersplitterung um, in experimentelle Kunst ohne Einheit, ohne Gesetzmäßigkeit, ohne Ordnung. Die vollendete Kunst, die in keiner Beziehung mehr zur Natur und zum Natürlichen und Organischen steht, die reines Produkt und Konstrukt des Menschen ist, hebt sich selbst in ihrer Hybris auf.

Im zweiten Buch der aristotelischen *Physik*[216] findet sich die berühmte und vielzitierte Kunstdefinition, wonach Kunst Nachahmung (*mimesis*) der Natur sei. An dieser Definition sind drei Aspekte hervorzuheben.

Zum einen deckt der Begriff Kunst – griechisch *techné* – nicht nur die heute als Kunst eingestuften Fähigkeiten und ihre Produkte ab wie Malerei, Bildhauerei, Dichtung, Dramaturgie, Musik, sondern auch die handwerklichen, und zwar wiederum nicht nur das Kunsthandwerk und die höheren

216 *Aristotle's Physics,*a revised text with introduction and commentary by W. D. Ross, Oxford 1936, repr. 1979, 194a22 f.

artifiziellen Leistungen, wie wir sie heute in der Architektur oder auf Ausstellungen als Stil, Styling, Design usw. bewundern, sondern auch die ganz gewöhnlichen handwerklichen Tätigkeiten wie Häuserbau, Weben, Stopfen usw. Das griechische Wort *techné* deckt sowohl die im heutigen Sinne schöpferischen, freien Künste wie auch die handwerklichen, praktischen Fertigkeiten ab, welche ursprünglich zur Zeit ihrer Erfindung als höchst kunstvoll eingestuft wurden, später eine Sonderentwicklung als Technik durchmachten.

Zum anderen ist zu beachten, dass Natur (*physis* bzw. *kosmos*) nach griechischer Ontologie etwas Vorgegebenes und Vorfindliches ist, das zwar nicht starr und statisch, sondern lebendig und in sich bewegt ist – Platon nennt im *Timaios* den *Kosmos* ein, *zoon*[217], d.h. ein Lebewesen oder allgemeiner ein Lebendiges –, das in ständiger Selbstreproduktion und Selbsterhaltung besteht gemäß dem Motto ‚Nichts Neues unter der Sonne'. Wenn in der Werde-Welt Prozesse stattfinden, dann sind es teleologische, auf ein immanentes Ziel gerichtete, wie wir sie an den *Entwicklungsvorgängen* von Pflanzen, Tieren und Menschen beobachten, so wenn sich aus einer Eichel ein Eichbaum oder aus einem Embryo ein Mensch entwickelt. Die aristotelische Formel, dass der Mensch einen Mensch erzeugt, bringt dies zum Ausdruck. Der teleologische, auf ein Ziel angelegte Prozess verwirklicht nur diejenigen Möglichkeiten, die von Anfang an in ihm liegen; er ist nicht zu verwechseln mit dem *Evolutionsprozess* der Neuzeit. In der Antike bleibt die Natur innerhalb ihrer Grenzen; Bewegung, Veränderung, Lebendigkeit sind immanente Bewegungen eines in sich geschlossenen, selbstbezüglichen, autarken Ganzen, das nur seine eigenen Möglichkeiten wiederholt. Möglichkeit und Wirklichkeit sind umfangsidentisch. Das Wirkliche ist das, was möglich war, und es ist nur dasjenige möglich, was verwirklicht werden kann.

Auf dieser Basis ist auch der dritte in der aristotelischen Kunstdefinition verwendete Begriff zu verstehen, nämlich Nachahmung (*mimesis*). Er bedeutet nicht schlichtweg Kopie, bloßen Abklatsch der Wirklichkeit, sondern impliziert die Perfektionierung der in der Natur liegenden Möglichkeiten, falls diese aus irgendeinem Grunde ausgeblieben ist. Von dieser Idealisierungstendenz zeugen nicht nur die antiken Kunstwerke, sondern auch die aristotelische Definition, die bei genauerem Hinsehen zweiteilig ist. „Einerseits vollendet die Kunst, was die Natur nicht zu Ende zu bringen vermag, andererseits ahmt sie das Naturgegebene nach."[218] Wenn Aristoteles mit einem der beiden Glieder über den rein mimetischen Aspekt hinausgeht, so ist doch zu bedenken, dass Vollendung hier nicht im neuzeitlichen Sinne ei-

217 Platon: Timaios 30 d.

218 Aristoteles: *Physik* 199a15-17 (Übersetzung von Verf.).

ner Neukonzeption, eines Hinausschießens über den von der Natur selbst gesteckten Rahmen zu deuten ist, sondern als Realisierung der in der Natur selbst liegenden, aber aus irgendeinem Grunde ausgebliebenen oder verfehlten oder korrumpierten Möglichkeiten, wie sich dies an Defekten, Missbildungen und Missgeburten zeigt. Ein wirkliches Hinausgehen hat andere ontologische Voraussetzungen, während für das griechische Denken – das platonische und aristotelische zumal – der Kosmos aufgrund seiner Selbstbezüglichkeit und Selbstgenügsamkeit selbst das Ideal repräsentiert, dem sich der Künstler und seine Kunst zu unterwerfen hat. Die prinzipielle Abhängigkeit von der Natur und die Gebundenheit an diese bestimmen sein Verständnis und seine Methode. Der Künstler führt das äußerlich aus, was die Natur innerlich vollzieht oder zu vollziehen imstande ist.

Die Homologie zwischen Natur und Kunst bzw. Technik wird augenfällig am Beispiel der gezirkelten, gedrechselten, hochartifiziellen Bewegungen einer Ballerina, die gleichwohl so leicht und anmutig, so ‚natürlich' erscheinen, wie wir sagen. Aristoteles stützt diese Ansicht durch das Gedankenexperiment, dass natürliche Gegenstände, falls sie künstlich produziert würden, auf dieselbe Weise erzeugt werden müssten, wie sie jetzt natürlicherweise entstehen, und daß künstliche Gegenstände wie ein Haus oder ein Schiff, die jetzt von einem Architekten oder Schiffsbauer hergestellt werden, im Falle ihrer natürlichen Erzeugung auf dieselbe Weise entstehen müssten, wie sie jetzt künstlich produziert werden. Der Vergleich macht deutlich, dass ein Künstler nur dann perfekt ist, wenn er quasi automatisch, d.h. natürlich sein Werk ausführt. Ein Künstler, der noch überlegt, zu welchen Mitteln er greifen und welche Operationen er ausführen solle, besitzt keine hinreichende Vertrautheit mit der Sache oder ist in seinem Verhältnis zu ihr gestört. Es ist eine Binsenwahrheit, dass Kunst umso vollkommener ist, je natürlicher sie erscheint.

Die Strukturanalogie zwischen Natur und Kunst bzw. Technik wirft die Frage auf, ob das Kunstvolle, das wir am kunstvollen Bau eines Vogelnestes zur Aufzucht der Jungen, am kunstvollen Netz der Spinne zum Fliegenfang, am kunstvollen Arrangement der Blütenblätter und Staubgefäße um den Fruchtknoten zur Bestäubung der Pflanze beobachten, auf ein Zweck*bewusstsein* der Natur zurückgeht wie in der *bewusst* Zwecke setzenden Kunst und Technik oder auf eine bloße Zweck*tätigkeit*. Der Durchgang durch die diversen Bereiche der Natur, angefangen vom menschlichen über den tierischen bis hin zum pflanzlichen, auferlegt Aristoteles eine gewisse Zurückhaltung in der Annahme einer *bewussten* Zwecktätigkeit der Natur. Anzunehmen scheint er eine *unbewusste* Zwecktätigkeit, die jedoch nach Analogie der künstlerischen und technischen Tätigkeit zu erklären ist. Wie immer der Bewusstseinsstatus von ihm gedacht wird, fest steht, dass zwischen Natur und Kunst bzw. Technik eine notwendige Homologie besteht. Das ändert sich in der Folgezeit.

Während in der gesamten Antike und im Mittelalter, soweit sich letzteres der Antike verpflichtet weiß, die mimetische Kunstauffassung dominiert, tritt in der Renaissance aufgrund eines erstarkten Selbstbewusstseins des Menschen und seiner Herauslösung aus dem gottgewollten Kosmos, freilich nicht ohne den theologischen Hintergrund des Christentums, eine neue Definition der Kunst auf den Plan, welche Kunst als autonome Leistung des Menschen in Analogie zum göttlichen Schöpfungsprozess betrachtet. Der Künstler avanciert zum *alter deus* aufgrund seiner theologisch begründeten Ebenbildlichkeit mit Gott bzw. seiner Sohnschaft, welche ihn die göttliche *ars infinita* nachvollziehen lässt. Beim Vergleich des Menschen mit Gott spielt nicht so sehr die Ebenbildlichkeit oder Sohnschaft als solche eine Rolle, die gegebenenfalls auf eine Abhängigkeit vom Original oder Vater schließen lassen könnte, als vielmehr die Tatsache, dass dem Künstler göttliche Prädikate zukommen, wie sein einzigartiger metaphysischer Rang, seine Schöpferkraft, seine unendliche Erfindergabe und Produktivität. Pointiert formuliert könnte man hier von einer Usurpation göttlicher Attribute sprechen, was den oft erhobenen Vorwurf der Hybris des Renaissence-Menschentums rechtfertigt.

Der *locus classicus* der neuen Definition der Kunst findet sich in Nicolaus Cusanus' Schrift *De mente* (*Über den Geist*) von 1450, die zusammen mit zwei weiteren Abhandlungen den Komplex der *Idiota*-Schriften bildet, in deren Zentrum der *idiota* und sein neues Selbstverständnis steht. *Idiota* meint nicht den Schwachsinnigen, sondern den Ungebildeten, und zwar den literarisch Ungebildeten, den Laien, der den Gebildeten seiner Zeit konfrontiert wird, einerseits dem Theologen, andererseits dem Philosophen scholastischer Provenienz und drittens dem Rhetor als Vertreter humanistischer Gelehrsamkeit. Ungebildet gegenüber jenen, entwickelt er gleichwohl ein aus seiner naiv zu nennenden Tätigkeit erwachsendes Selbstverständnis, das ihn in Verbindung mit seiner *devotio* (Demut) zur parodistischen Gegenfigur der durch Hochmut gekennzeichneten Gelehrten macht. Hier taucht erstmals in der Geschichte die keineswegs selbstverständliche Verbindung von Arbeit und Selbstwertgefühl auf.

Im zweiten Kapitel von *De mente* legt der *idiota* seinem Gesprächspartner dar, was ihm seine eigene Kunst bzw. sein eigenes Handwerk, die ganz gewöhnliche und nicht einmal extravagante Löffelschnitzerei, bedeute. Indem er Löffel aus Holz schnitze oder jedes andere künstlich-technische Produkt wie Teller und Topf herstelle, könne er dies nicht im Blick auf vorgegebene Ideen wie die eines Löffels, Tellers oder Topfes tun, weil es Ideen von Artefakten in der Natur nicht gebe, sondern müsse sie selbst erfinden und damit gottgleich die unendliche Erfinder- und Schöpferkraft Gottes imitieren. Der endliche menschliche Geist wird in Analogie zum unendlichen göttlichen gesehen, nicht insofern er die vorgegebenen göttlichen Gedanken (Ideen), nach denen Gott die Welt erschuf, nachvollzieht, sondern sofern er wie Gott neue konzipiert und nach diesen sein Werk ausführt. Nachahmung bedeutet hier nicht Reproduktion eines eidetischen Bestandes, sondern Nachvollzug der schöpferischen Tätigkeit Gottes. Diese Fähigkeit begründet die singuläre Stellung des sich seiner selbst bewussten individuellen Künstlers bzw. Handwerkers.

Erstmals in der Geschichte erfolgt hier eine vollkommen positive Bewertung der Technik. Demgegenüber hatten die antiken Mythen die Ambivalenz der Technik herausgestellt, die Großartigkeit derselben einerseits, die Hybris und Überschreitung der dem Menschen gesetzten natürlichen Grenzen andererseits – Prometheus, der das Feuer erfand, wurde zur Strafe an einen Felsen gekettet; Hephaistos, der Erfinder der Schmiedekunst, war ein hinkender, unterirdisch arbeitender Gott; Dädalus, der das erste Fluggestell konstruierte, verlor seinen Sohn Ikarus, da dieser beim Flug zu hoch aufstieg, so dass die Sonne das zur Befestigung der Federn verwendete Wachs schmolz und ihn ins Wasser stürzen und ertrinken ließ. Die jetzt vorgenommene rein positive Einschätzung der Technik ist auch der Grund für die soziale Aufwertung des Künstlers und Handwerkers seit der Renaissance, die im Geniekult gipfelt.

Mit dem Löffelschnitzer-Beispiel greift Cusanus ein altes platonisches Problem auf, die Frage nach der Existenz artifizieller Ideen. Während Ideen von Naturgegenständen ohne weiteres konzediert werden, ist dies bei den Ideen von Artefakten nicht ebenso der Fall. Plato nennt zwar in seinen Dialogen eine ganze Reihe solcher: die Idee des Tisches und Stuhls in der *Politeia* (10. Buch), die Idee des Zaumzeugs, ebenfalls dort im zehnten Buch, die Idee der Weberlade im *Kratylos*, andererseits gibt es das Zeugnis des Aristoteles[219], dass in der Akademie keine Ideen von künstlichen Gegenständen angenommen wurden, und bei wichtigen Klassifikationen in platonischen Texten[220] fehlen auffälligerweise Ideen von Artefakten. Aufgrund der bei Aristoteles belegten Strukturanalogie von Natur und Kunst bzw. Technik dürfte es in der Tendenz seines Denkens gelegen haben, Ideen auch von Artefakten anzunehmen, findet sich doch die Kreisform des Löffels oder Tellers in der Sonnenscheibe, der Stiel in der Gestalt eines Stockes, die Topfform in der Gestalt eines Hohlraumes, die ihrerseits natürliche Ideen zu Vorbildern haben. Alles hergestellte Neue ist in irgendeiner Weise auf schon Daseien-

219 Vgl. Aristoteles: *Metaphysik* I,9, 991 b 6 f und XII,3, 1070,18-20.

220 Z.B. in der Einleitung des *Parmenides* oder im siebten Brief.

des reduzierbar. Die Vorstellung einer totalen Entsprechung von Möglichkeit und Wirklichkeit lässt es in der Antike nicht zu, dass der Mensch geistig originell wird. Für Cusanus allerdings sind die Ideen von künstlichen Produkten, handle es sich um künstlerische oder handwerkliche, Erfindungen des menschlichen Geistes, die dessen Schöpferkraft belegen.

Die epochal neue Definition der Kunst ist geistesgeschichtlich nur auf dem Hintergrund christlich theologischer Ideen verständlich, wie der biblischen Schöpfungslehre, der Omnipotenz Gottes, des Unendlichkeitsgedankens, der Willensfreiheit usw. Sie geben den Nährboden für die Entstehung einer neuen Kunstauffassung ab, genügen allein aber noch nicht. Wiewohl viele antike Gedanken mit der christlichen Lehre kompatibel sind, was die Beibehaltung der griechischen Kunsttheorie während des gesamten Mittelalters zeigt, gibt es zu Beginn der Neuzeit einen völlig neuen Impuls, der die Kritik an der alten Theorie und die Entstehung einer neuen erklärt, nämlich die subjektivistische Wende. Sie besteht in der Loslösung von der Objektivität der Antike und des Mittelalters sowie in der Entdeckung des selbständigen, autonomen, von Natur und Gott unabhängigen, gegebenenfalls ihnen sogar konfrontierten Ich in seiner Eigenmächtigkeit, Ursprünglichkeit und schöpferischer Aktivität. Diese Innovation hat den Geniegedanken der Neuzeit begründet.

Trotz aller Freiheit und Unabhängigkeit bleibt die Konzeption des Künstlers und seines Werkes im Vergleich mit den Allmachtsphantasien des gegenwärtigen Posthumanismus und Postbiologismus in einem Punkt modifiziert, was sich am Beispiel von Shakespeares genialem Werk dokumentieren lässt. Während Shakespeares Werke früheren Epochen, die an den kanonischen Regeln und Stilmittel der Antike und der Franzosen orientiert waren und ein Kunstwerk für das mikrokosmische Abbild der makrokosmischen Welt hielten, als heillos verworren, chaotisch, barbarisch und geschmacklos erschienen, erweisen sie sich nach der neuen Genietheorie als in sich geordnete, sich selbst verpflichtete Kunstwelten, die auf interner Gesetzmäßigkeit und Vernünftigkeit basieren. Während Gottfried Ephraim Lessing, auf dem Boden der Aufklärung stehend und ihr weitgehend verhaftet, am Genie Shakespeares noch die allgemeinverständliche Gesetzmäßigkeit und Vernünftigkeit heraushob, insistierte Johann Gottfried Herder in seinem berühmten Shakespeare-Aufsatz, publiziert in den *Blättern von deutscher Art und Kunst* (1773), auf der schöpferischen Einmaligkeit und Unwiederbringlichkeit. Das Werk des Genies ist für ihn ein genauso einmaliger, individueller Welt- und Lebensentwurf wie der göttliche Weltplan. Wie Gott sich in der Welt, speziell in der Geschichte auslegt, so ist das Werk des Genies Sinnbild seines einmaligen geschichtlichen Lebens. An die Stelle des vernünftigen, allgemein nachvollziehbaren Weltplans tritt, religiös motiviert und befruchtet durch Johann Georg Hamann, der einmalige, unwiederholbare, für andere oft schwer nachvollziehbare Entwurf des Künstlers. Dennoch bleibt das künstlerische Werk eine in sich geschlossene, gesetzmäßige individuelle Konzeption, nur dass sie die Einheit und Gesetzmäßigkeit nicht mehr in der Natur findet, sondern aus dem Subjekt schöpft.

Allerdings ist nicht zu leugnen, dass mit dieser Geniekonzeption ein Problem auftritt, das die weitere Geschichte bis zu den neuesten posthumanen und postbiologischen Gedanken in Atem halten wird, ein Problem, das sich am Begriff der Freiheit bzw. Willkür entzündet. Wie Gott in seiner Allmacht eine Vielzahl möglicher Welten hätte entwerfen können, jedoch nur eine realisiert hat, die beste aller möglichen, wie es Leibniz' Theodizeegedanke unterstellt, so könnte auch das künstlerische Genie eine Vielzahl möglicher Welten konzipieren, wenngleich es nur die beste, in sich geordnete und verständliche, wenn auch einmalige, realisiert. Trotz der Bändigung der Schrankenlosigkeit wird hier das Problem aufgeworfen, ob Gott und entsprechend der Künstler an seine eigenen immanenten Gesetze gebunden sei, so wie es später Einstein formuliert hat: ‚Gott würfelt nicht', oder ob er ein schrankenloser Willkürgott sei, der auch Unmögliches, nämlich Wunder hervorbringen könne. In Bezug auf den Künstler lautet die Frage, ob er an seine immanenten Möglichkeiten gebunden ist oder diese prinzipiell zu transzendieren vermag, was in der Konzeption posthumaner und postbiologischer Welten Wirklichkeit zu werden scheint.

Mit der Moderne gegen Ende des 19. Jahrhunderts vollzieht sich in der Kunst und mit der Kunst ein radikaler Umbruch, den man genauer als Selbstaufhebung und Ende der Kunst, jedenfalls der bisherigen, bezeichnen kann.

War die Kunst bis dahin an Schönheit und Harmonie (ob homogener oder in sich gegensätzlicher) orientiert, die Gefallen, Genuss, Befriedigung verschaffen sollte, so gibt es nun auch eine hässliche Kunst, die die negativen, unschönen, dunklen und abstoßenden Seiten des Lebens betont, was nicht nur als Kritik an der bisherigen Kunst, sondern auch als Neuorientierung zu verstehen ist. War die Kunst bisher an Einheit, Ordnung und Gesetzmäßigkeit orientiert, gleich ob sich diese in der Natur oder im Subjekt des Künstlers fand, so ist sie jetzt in Totalauflösung begriffen, insofern sie keinen einheitlichen Maßstab mehr akzeptiert. Kunst ist das, was einem jeden gefällt.[221] Es gibt keine allgemeinen Richtlinien und Normen mehr, auch nicht auf Seiten der Experten. Das Werk eines Künstlers bietet selbst keine generelle Verständlichkeit und Verbindlichkeit, sondern muss, um verstanden zu werden,

221 Der Direktor einer Kunsthochschule erklärte mir einmal: Wenn zwei Kugelschreiber ausgestellt werden und sie ein paar Bewunderer finden, gilt das als Kunst.

erklärt werden mit Hilfe von Kommentaren durch Fremde oder durch den Künstler selbst, dass sein Werk dies oder jenes darstellen solle.

Dieser Umstand weist darauf, dass Einheit und Ganzheit sowie Organizität, die ehemals angestrebt wurden, verabschiedet sind. Das Ganze ist in isolierte Teile, in Stücke ohne Zusammenhang zerfallen, womit es zum bewussten Experimentierfeld wird, ohne dass erneut Einheit und Ganzheit intendiert, geschweige denn erreicht wird.

Symptomatisch hierfür ist die Suspendierung der Zentralperspektive, die die Gegenstände aus einer bestimmten Sicht anvisierte und repräsentierte und damit als natürlich erscheinen ließ. Zurück blieb die Multiperspektivität, die Nebeneinanderreihung diverser Perspektiven. Sichtbar wurde sie erstmals in den Stillleben-Gemälden Paul Cézannes, die einen Tisch mit Gefäß und Obstteller halb in Aufsicht, halb in Profilansicht präsentieren. Zur Hochform stilisiert hat Pablo Picasso diese Malweise in den dreißiger Jahren und Anfang der vierziger des letzten Jahrhunderts mit seinen *profil-en-face*-Bildern, die eine Person wie in *Le Marin* oder *Dora Maar* oder *Femme assise dans un fauteuil* zugleich in Vorder-, Seiten- und eventuell Rückansicht mit dislozierten Augen und anderen Körperteilen zeigen, wie man sie sonst nur im sukzessiven Herumgehen sieht. Kunst ist zum Stückwerk degradiert. Auch Gino Severini löst seine einheitlichen Sujets auf, indem er wie in dem Bild *Ballerina ossessiva* (1911) die Pirouette einer Tänzerin in lauter einzelne Phasen zerlegt, oder Marcel Duchamp, der die Bewegung des Treppenabstiegs einer Person wie in dem Bild *Nu descendant en escalier* (1912) in sukzessive Einzelteile zerlegt.

Ein anderes Symptom ist die bewusste Auflösung der Flächen in Tupfer und Punkte wie im Impressionismus, die bis zum Pointillismus gehen kann und das Atmosphärische, das Flimmern und Changieren der Wirklichkeit wiedergeben soll. Die Maler suchen bewusst den Dampf von Lokomotiven, das Vibrieren der Frühlingsluft oder das Schillern von Wasseroberflächen darzustellen, kurzum die Auflösung fester Formen und Farben.

Und ein drittes Symptom ist die Auflösung der Realität in Traumwelten und Irrealitäten im Surrealismus wie bei Salvator Dali. Der Künstler fühlt sich gottgleich erhaben über alles, über alle möglichen Welten, die er in schöpferischer Phantasie verfolgt, aber mit dem Erfolg, dass nur die zerbrochene Wirklichkeit und die durcheinandergewürfelten Bausteine eines zerbrochenen Baukastens zurückbleiben. Zustande kommen Kollagen. Kunst wird zum reinen Spiel und Experiment ohne Spielregeln und Ziel.

Den geistigen Hintergrund dieser Konzeption bildet kulturhistorisch der Säkularisationsprozess, der die unendliche göttliche Schöpferkraft, die bisher in der Natur waltete, in das Subjekt verlegt, nicht bloß in das Subjekt überhaupt, sondern in das ganz individuelle, private und dasselbe Formen,

Figuren und Farben entwerfen lässt, die ungewöhnlich und befremdend wirken und die Wirklichkeit auflösen. .

Gingen in der Antike aufgrund des geschlossenen Kosmos Möglichkeit und Wirklichkeit Hand in Hand, indem sie gleichen Umfang aufwiesen, so dass nur das verwirklicht werden konnte, was möglich war, und auch nur das möglich war, was prinzipiell verwirklicht werden konnte, so weitet sich mit der Öffnung des geschlossenen Kosmos zum unendlichen Universum in der Neuzeit der Spielraum der Möglichkeiten über das Aktualisierte und Aktualisierbare hinaus aus. Von den unendlich vielen möglichen Welten ist mit unserer Welt nur ein kontingenter Teil realisiert. Der über unsere Wirklichkeit hinausliegende Teil wird in der Moderne zur Domäne der künstlerischen Produktivität, in der sich der Schöpfertrieb des Künstlers austobt. Operiert wird mit Formen, Farben und Stilen, die über die Wirklichkeit und Begreifbarkeit hinausgehen, was von den einen als Tod der Wirklichkeit beklagt, von den anderen als neue Vision gefeiert wird, die über die Realität hinausreicht.

In den letzten Jahrzehnten überschwemmt eine Flut nicht nur von technischen Kunstprodukten den Markt, sondern auch von *science-fiction*-Romanen wie die des polnischen Futuristen Stanislaw Lem *Summa technologiae* oder *science-fiction*-Filmen mit den sprechenden Namen *Star Wars*, *Star Trek*, *Cyborg* (Spielfilm 1989), *I'm a Cyborg* (Spielfilm 2006), *I Robot* (Spielfilm 2004), *Terminator* (1984), *Terminator* 2 (1991), *Terminator* 3 (2003), *Terminator* 4 (2009). In ihnen werden die phantastischsten, groteskesten, abstrusesten Produkte und Welten entworfen, in denen sich der Schöpfertrieb des Menschen geradezu austobt. In welche Richtung diese Entwicklung tendiert, demonstriert Stanislaw Lem in dem genannten Buch anhand von Stadien, die von der technischen Beherrschung einzelner Naturprozesse zu der großer Teile der Natur und schließlich des Naturganzen gehen. Denkt man sich diesen Prozess weit genug vorangetrieben, so gelangt man zur „kosmogonischen Ingenieurkunst“[222] oder „Pantokreatik“[223], die sich mit der Erschaffung neuer Welten befasst, anfangs noch diesseitiger, später transzendenter. Konstruiert die kosmogonische Ingenieurkunst zunächst in der Natur mit der Natur unter Verwendung von natürlichen Materialien wie Raum und Zeit, Atomen, offenen oder geschlossenen Systemen, so entfernt sie sich zunehmend von der Realität, so dass sie diese schließlich nicht nur wiederholt, sondern in jeder Hinsicht substituiert.

Die kosmogonische Ingenieurkunst bezieht sich aber nicht nur auf die

222 Stanislaw Lem: *Summa technologiae* (Titel der polnischen Originalausgabe: *Summa technologiae*, Krakau 1964), aus dem Polnischen übersetzt von Friedrich Griese, Frankfurt a. M. 1981, S. 481.

223 A.a.O.

Konstruktion neuer Welten, sondern schließt auch die Neukonstruktion des Menschen ein, indem sie ihn verschiedenen Stufen der Vervollkommnung unterwirft. Auf der ersten, der sogenannten „konservierenden Ingenieurkunst“[224], geht es um die Erhaltung der durchschnittlichen Gesundheit und Prophylaxe, um die Ersetzung defekter Organe und ausgefallener Funktionen durch technische Substitute wie Ersatzherz, Ersatzniere, die durch Implantation dem menschlichen Körper eingepflanzt werden. Voraussetzung dieser Reparaturmedizin ist die Akzeptanz des natürlichen Konstruktionsplans des Menschen, so dass die Grundzüge des Körperbaus, der Organe und ihrer Funktionen einschließlich des Alterungsprozesses und des Todes erhalten bleiben.

Auf der zweiten Stufe, der „genetischen Ingenieurkunst“[225], werden Eingriffe in die Evolution des Menschen vorgenommen, indem die natürlichen Evolutionsgradienten durch eine zielgerichtete Steuerung ersetzt werden. Zweck der biologischen Entwicklung des Menschen ist die Realisierung eines Maximalprogramms, bestehend in der Optimierung seiner Fähigkeiten, der Vermeidung von Anfälligkeiten für Krankheiten, der Immunisierung, der Leistungssteigerung des Gehirns usw. Es ist der langfristige, auf Jahrhunderte, vielleicht auf Jahrtausende angelegte Plan, das „nächste Modell des *homo sapiens*“[226] zu schaffen, nicht in einem Sprung, sondern durch graduelle Veränderung.

Mit der dritten Stufe beginnt der totale Umbau des Menschen, indem nicht nur einzelne Parameter ausgeflickt werden, sondern der ganze Konstruktionsplan des Menschen geändert wird, z.B. statt der relativ bescheidenen biologischen Lebensdauer eine Beinahe-Unsterblichkeit angestrebt wird. Dies geschieht durch schrittweise Substitution einzelner Körperteile und Organe durch leistungsfähigere Prothesen und physikalische Apparate, so dass es zu einer Kombination natürlicher Organe und technischer Apparate kommt und am Ende ein menschenähnlicher „Roboter mit einem perfekten kristallinen Gehirn“[227] dasteht. Dabei wird auf die Verwendung widerstandsfähiger Metalle und Kunststoffe, die Abnutzungs- und Verschleißerscheinungen widerstehen, ebenso geachtet wie auf die Speicherkapazität und Effizienz von Computern, alles in der Absicht, dem Wunschtraum des Menschen nach Unsterblichkeit näherzukommen. Auch an eine Entfernung von Organen, die für die Anpassung an den Kosmos wenig geeignet sind, ist denkbar, z.B. an die Entfernung des Verdauungstraktes mit-

224 A.a.O., S. 579.

225 A.a.O., 586.

226 A.a.O., S. 503.

227 A.a.O., S. 507.

samt dem Kiefer, den Kiefermuskeln, den Zähnen und die Ersetzung durch osmotische Pumpen, die je nach Bedarf Nährstoffe, Medikamente, Hormone zu- und abführen. Schließlich könnte man sich die biochemische Revolution fortgesetzt denken durch die Konstruktion gänzlich anderer Aggregatszustände und Formen des Lebens, etwa kristalliner oder gasförmiger anstelle kolloider.

Auch wenn dieses Buch der utopischen Literatur angehört und Visionen zukünftiger Welten und Wesen entwirft, lässt sich nicht leugnen, dass die moderne Technik und Technologie einschließlich der technologischen Kunst auf dem Wege ist, dieses Programm sukzessiv zu realisieren. Die Erfolge sind so frappant, dass an dem Fortschritt nicht zu zweifeln ist. Auch wenn bislang die Substitution des Menschen und der Natur nur partial gelungen ist, so geht die Entwicklung in die Richtung einer totalen Substitution, einer transhumanen und transbiologischen Welt, in der alle Fähigkeiten, Vermögen und Leistungen optimaler und schließlich anders, und zwar total anders sind als in unserer natürlichen Welt, so dass sie möglicherweise intellektuell nicht mehr von uns nachvollzogen werden können. Der häufig erhobene Einwand, jeder Roboter und Computer bleibe von seinem Schöpfer, dem Programmierer, prinzipiell abhängig, da dieser nur den Stecker aus der Steckdose ziehen und den Kontakt unterbrechen müsse, wird hinfällig angesichts solarbetriebener, vom Menschen unabhängiger Konstruktionen. Man könnte sich sehr wohl denken, dass wir in diesem Prozess Wesen erschaffen, die uns körperlich und geistig, sensitiv, perzeptiv und motorisch überlegen sind und uns im Existenzkampf besiegen. Nach Meinung amerikanischer Informatiker ist die menschliche Rasse sowieso nicht das Wichtigste im Universum.[228] Mit dieser Stufe der Verdrängung des Menschen wie der Natur überhaupt durch Roboter und technische Geräte wäre die Selbstaufhebung des Menschen, seine Verabschiedung eingeleitet.

Vor dem Hintergrund des Verhältnisses Natur – Kunst bzw. Technik und des *imitatio-constructio*-Gedankens wäre dies der Umschlag der *imitatio* in etwas gänzlich Anderes. Indem der Mensch seiner eigenen Schöpferkraft und nur dieser folgte, seine eigene Natur ausreizte, würde der Prozess im Stadium der Vollendung umkippen in ein Stadium des nicht mehr Nachvollziehbaren. Das Geschehen vollzöge sich nach dem Gesetz der Paradoxie, wie wir sie aus dem mengentheoretischen und linguistischen Bereich kennen, wo die Menge aller Mengen, die sich selbst enthalten, sich nicht selbst enthält, oder der Satz, der über sich selbst spricht, auch außerhalb seiner steht, oder das selbstbezogene Wort, das autologisch ist, auch heterologisch ist. Angewandt auf den jetzigen Fall bedeutete die Vollendung der eigenen Mög-

228 Vgl. Joseph Weizenbaum: *Absurde Pläne*, in: *Zeitmagazin*, Nr. 12 (16. Mai 1990), S. 38-41, bes. 41.

lichkeiten den Umschlag in eine gänzlich unbekannte und unerkennbare Dimension, die vom jetzigen Zustand nicht mehr erreichbar wäre.

Damit stellt sich die Frage nach Sinn und Zweck dieses Prozesses. Bedeutet es nicht geradezu einen Selbstwiderspruch, wenn das gesamte Streben des Menschen auf seine Selbstabschaffung tendiert?

Zweifellos verwirklicht der Mensch mit dieser Forschungsrichtung nicht nur seinen Spiel- und Kunsttrieb, sondern auch seinen uralten Wunschtraum, gottgleich zu werden, als *alter deus* Geschöpfe seiner Phantasie und Willkür, seines absoluten Gutdünkens hervorzubringen und damit Macht über die Natur zu gewinnen, sich zum *maître et possesseur de la nature* aufzuschwingen, wie es Descartes vorgab. Es geht ihm nicht länger um Verschönerung und Ausgestaltung des Vorgegeben, sondern um Ersetzung der Natur. Hierin dokumentiert sich der Konkurrenzgedanke zum göttlichen Schöpfer und göttlichen Schöpfungsplan, der theologisch motiviert und begründet war durch die alttestamentliche Idee von der Ebenbildlichkeit des Menschen mit Gott oder durch die neutestamentliche von der Sohnschaft. Diese Allmachtsphantasien greifen die alteuropäische Thematik von der Göttlichkeit des Menschen nicht nur auf, sondern vollenden sie durch Selbstuntergang.

Dargestellt zumeist in Filmen oder Erzählungen, zeigt sich die Wiederholung des Sündenfalls, der Hybris des Menschen, da der Mensch nur unvollkommene, defiziente Wesen zu erschaffen vermag wie Frankenstein, Golem, Retortenwesen, absolute Bösewichter, Killer, den Terminator, Gespenster u.ä., denen ein menschliches Antlitz fehlt. Der Film mit seinen Projektionen und Fiktionen avanciert zum Spiegel des Menschen, in welchem dieser sich selbst ausleuchtet, seine Größe und Herrlichkeit, aber auch seine Endlichkeit und sein Scheitern erkennt. Wie recht hatte Goethe, wenn er im *Faust I* Mephistopheles zum Schüler sagen lässt: „Dir wird gewiß einmal bei deiner Gottähnlichkeit bange!“[229] In Größe und Scheitern reflektiert sich der Mensch hinsichtlich des Umfangs und der Grenzen seiner Möglichkeiten. Er stellt sich selbst als hin- und hergerissen zwischen Selbstverherrlichung und Selbstzweifel dar und verwirklicht so gleichzeitig seine Allmachtsphantasien und Untergangsvisionen.

Wollte man dieses Stadium als Neuanfang einer neuen Menschheit – einer posthumanen Roboter-Menschheit – einstufen, so könnte man doch nicht ignorieren dass es sich um den Untergang der alten, natürlichen Menschheit handelt, die sich durch ihren Individualismus um ihre Existenz gebracht hätte.

229 Johann Wolfgang Goethe: *Faust I*, Vers 2050.

8. Die Selbstbefangenheit und Selbstaufhebung der westlichen Kultur

Verfolgte der erste Teil der Studie die Entstehung und Entwicklung des Individualismus, die in der Antike begann und bis in unsere Zeit reicht und sich in immer neuen Schüben vollzogen hat, welche mit einer Reihe von Symbolen verknüpft sind, wie dem Prometheus-Symbol bei den Griechen, dem Genie-Begriff in der Renaissance, der cartesianischen Formel vom *maître et possesseur de la nature,* den Absolutheitsvorstellungen des Idealismus, dem Übermenschen Nietzsches, der Einzigkeit und Einzigartigkeit des Ich im Sinne göttlicher Allmacht in der Theologie, so betrachtete der zweite Teil die internen Widersprüche und Paradoxien unserer westlichen Kultur und ihres Individualismus mit den Hauptpfeilern: der Freiheit, Gleichheit und des Wohlstandes, des kognitiven wissenschaftlichen Wissens und der experimentellen Kunst der Moderne. Alle diese Gebiete – der politische, soziale, ökonomische, wissenschaftliche und künstlerische Bereich – sind zusammengefasst in unserer Kultur und machen den Begriff unserer okzidentalen Kultur im Unterschied zur orientalen aus.

Wir wähnen uns heute in der westlichen Welt so frei wie nie zuvor in der Geschichte. Wir können eine Schulausbildung wählen, welche uns beliebt, allenfalls beschränkt durch die geistigen Fähigkeiten, eine Berufsausbildung, welche wir präferieren, und ebenso einen Beruf, allenfalls reguliert durch Angebot und Nachfrage. Wir können uneingeschränkt jeder Art von Vergnügung nachgehen, ob es sich um Reisen in ferne Länder, um Bar-, Club- und Restaurantbesuche handelt. Jede Art von Sport steht uns offen. Unserem Kauf- und Konsumrausch können wir beim Shoppen beliebig frönen, soweit das Geld reicht und selbst darüber hinaus durch Verschuldung. Wir können öffentlich unsere Meinung kundtun, welcher Art immer diese sein mag, selbst wenn es sich um die absurdeste und am leichtesten zu widerlegende handelt, wie sie von den Verschwörungstheoretikern und Phantasten auf Demonstrationen geäußert wird, so wenn sie von einer Corona-Diktatur der Politik sprechen, obwohl die Verhaltensvorschriften, zumeist nur Empfehlungen, die moderatesten sind, die man sich denken kann, und die weltweit 1,5 Millionen Corona-Toten traurige Realität sind. Mit Stolz und Genugtuung schauen wir auf östliche und fernöstliche straffer geführte Systeme, die solche Freiheiten nicht tolerieren und Kritiker und Gegner ihrer politischen Haltung inhaftieren oder einer Gehirnwäsche unterziehen. Wir wähnen uns frei, souverän, autonom, selbstbestimmt, sofern wir alles tun und lassen können, was nicht direkt den Gesetzen widerspricht. Selbst Verbote, die zur Eindämmung des Corona-Virus beitragen sollen, werden von uns umgangen, da wir uns unser Verhalten ungern von anderen vorschreiben lassen und lieber die Freuden des Skiurlaubs und der privaten Parties mit 30-50 Personen genießen, als Rücksicht auf andere zu nehmen. Wir fühlen uns frei und unantastbar und zumeist auch erhaben über Gesetze.

Doch welcher Selbsttäuschung geben wir uns hin!

Blind für unser Verhalten, sehen wir nicht, wie fremdbestimmt wir sind, wie sehr wir in unseren Meinungen und Handlungen manipuliert werden, sei es durch die Medien, Rundfunk, Fernsehen und Zeitung, insbesondere durch das Internet und durch die unzähligen sozialen Plattformen wie Facebook, Twitter, Instagram und die unzähligen Blogs. Wir folgen jeder Mode, ob Kleider-, Auto- oder Reisemode, jedem neuesten Trend in der Architektur und Raumgestaltung, wir plappern nach, was uns die Medien und die öffentlichen Meinungsmacher diktieren. Gerade die Corona-Krise gibt hierfür zur Genüge Beispiele. Zwar wähnt sich jeder voll informiert und souverän entscheidend und redet und vollzieht doch nur das nach, was die Virologen in ihren wissenschaftlichen Kontroversen diskutieren, und vor allem was die Politiker im Interesse ihrer Partei und ihres Eigendünkels uns an Fake News, Unwahrheiten und Halbwahrheiten auftischen. Jeder meint, voll informiert und souverän zu handeln, und folgt doch nur dem Mainstream und der Schwarmintelligenz wie andere Herdentiere, Fische oder Vögel, die ein Schwarmverhalten zeigen. Man denkt und tut und verhält sich so, wie jeder andere denkt, tut und sich verhält, und dennoch hält man sich für frei und unabhängig im Denken und Handeln.

Gefragt, welcher Lebensausrichtung, welchem Wertesystem wir im Westen folgen, so wird die Antwort sein, dass wir uns bewusst ökonomisch für das materialistisch-kapitalistische System und seine Mentalitätsausrichtung entschieden haben, axiomatisch für die christliche Ethik und generell für den Glauben an die Freiheit und Souveränität des Menschen. Dabei wird nicht beachtet, dass schon die Sprache, die wir sprechen und mittels deren wir intersubjektiv kommunizieren, uns aufoktroyiert ist. Von Kindheit auf werden uns bestimmte Sprach- und Denkformen eingetrichtert durch oftmalige Wiederholung und Korrektur, sofern wir falsch konstruieren. Spracherlernung wie jedes andere Lernen bestimmter Gebrauchsweisen ist nichts anderes als Imitation der Verhaltensweisen, die uns die Eltern oder Lehrer, die Erwachsenen vormachen und die wir nachvollziehen, bis wir uns problemlos in diesen Kontexten bewegen und nicht mehr anecken.

Greifen wir die Sprache heraus, um zu demonstrieren, wie sehr wir in einem Denkkäfig leben, und das auf ganz natürliche Weise. Unsere indogermanische Sprachfamilie ist eine ego- und ergozentrische im Unterschied beispielsweise zu anonymen und pathozentrischen Sprachen wie den Indiosprachen, eine, die von einem Ich ausgeht und die Welt von diesem aus entwirft, wohingegen die Indiosprachen rezeptiv und passiv sind, um die Wirklichkeit in ihrer Phänomenalität einzufangen. Heißt es in unserer Sprache ‚ich rufe', so in den Indiosprachen ‚da ist ein Rufen' oder ‚ein Rufen ergeht an mich'[230].

Ein Unterschied besteht zwischen Kultur- und Natursprachen hinsichtlich ihrer Abstraktheit einerseits und ihrer Konkretheit andererseits. Präferieren die ersteren generelle, blasse, farblose Ausdrücke wie ‚gehen', ‚stehen', ‚liegen', ohne dass die Modalität der Akte oder Vorgänge ausgedrückt wird – soll dies geschehen, so müssen Attribute wie Adjektive, Partizipialkonstruktionen oder Nebensätze verwendet werden –, so versuchen die Natursprachen, die Konkretheit und Phänomenalität der Welt einzufangen, wobei ihnen oft eine agglutierende Sprache hilft, die dem Wortstamm Präfixe, Affixe und Suffixe hinzufügt, um so das Changieren und Flimmern, die Bewegtheit der Außenwelt wiederzugeben. Was wir umständlich durch Attribute und Nebensätze ausdrücken, drückt der Klamath-Indianer durch einen einfachen Ausdruck wie *ge'hlat-chapka* aus.[231] Von den Eskimosprachen sagt William Thalbitzer[232], dass sie auf der Zunge entstehen und vergehen, indem sie Situationen einfangen und in Momentaufnahmen reflektieren. Sie sind ganz dem leiblich-sinnlichen Eindruck hingegeben.

Ebenso gibt es den Unterschied zwischen dynamischen und statischen Sprachen, von denen die einen Verben, die anderen Substantive präferieren. Ein Beispiel für letzteres ist das Japanische, das einen Satz, den wir ausdrücken würden als ‚es schneit', wiedergibt durch des ‚Schnees Herabfallen' oder einen Satz wie ‚Der Tag hat sich geneigt, es ist dunkel geworden' durch eine Konstruktion ‚Des Tages Dunkelgeworden-Sein (ist)'.[233]

Dass Sprachen Weltbilder schaffen, dynamische oder statische, generelle oder konkrete, egologische oder anonyme, ergozentrische oder pathozentrische, ist nicht zu bestreiten.[234] Der argentinische Schriftsteller Jorge Luis Borges, der für seine phantastischen, wenngleich tiefsinnigen Essays bekannt

230 Zu den Indiosprachen vgl. Werner Müller: *Indianische Welterfahrung,* a.a.O.

231 Vgl. Hans Jensen: *Der sprachliche Ausdruck für Zeitauffassungen insbesondere am Verbum,* a.a.O., bes. S. 295.

232 Vgl. William Thalbitzer: *Eskimo,* in: *Handbook of American-Indian Language* by Franz Boas, Part 1, Washington 1911, S. 967-1065, bes. S. 1055 f.

233 Vgl. Ernst Cassirer: *Philosophie der symbolischen Formen,* Teil 1: Sprache, 9. unveränderte Aufl., reprografischer Nachdruck der 2. Aufl., Darmstadt 1953, 1988, S. 242 Anm. 1. Zu den Sprachunterschieden vgl. Karen Gloy: *Kulturüberschreitende Philosophie.* Das Verständnis unterschiedlicher Denk- und Handlungsweisen, München 2012, S. 37 ff.

234 Zum Unterschied ergo- und pathozentrischer Sprachen vgl. Werner Müller: *Indianische Welterfahrung;* Stuttgart 1956, S. 24; Nils Magnus Holmer: *Amerindian Structure Typs.* Observation on its System of Possesive and Personal Inflections in the American Indian Languages, in: *Språkliga Bidrag,* Bd.2, Nr. 6, Lund 1956, S. 5-29.

ist, hat in der Erzählung *Tlön, Uqbar, Orbis Tertius*[235] die Wahrheitsvorstellungen der Metaphysiker auf dem Planeten Tlön geschildert, die dort ein Gemisch aus wissenschaftlicher Erkenntnis, Phantasie und psychologischen, sogar psychotischen Erlebnissen ausmachen. Er schildert eine Sprachstruktur, die sich von der unsrigen insofern unterscheidet, als sie nicht wie unsere Sprache mit Substantiven, Adjektiven und Verben operiert, sondern ausschließlich dynamisch strukturiert ist. Aus einem Satz wie „Der Mond ging über dem Fluss auf" wird der Satz „Empor hinter Dahinfließen mondet es". Während unsere Logik an die Identität von Substanz und Akzidens gebunden ist, löst sich hier alles in ein Fließen auf wie in einem Traum.[236]

Wächst man innerhalb eines bestimmten Weltbildes auf, was durch Spracherlernung und Sprachgebrauch, also durch Praxis erfolgt, so prägt es sich dauerhaft ein und bestimmt lebenslang die Sicht- und Denkweise. Diese zu transzendieren oder gar für immer zu verlassen wie bei der Begegnung mit fremden Völkern und ihren Sprachen, erweist sich als außerordentlich schwierig oder gar unmöglich. Das wird jeder Ethnologe und Sprachforscher bestätigen, der mit seiner Kultursprache Naturethnien mit ihrer vollkonkreten Sprache begegnet und sich nur über langwierige Prozesse in deren Denkweise einfühlen kann.

So wie der Denk- und Sprachkäfig unserer Kultur und unseres Weltbildes wegen Gewöhnung und Vertrautheit nicht mehr als Käfig und Fessel empfunden wird, sondern mit dem Gefühl vermeintlicher Freiheit verbunden ist, weil wir uns ungehindert und ungehemmt in ihm zu bewegen vermögen, so muss Entsprechendes auch anderen Kulturen wie den östlichen und fernöstlichen konzediert werden, die wir als autoritär oder diktatorisch charakterisieren. Auch sie fühlen sich aufgrund einer langen Tradition eines andersartigen Weltbildes frei, wiewohl wir dieses wegen seiner größeren Solidarität und Kollektivität als unfrei empfinden. Eine lange Gewöhnung und Vertrautheit mit dem jeweils heimischen Weltbild lässt das Gefühl von Fremdbestimmung und Subordination unter eine Autorität nicht aufkommen. Sowenig wie wir die Unterwerfung unter unsere Sprache und unsere Denkart als Fremdbestimmung empfinden, sowenig werden Ostasiaten ihre Unterwerfung unter ihre Sprache und ihr Weltbild als fremdbestimmt empfinden. Das Solidari-

235 Jorge Luis Borges: *Tlön, Uqbar, Orbis Tertius*, in: ders.: *Die zwei Labyrinthe. Ein Lesebuch*, München 1986, S. 17-36.

236 Hierzu vgl. auch Martin Buber: *Ich und Du*, in: ders.: *Das dialogische Prinzip*, Gerlingen 1962, 7. Aufl1994, S. 23, der auf ethnologische Beobachtungen rekurriert, wenn er feststellt, dass Eingeborene noch nicht substantivisch, sondern dynamisch denken. Sie interessieren sich nicht für den optisch wahrnehmbaren Mond, der während der Nacht in der Hütte über den Körper des Eingeborenen streift, sondern ausschließlich für den motorischen Erregungsvorgang, der dadurch ausgelöst wird. Erst bei wiederholter Beobachtung lernt der Eingeborene die wandernde Lichtscheibe als beharrliches Subjekt zu bestimmen.

tätsbewusstsein, das uns weitgehend abhanden gekommen ist, stellt für sie eine Selbstverständlichkeit dar. Was sie als Interdependenz betrachten, erscheint in unserer Denkweise als einseitige Dependenz.[237]

Es bedarf einer näheren Explikation der Frage, was Kultur ist, wie sie entsteht und funktioniert, um beurteilen zu können, wie sich unsere Kultur darstellt.

Unser Umgang mit Computern und Internet und die in diesem Zuge entwickelte Computersprache liefert uns einen modernen (informativen Begriffsapparat, der sich auch zur Beschreibung von Kultur eignet. Es handelt sich um die sogenannten Echoblasen (*filter bubbles),* die Eli Pariser in seinem gleichnamigen Buch ausführlich beschrieben hat.[238]

Geben wir im Internet einen Suchbegriff ein, beispielsweise für ein Buch zu den altägyptischen Pharaonen Ramses II. oder Tutanchamum, so werden wir mit einer Flut von Büchern zu diesem Sachgebiet bombardiert. Aufmerksam und neugierig geworden, fasziniert von der Fülle von Titeln, bestellen wir das eine oder andere Buch und suchen weiter. Auf die nächste Suchanzeige wird uns ein noch größeres Angebot offeriert, welches das gesamte Umfeld der altägyptischen Kultur und Geschichte abdeckt, eventuell noch Kunstobjekte wie Repliken enthält. Unser Interesse wird noch mehr geweckt und gesteigert. Bei weiterer Bestellung werden wir algorithmengesteuert mit anderen Interessenten dieses Gebietes verbunden, zudem wird das Angebot erhöht auf alles, was uns noch in diesem Rahmen interessieren könnte, wie touristische Reisen nach Ägypten oder Afrika oder Vorderasien, Events, die in diesen Kulturen stattfinden, Informationen über Sitten und Gebräuche und vieles mehr. Algorithmen dehnen nicht nur das Umfeld permanent sachlich aus, sondern sorgen auch dafür, dass personell gleiche oder ähnlich gelagerte Interessenten hinzukommen, so dass sich durch Anfrage und Angebot ein Gebiet Gleichgesinnter aufbaut, das durch wiederholtes Anklicken und wiederholte echohafte Bestätigung schließlich für stabil und wahr gehalten wird. Es bildet sich ein geschlossenes System von Wahrheiten heraus, das unseren Interessen, Wünschen, Intentionen und Nachfragen entspricht. Je öfter wir es anklicken, desto stabiler wird es und desto schwerer fällt es, den Blick über dasselbe hinauszuwerfen in andere Systeme, die anderen Fragestellungen, Wünschen und Intentionen entsprechen. Zwar

237 Nur wenn fremde Einflüsse und längere Traditionen wie die westlichen wie in Hongkong bestimmend geworden sind, werden die Unterschiede zum Festland-China sichtbar und führen zum Aufbegehren und Festhalten am Tradierten.

238 Eli Pariser: *Filter Bubbles.* Wie wir im Internet entmündigt werden (Titel der Originalausgabe *Filter Bubbles.* What the Internet is Hiding from You, New York 2011), aus dem Amerikanischen von Ursula Held, München 2012. Kurzfassung ders.: *Wie wir im Internet entmündigt werden,* in: *Wirklichkeit 2.0.* Medienkultur im digitalen Zeitalter, hrsg. von Peter Kemper, Alf Mentzer und Julika Tillmanns, Stuttgart 2012, S. 58-69.

gelingt dieses Aufbrechen und Überschreiten Freidenkern, philosophierenden Querdenkern und experimentierenden Künstlern immer wieder, doch leitet die Engführung, Einseitigkeit und Monopolisierung des eigenen Systems immer wieder auf die eigene begrenzte Welt von Wahrheiten zurück.

Das Modell funktioniert genauso, wenn andere Themenbereiche angesprochen werden, z.B. ein Suchbegriff für Kochrezepte eingegeben wird. Zusammen mit solchen erhält man ein Angebot für Kochtöpfe, Bratpfannen und Küchengeräte und in der Folge für alles, was mit Speisen, Kochen, Restaurants, Gourmetreisen zusammenhängt. Auch hier bildet sich eine Welt für sich aus. Diese Filterblasen besitzen eine hohe Attraktivität und Stabilität, da sie hauptsächlich das wiedergeben, was man selbst präferiert, und anderes ausschließen, für das kein Interesse oder keine Neigung besteht. So generieren sie jeweils ganz spezielle Denk- und Interessensmuster, ganz bestimmte Wahrheiten, aber keine generelle, universelle Wahrheit. Nur intern, innerhalb des Systems wird die im Vergleich mit anderen spezielle Wahrheit für universell erachtet.

Diese Modelle lassen sich analog auf Kulturen applizieren, sind doch auch sie nichts anderes als nach bestimmten Interessen, Wünschen und Notwendigkeiten, z.B. Überlebensnotwendigkeiten, ausgerichtete Systeme der Nachfrage und Angebote. Sie erzeugen bestimmte Weltorientierungen, im Falle unserer westlichen Kultur eine mit Insistenz auf der Individualität, der Ich-Zentriertheit und der Vernachlässigung von Solidarität. Neben unserem aber gibt es andere Weltbilder wie die östlichen und fernöstlichen, die im Gegensatz zu unserem Solidarität und Kollektivität höher gewichten. Jedes derselben begründet auch eine Zugehörigkeit und Vertrautheit.

Welche Schlüsse lassen sich daraus ziehen, welche Prognosen erlauben die Ausführungen?

Filterblasen haben die Eigenschaft, bei oftmaligem Anklicken, d.h. oftmaliger Wiederholung, eine Sogwirkung zu entfalten, die alles in ihren Bann zieht und in die Tiefe reißt wie bei einem Strudel, der das Wasser an der Oberfläche einfängt und zunehmend und immer schneller in den Gund zieht. So wird ein Entweichen immer schwieriger bis unmöglich. Entsprechend verhält es sich bei den Echokammern.

Da sich die westliche Kultur mit ihrer starken und einseitigen Betonung der Individualität und deren konstitutiven Merkmalen, der politischen und sozialen Freiheit, der Gleichheit, des ökonomischen Wohlstandes, der Wissenschaftlichkeit als Wissensform der Wahrheit, über Jahrhunderte ausgebildet und das Programm einer Selbstverherrlichung des Ich im Sinne einer Gottgleichheit mit der Herrschaft über die Natur verfolgt hat, ist damit eine bestimmte Richtung vorgezeichnet, die beispielhaft bei der Corona-Krise und ihrer Bewältigung offenbar geworden ist.

Die Rapidität, mit der nicht nur ein Impfstoff, sondern gleich mehrere – 13 an der Zahl – zur Überwindung der Pandemie entwickelt wurden[239], hat ein bisher nie erreichtes Ausmaß angenommen, die angebliche Herrschaft über die Natur zu demonstrieren. Dauerte die Entwicklung und Kontrolle eines Impfstoffes bisher normalerweise 10-20 Jahre, so reduzierte sich jetzt die Zeit auf unter ein Jahr, indem Vorgänge, die sonst sukzessiv aufeinanderfolgten, simultan geschaltet wurden. Genötigt durch die weltweite Verbreitung der Seuche, die hohen Todeszahlen und die noch höhere Zahl der Infizierten, die weltweite Lähmung der Wirtschaft und des alltäglichen Lebens, wurde der Ehrgeiz der Forscher derart angeregt und beflügelt, Medikamente, vor allem Impfstoffe zu entwickeln, um Herr der Lage zu werden, dass die Entwicklung innerhalb kürzester Zeit gelang. Dieses Resultat war Wasser auf die Mühlen derer, die von dem cartesischen Spruch überzeugt sind, *maître et possesseur de la nature* zu sein: vor allem der politischen Entscheidungsträger und Naturwissenschaftler.

In die gleiche Richtung geht, dass sich Firmen und Wirtschaftsunternehmen wie die Lufthansa und TUI trotz ihres enormen, fast totalen Rückgangs von Anfang an Gedanken machten, wie schnell ihre finanziellen Defizite nach Beendigung der Krise wieder wettgemacht werden könnten. Ein größeres Engagement der Unternehmer zur Wiederherstellung der gewohnten Situation wie immer nach Krisen, vermehrte Investitionen und Innovationen, ebenso der Nachholbedarf der Verbraucher sind die selbstverständliche Grundlage solcher Überlegungen. Man zweifelt nicht an der Überwindung der Krise und der Wiederherstellung der alten Verhältnisse, wenn auch mit gewissen Modifikationen, um dann in gewöhnlicher Manier noch größere Profite einzufahren. Ob sich dieses Modell des ungehinderten, durch keine Krise nachhaltig zu bändigenden Wachstums des ‚immer mehr' auf Dauer durchhalten kann oder kollabieren wird, bleibt zu sehen. Die Bevölkerungsexplosion, die ungebremst weitergeht und exponentiell ansteigt bei gleichzeitiger Raumnot auf der Erde und gleichzeitiger Begrenztheit der Ressourcen: sauberen Wassers, sauberer Luft, unverseuchter Böden, überfordert das System. Da alle Menschen Teilhabe an diesen Gütern fordern – nicht nur die auf das Projekt des ‚immer mehr' Programmierten, sondern auch die auf reines Überleben Angewiesenen wie die Bevölkerung der Dritten Welt –, führt das Weitermachen wie bisher in eine Situation à la Hobbes, einen Kampf aller gegen alle zum Zwecke der Selbsterhaltung. Schon jetzt zeigt sich, dass die vielen Hilfsprogramme und Entwicklungsgelder für die Drittweltländer

239 Nicht alle haben die Zulassungskriterien erfüllt.

nichts gefruchtet haben. Die Armen werden immer ärmer, die Reichen immer reicher, die Verteilungskämpfe, die nicht nur auf geographisch lokale Distributionsprobleme zurückgehen, sondern auf reale Ressourcenknappheit, zeigen sich schon jetzt angesichts der Migrationsströme, die sich über Europa und die USA. ergießen. Das westliche Ideal des Individualismus auf materialistisch-kapitalistischer Basis ist nicht aufrechtzuerhalten und wird sich bei Weitermachen selbst gegen die Wand fahren, dies umso schneller, je mehr an ihm festgehalten wird.

Die gegenläufige Tendenz zum Weitermachen um jeden Preis ist der Ausstieg aus diesem Modell, die Devise *small is beautiful*, wie sie in den siebziger Jahren des letzten Jahrhunderts (1972) der Club of Rome mit seinem Buch *Die Grenzen des Wachstums* verfolgt hat, ohne jedoch eine nachhaltige Wirkung erzeugt zu haben, denn Beschränkung bedeutet Verzicht bis hin zur Opferbereitschaft, die nicht im Trend des Westens liegt. Restriktion und Bändigung der Gier ist vielmehr ein Erziehungs- und Kulturprodukt, das nur durch ständige Praxis erreicht wird. Zwar war dies einmal bis zur Neuzeit das Ideal von Weisheitslehren, wie es uns in den altägyptischen Weisheitslehren, den griechischen Gnomen und dem mittelalterlichen ritterlichen Tugendkatalog begegnet, aber es ist nicht mehr das Erziehungs- und Kulturideal der Neuzeit und Moderne, das mit deren Beginn durch das Ideal der unbegrenzten und unbeschränkten Expansion der Subjektivität substituiert wurde.

Bleibt also nur der Mittelweg von Weitermachen und Selbstbeschränkung? Da die Selbstdisziplinierung widernatürlich und nicht angeboren ist, vielmehr anerzogen werden muss, gehört sie zwar zu den immer wieder geforderten Aufgaben der Gesellschaftskonstitution, erschöpft ihre Kraft aber in Sonntagsreden und unausgeführten ethischen Projekten. Sie passt nicht in die Moderne und widerspricht eklatant der Maxime westlicher anti-autoritärer Erziehung, die das Kind gerade auf individuelle Entfaltung aller seiner Möglichkeiten ausrichtet.

Gibt es sachliche Gründe, die das Streben nach immer mehr in überzeugender Weise einschränken könnten?

Das magisch-mythische Zeitalter hatte noch ein Gespür für die Gegenkräfte, die der unbeschränkten Durchsetzung menschlicher Wünsche und Interessen Widerstand leisteten und belegte diese mit einem Tabu: bis hierhin und nicht weiter! Ihm lagen Lebenserfahrungen zugrunde wie die Einsicht, dass der Fischfang oder die Jagd auf Wild nicht zu jeder Zeit des Jahres erlaubt sein könne, damit den Tieren genügend Zeit zur Regeneration bleibe, da ansonsten der Raubbau an der Natur auch die Lebensgrundlagen des Menschen zerstören würde, wie in diesem Falle das Nahrungsangebot. Auch hatte man im menschlichen Kräftemessen mit der Natur, z.B. bei der

Besteigung hoher Berge wie der Achttausender im Himalaja die Erfahrung gemacht, dass die Naturgewalten von Wind und Wetter, Eis und Schnee, Höhenunterschiede, Luftdruck u.ä. dem Menschen zusetzten und ihn unter natürlichen Verhältnissen scheitern ließen, während heute mit technischer Ausrüstung, mit entsprechender Schutzbekleidung und Sauerstoffgeräten die Besteigung der Achttausender geradezu zum Volkssport unter Bergsteigern geworden ist und den jährlichen Einsatz von Trupps erfordert, die den zurückgelassenen Zivilisationsmüll einsammeln und entfernen. Der Respekt vor der Heiligkeit und Majestät der Berge ist infolge des technischen Fortschritts verschwunden. Die Grenzen des Menschenmöglichen immer weiter auszudehnen und hinauszuschieben – heute ins All zur Eroberung neuer Planeten –, hat sich die Menschheit zur Aufgabe gemacht und ist dank einer immer umfassenderen und erfolgreicheren Technik auf dem Wege, dieses Ziel zu realisieren und damit in ein post- oder transhumanes Zeitalter mit Mensch-Maschinen-Wesen, Robotern, Androiden, Cyberspace-Wesen einzutreten. Und doch bleibt ein zu Überwindendes und zu Beherrschendes in und an der Natur bestehen, das sich als Widerspenstiges erweist und sich dem Menschen entzieht. Die totale Beherrschung der Natur hieße auch die Überwindung des Menschen als natürliches Wesen. Zwar mögen selbsterzeugte Roboter mit künstlichem Gehirn und künstlicher Intelligenz als Spielzeug des Menschen interessant sein, nicht aber als Ersatz desselben. Die Einsicht in die Unverfügbarkeit und Unberechenbarkeit der Natur, die den Menschen zwar immer wieder herausfordert und Anreiz zur Überwindung bietet, ihm aber auch seine Grenzen aufzeigt, verlangt Achtung, Respekt, Anerkennung des Anderen, sei es der anderen Person, sei es der anderen Sache. Unser Leben bleibt ein endloser Kampf mit der Widerständigkeit der Natur.

Und noch eine andere Anmaßung westlich geprägter Menschen steht einer Einsicht und Umkehr im Wege. Die ‚Echoblase' der westlichen Kultur ist nicht auf Begrenzung, Nationalität und Identität angelegt, sondern auf das genaue Gegenteil. Die westliche Gesellschaft nennt sich selbst eine offene, pluralistische, multikulturelle. Indem sie jedoch die heterogenen Kulturen weder sozial noch ethisch noch religiös einzubinden und auf ein gemeinsames Wertesystem festzulegen vermag, was auch die Verabschiedung ihrer eigenen einseitigen, westlich geprägten Menschenrechte implizieren würde, hebt sie sich im Selbstwiderspruch auf. Würde sie als Echoblase auf Einheitlichkeit abstellen, so wäre keine Multikulturalität möglich, behauptet sie Multikulturalität, so kann sie keine einheitliche sein. Multikulturalität als reines, isoliertes Nebeneinander aller noch so heterogenen Kulturen hat in ihr keine Überlebenschance. Und eine Rückführung in Nationalstaatlichkeit wird es wegen der globalen Vernetzung nicht geben, allenfalls bald wieder verschwindende Tendenzen.

Etwas ganz anderes ist ein respektvolles, kompromissbasiertes Nebeneinander diverser Kulturen und ein respektvoller Umgang mit Anderskultivierten. Wenn wir aus der Geschichte unserer übersteigerten individualistischen Kultur etwas lernen können, dann ist es gelebte Solidarität als Basis von Gesellschaft, die nicht überheblich die eigene Ansicht als allein richtige durchzusetzen sucht, sondern den Anderen ehrlich respektiert und ihm zuzuhören vermag. Das bedarf jedoch einer langen Erziehung und Praxis.

Literatur

Agrippa von Nettesheim: *Die magischen Werke*, Wien 1997, 4. Aufl. Wiesbaden 1997.

Aristoteles: *Opera* ex recensione Immanuelis Bekkeri, 2 Bde. Berlin 1831 ff.

Artikel *Averroismus* in: *Wikipedia*, https://de.wikipedia.org/wiki/Averroismus.

Assmann, Jan: *Ägypten in der Wissenskultur des Abendlandes,* in: Johannes Fried und Johannes Süßmann (Hrsg.): *Revolutionen des Wissens.* Von der Steinzeit bis zur Moderne, München 2001, S. 56-75.

Augustinus: *De trinitate.* Lateinisch-deutsch. Neu übersetzt und mit einer Einleitung hrsg. von Johann Kreuzer, Hamburg 2003.

Augustinus: *De vera religione – Die wahre Religion,* hrsg. und eingeleitet von Josef Lössl, Paderborn 2007.

Baggott, Jim: *Farewell to Reality.* How Fairytale Physics Betrays the Search Truth, New York 2013.

Bauman, Zygmunt: *The Individualized Society*, Cambridge Polity Press 2001.

Beck, Ulrich: *Risikogesellschaft.* Auf dem Weg in eine andere Moderne, Frankfurt a. M. 1986.

Berkeley, George: *The Works of George Berkeley, Bishop of Cloyne,* ed. by Arthur Aston Luce and Thomas Edmund Jessop, 9 Vol., London etc. 1948-1957 (Nachdruck Nendeln 1979).

Birk, Andrea: *Vom Verschwinden des Subjekts.* Eine historisch-systematische Untersuchung zur Solipsismusproblematik bei Wittgenstein, Paderborn 2006.

Borges, Jorge Luis: *Tlön, Uqbar, Orbis Tertius*, in: ders.: *Die zwei Labyrinthe. Ein Lesebuch,* München 1986, S. 17-36.

Buber, Martin: *Das dialogische Prinzip*, Gerlingen 1962, 7. Aufl. 1994.

Burckhardt, Jacob: *Die Cultur der Renaissance in Italien.* Ein Versuch, Basel 1860.

Burckhardt, Jacob: *Geschichte der Renaissance in Italien,* Basel 1878.

Burrows, Edwin G., und Spiro, Melford E.: *An Atoll Culture.* Ethnography of Ifaluk in the Central Carolines, Westport/CT 1957/70 (Reprint)

Busch, Werner: *Die Autonomie der Kunst (*1985), in: *Kunst.* Die Geschichte ihrer Funktionen, hrsg. von Werner Busch und Peter Schmoock, Weinheim, Berlin 1987, S. 178-203.

Carnap, Rudolf: *Der logische Aufbau der Welt,* Hamburg 1928, 2. Aufl. 1961.

Cassirer, Ernst: *Individuum und Kosmos in der Philosophie der Renaissance*, reprografischer Nachdruck der 1. Aufl., Leipzig, Berlin 1927, 6., unveränderte Aufl. Darmstadt 1987.

Cassirer, Ernst: *Philosophie der symbolischen Formen*, Teil 1: Sprache, 9. unveränderte Aufl., reprografischer Nachdruck der 2. Aufl., Darmstadt 1953, 1988.

Dahrendorf, Ralf : *Lebenschancen.* Anläufe zur sozialen und politischen Theorie, Frankfurt a. M. 1979.

Das Gesetzbuch des Hammurabi (@ by Edition Alpha et Omega), http://www.koeblergerhard.de/Fones/CodexHammurapi_de.htm).

Dawkins, Richard: *Das egoistische Gen (*Titel der Originalausgabe: *The Selfish Gene,* Oxford University Press 1989), aus dem Englischen übersetzt von Karin de Sousa Ferreira, 2., unveränderte Aufl. Berlin, Heidelberg 2007.

Derrida, Jacques: *Grammatologie* (Titel der Originalausgabe: *De la grammatologie*, Paris 1967), aus dem Französischen übersetzt von Hans-Jörg Rheinberger und Hanns Zischler, Frankfurt a. M. 1974.

Descartes, René: *Oeuvres,* publiés par Charles Adam et Paul Tannery, Bd. I-XI, Paris 1897-1913, ND 1957 ff., Neuausgabe Paris 1964 ff., ed. Pierre Costabel et al.

Descartes, René: *Die Prinzipen der Philosophie,* übersetzt und erläutert von Artur Buchenau, Hamburg 1955.

Descartes, René: *Meditationes de prima philosophia /Meditationen über die Grundlagen der Philosophie,* aufgrund der Ausgaben von Artur Buchenau neu hrsg. von Lüder Gäbe, Hamburg 1959.

Etzioni, Amitai: *Die Verantwortungsgesellschaft.* Individualismus und Moral in der heutigen Gesellschaft, Frankfurt a. M, New York 1997.

F. Lactantius: *Opera omnia,* recensuerunt S. Brand et G. Laubmann, Prag, Wien, Leipzig 1893.

Fichtes Werke, hrsg. von Immanuel Hermann Fichte, 11 Bde. (Nachdruck von *Johann Gottlieb Fichtes sämmtliche Werke*, hrsg. von Immanuel Hermann Fichte, 8 Bde., Berlin 1845/46, und Johann Gottlieb *Fichtes nachgelassene Werke*, hrsg. von Immanuel Hermann Fichte, 3. Bde., Bonn 1834/35), Berlin 1971.

Flach, Kurt: *Wert der Innerlichkeit*, in: *Die kulturellen Werte Europas*, hrsg. von Hans Joas und Klaus Wiegandt, Frankfurt a. M. 2005, 2. Aufl., S. 219-236.

Fuhrmann, Manfred: *Persona, e*in römischer Rollenbegriff, in: Odo Marquard, Karlheinz Stierle (Hrsg.): *Identität* (*Poetik und Hermeneutik*, Bd. 8), München 1979, S. 83-106.

Gabriel, Gottfried: *Solipsismus*, in: *Historisches Wörterbuch der Philosophie*, Bd. 9, S. 1018-1023.

Geißler, Rainer: *Kein Abschied von Klassen und Schicht.* Ideologische Gefahren der deutschen Sozialstrukturanalyse, in: *Kölner Zeitschrift für Soziologie und Sozialpsychologie*, Jg. 48, Heft 2 (1996), S. 319-338.

Gilbert von Poitiers: *Expositio in Boecii librum contra Euticen et Nestorium,* hrsg. von Nikolaus M. Häring, Toronto 1966.

Gilbert von Poitiers: *Expositio in Boethii librum primum de trinitate,* hrsg. von Nikolaus M. Häring, Toronto 1966.

Gloy, Karen: *Aperspektivität – Perspektivität – Multiperspektivität*, in: dies. (Hrsg.): *Kunst und Philosophie*, Wien 2003, S. 91-143.

Gloy, Karen: *Die Geburt des Selbstbewußtseins aus dem Differenzbewußtsein*, in: dies. (Hrsg.): *Kollektiv- und Individualbewußtsein,* Würzburg 2008, S. 63-86.

Gloy, Karen: *Kulturüberschreitende Philosophie.* Das Verständnis unterschiedlicher Denk- und Handlungsweisen, München 2012.

Gloy, Karen: *Macht und Gewalt.* Politik, Wissen, Psychologie, Geld, Netzwerke, Würzburg 2020.

Gloy, Karen: *Demokratie in der Krise?* Überlegungen angesichts der Corona-Krise, Würzburg 2020.

Goethe, Johann Wolfgang: *Prometheus,* in: *Goethes Werke* (Hamburger Ausgabe), Bd. 1, Hamburg 1948, 5. Aufl. 1960.

Grave, S. A.: *The Mind and its Ideas* in: Charles B. Martin und David B. Armstrong (Hrsg.): *Locke und Berkeley*, London, Melbourne 1968, S. 296-313 (zuerst in: *Australasian Journal of Philosophy*, Bd. 42 [1964]).

Guardini, Romano: *Welt und Person.* Versuche zur christlichen Lehre vom Menschen (1939), 6. Aufl. Mainz, Paderborn 1988, unveränderter Nachdruck der 5. Aufl. Würzburg 1962.

Hartmann, Nicolai: *Die Philosophie des Deutschen Idealismus*, Berlin, New York, 3. Aufl. 1974.

Hegel, Georg Wilhelm Friedrich: *Phänomenologie*, in: *Werke*, auf der Grundlage der Werke von 1832-1845 neu edierte Ausgabe, Redaktion Eva Moldenhauer und Karl Markus Michel, Frankfurt a. M. 1970.

Hegel, Georg Wilhelm Friedrich: *Wissenschaft der Logik*, auf der Grundlage der Werke von 1832-1845 neu edierte Ausgabe. Redaktion Eva Moldenhauer und Karl Markus Michel, Frankfurt a.M. 1969, Bd. 5.

Heidegger, Martin: *Sein und Zeit*, 18. Aufl. Tübingen 2001.

Hess, Daniel: *Dürers Selbstbildnis von 1500.* „Alter Deus" oder Neuer Apelles?" in: *Mitteilungen des Vereins für Geschichte der Stadt Nürnberg*, 77 (1990), S. 63-90.

Holford-Strevens, Leofranc (Hrsg.): *Avli Gelli Noctes Atticae,* 2 Bde., Oxford 2019.

Holmer, Nils Magnus: *Amerindian Structure Typs.* Observation on its System of Possesive and Personal Inflections in the American Indian Languages, in: *Språkliga Bidrag*, Bd.2, Nr. 6, Lund 1956, S. 5-29.

Homer: *Ilias*, griechisch-deutsch, verantwortlich für den griechischen Text Eduard Schwartz, Bearbeiter der klassischen Übersetzung von Johann Heinrich Voss Hans Rupé, Abstimmung des griechischen und deutschen Textes Martin Bertheau, hrsg. von Bruno Snell, Berlin, Darmstadt 1966.

Husserl, Edmund: *Die Krisis der europäischen Wissenschaften und die transzendentale Phänomenologie* hrsg. von Walter Biemel, Haag 1976 (*Husserliana,* Bd.VI).

J. G. Fichtes Briefwechsel, Kritische Gesamtausgabe, gesammelt und hrsg. von Hans Schulz, 2 Bde., Leipzig 1925.

Jensen, Hans: *Der sprachliche Ausdruck für Zeitauffassungen, insbesondere am Verbum*, in: *Archiv für die gesamte Psychologie*, Bd. 101 (1938), S. 289-33.

Junge, Matthias: *Individualisierung*, Frankfurt a. M., New York 2002.

Kant, Immanuel: *Kritik der reinen Vernunft,* unveränderter Neudruck der von Raymund Schmidt besorgten Ausgabe (nach der zweiten durchgesehenen Auflage von 1930), Hamburg 1956.

Kant, Immanuel: *Kritik der praktischen Vernunft*, hrsg. von Karl Vorländer, Hamburg 1963, unveränderter Nachdruck von 1929.

Kenny, Anthony: *Wittgenstein*, Frankfurt a. M. 1974.

Keynes, John Maynard: *Am I a liberal* (1925), in: *The Collected Writings of John Maynard Keynes,* Bd. IX: *Essays in Persuasion,* Cambridge University Press 2013, S. 295-306.

Keynes, John Maynard: *The End of Laissez-Faire* (1926), in: *The Collected Writings of John Maynard Keynes,* Bd. IX, S. 272-294 (deutsch: *Das Ende des Laissez-Faire.* Ideen von Verbindung von Privat- und Gemeinwirtschaft, Berlin 1926, 2. Aufl. mit einem Vorwort von Peter Kalmbach und Jürgen Kromphardt 2011).

Klages, Helmut: *Engagementpotenziale in Deutschland,* in: Bundesministerium für Familie, Senioren, Frauen und Jugend (Hrsg.): *Freiwilliges Engagement in Deutschland.* Ergebnisse der Repräsentativerhebung zu Ehrenamt, Freiwilligenarbeit und bürgerlichem Engagement, Bd. 1: *Gesamtbericht,* Stuttgart, Berlin, Köln 2001, S. 198-209.

Koßler, Matthias: *„Standpunktwechsel" – Zur Systematik und philosophiehistorischen Stellung der Philosophie Schopenhauers,* in: Fabio Ciraci, Domenico M. Fazio, Matthias Koßler (Hrsg.): *Schopenhauer und die Schophenhauer-Schule,* Würzburg 2009, S. 45-60.

Kuhn, Thomas S.: *The Structure of Scientific Revolutions,* Chicago University, Chicago 1962, deutsch: *Die Struktur wissenschaftlicher Revolutionen,* Frankfurt a. M. 1967.

Lem, Stanislaw: *Summa technologiae* (Titel der polnischen Originalausgabe: *Summa technologiae,* Krakau 1964), aus dem Polnischen übersetzt von Friedrich Griese, Frankfurt a. M. 1981.

Löning, Jens: *Zwischen Alltagswissen und Wissenschaft im Neolithikum,* in: *Wissenskulturen.* Beiträge zu einem forschungsstrategischen Konzept, hrsg. von Johannes Fried und Thomas Kailer, Berlin 2003, S. 21-41.

Lutz, Catherine: *Emotion Words and Emotional Development on Ifaluk Atoll,* Cambridge/MA, Harvard University 1980.

Lutz, Catherine: *Unnatural Emotions.* Everyday Sentiments on a Micronesian Atoll and Their Challenge to Western Theory, Chicago, University of Chicago Press 1988.

Machiavelli, Niccolò: *Il principe / Der Fürst,* italienisch-deutsch, übersetzt und hrsg. von Philipp Rippel, Stuttgart 2018.

Miegel, Meinhard und Wahl, Stefanie: *Das Ende des Individualismus.* Die Kultur des Westens zerstört sich selbst, München, Landsberg am Lech 1993.

Müller-Lauter, Wolfgang: *Nietzsches Lehre vom Willen zur Macht,* in: *Nietzsche,* hrsg. von Jörg Salaquarda, Darmstadt 1980, S. 234-387.

Müller, Werner: *Indianische Welterfahrung;* Stuttgart 1956.

Nietzsche, Friedrich: *Sämtliche Werke.* Kritische Studienausgabe in 15 Bden., hrsg. von Giorgio Colli und Mazzino Montinari, Berlin, New York 1967 ff., 2., durchgesehene Aufl. 1988.

Olympiodorus: *Prolegomena et in categorias commentarium,* hrsg. von Adolfus Busse, Berlin 1902.

Pariser, Eli : *Filter Bubbles.* Wie wir im Internet entmündigt werden (Titel der Originalausgabe *Filter Bubbles.* What the Internet is Hiding from You, New York 2011), aus dem Amerikanischen von Ursula Held, München 2012. Kurzfassung ders.: *Wie wir im Internet entmündigt werden,* in: *Wirklichkeit 2.0.* Medienkultur im digitalen Zeitalter, hrsg. von Peter Kemper, Alf Mentzer und Julika Tillmanns, Stuttgart 2012, S. 58-69.

Pétrequin, Pierre, Pétrequin, Anne-Marie: *Écologie d'un outil: La hache de pierre en Irian Jaya (Indonésie)*, Paris 1993.

Platon: *Opera*, recognovit brevique adnotatione critica instruxit Joannes Burnet, 5 Bde. Oxford 1900 ff., wiederholte Aufl.

Platon: *Sämtliche Werke*, in der Übersetzung von Friedrich Schleiermacher, hrsg. von Walter F. Otto, Ernesto Grassi, Gert Plamböck, 7 Bde, Reinbek b. Hamburg 1957 ff., wiederholte Aufl.

Röd, Wolfgang: *Der Weg der Philosophie*, Bd. 2, *17.-20. Jahrhundert*, München 1996.

Röd, Wolfgang: *Die Philosophie der Neuzeit 2*: Von Newton bis Rousseau (*Geschichte der Philosophie*, hrsg. von Wolfgang Röd, Bd. 8), München 1994.

Rousseau, Jean-Jacques: Du *Contrat social* ou Principes du droit politique / *Vom Gesellschaftsvertrag* oder Grundsätze des Staatsrechts, französisch / deutsch, in Zusammenarbeit mit Eva Pietzcker übersetzt und hrsg. von Hans Brockard, Stuttgart 2010.

Sartre, Jean-Paul: *Die Transzendenz des Ego*. Versuch einer phänomenologischen Beschreibung (Titel der Originalausgabe: *La Transcendence de l'ego*, 1936/37), von Herbert Schmitt aus dem Französischen übertragen, Reinbek bei Hamburg 1964.

Schelsky, Helmut: *Auf der Suche nach Wirklichkeit*, in: *Gesammelte Aufsätze zur Soziologie der Bundesrepublik*, Düsseldorf, Köln 1979.

Schiller, Friedrich: *Sämtliche Werke*, Bd. 1, München 1958.

Schmitz, Hermann: *System der Philosophie*, Bd. II,1, Bonn 1965.

Schopenhauer, Arthur: *Die Welt als Wille und Vorstellung*, in: *Sämtliche Werke*, 7 Bde., nach der ersten, von Julius Frauenstädt besorgten Gesamtausgabe neu bearbeitet und hrsg. von Arthur Hübscher, 4. Aufl., durchgesehen von Angelika Hübscher, Mannheim 1988.

Simmel, Georg: *Die beiden Formen des Individualismus*, in: *Das freie Wort*, Jg. 1, Nr. 13 (1901), S. 397-403.

Simmel, Georg: *Individualismus der modernen Zeit* und andere soziologische Abhandlungen, ausgewählt und mit einem Nachwort von Otthein Rammstedt, Frankfurt a. M. 2008.

Singer, Peter: *Practical Ethics*, Cambridge University Press, Cambridge 1979, 3. Aufl. 2011, deutsch: *Praktische Ethik*, übersetzt von Oscar Bischoff, Jeanne-Claude Wolf und Dietrich Klose, Stuttgart 1984, 2., revidierte und erweiterte Aufl. 1994.

Smith, Adam: *Der Wohlstand der Nationen*. Eine Untersuchung seiner Natur und seiner Ursachen, aus dem Englischen übertragen und hrsg. von Horst Claus Recktenwald, München 1978, 11. Auf. 2005.

Snell, Bruno: *Die Entdeckung des Geistes*. Studien zur Entstehung des europäischen Denkens bei den Griechen, Göttingen 1975, 8., unveränderte Aufl. 2000.

Stegmüller, Wolfgang: *Hauptströmungen der Gegenwartsphilosophie*. Eine kritische Einführung, Bd. 3, 7., erweiterte Aufl. Stuttgart 1986.

Stirner, Max: *Der Einzige und sein Eigentum*, Leipzig 1845.

Tacitus: *Das Leben des Iulius Agricola*. Lateinisch-deutsch, übersetzt und hrsg. von Rudolf Till, Berlin 1976.

Thalbitzer, William: *Eskimo*, in: *Handbook of American-Indian Language* by Franz Boas, Part 1, Washington 1911, S. 967-1065.

Thomas von Aquin: *Summa theologica*, in: *Patrologiae cursus completus*, accurate Jacques Paul Migne, Paris 1864.

Virilio, Paul: *L'inertie polaire*. Essai, Paris 1990, deutsch *Rasender Stillstand*. Essay, aus dem Französischen übersetzt von Bernd Wilczek, München 1992.

Voigt, Christian: *Überlegung und Entscheidung*. Studien zur Selbstauffassung des Menschen bei Homer, 1933, 2. Aufl. Meisenheim am Glan 1972.

Waal, Frans de : *Primaten und Philosophen*. Wie die Evolution die Moral hervorbrachte (Titel der Originalausgabe *Primates and Philosophers*. How Morality Evolved, Princeton, Princeton University Press, New Jersey 2006), aus dem Englischen von Hartmut Schickert, Birgit Brandau und Klaus Fritz, München 2011.

Weizenbaum, Joseph: *Absurde Pläne*, in: *Zeitmagazin*, Nr. 12 (16. Mai 1990), S. 38-41.

Wittgenstein, Ludwig: *Philosophische Untersuchungen*, in: *Schriften*, Bd. 1, Frankfurt a. M. 1969.

Index

Sachen

Personen